企业政工十二策

丁养东 著

东方出版社
The Oriental Press

序　一

我与丁养东先生相识已有十八年,其间有过多次交往,对他的为人处世、工作能力和学识很是钦佩。当他把这本18万多字的《企业政工十二策》书稿拿来嘱我作序时,先读为快之际,更增加了我对他的这份钦佩之心。一个从事企业党建、思政工作30多年的老政工,在繁忙工作中笔耕不辍,将自己的工作经验系统化、理论化提炼得如此丰富精致,这份进取心、事业心、责任感值得敬重。

丁先生从基层管理者,一步步成长为国企高管,每一步都锐意创新,精心总结提升,形成了独特的政工风格和深刻的思想观点。本书中所归纳的政工工作方法丰富多彩,具有较高的实践价值和操作指导意义,对企业党建政工工作者而言不但具有规律的启迪作用,而且具有随用随取的拿来效果。这是作者几十年的思考结晶,堪称一部好书。

本书共分为十二章,每一章集中展示企业政工策略和方法的一个侧面,可圈可点之处很多,旨在引导读者在实践中深化对政工工作的理解和应用。

在首章中,丁先生以深度思考告诉读者,只有准确洞察形势、端正理论态度,过好思想关、定位关和事业关,才能引领企业朝着正确的方向前进。第二章阐释了如何确立目标、以全局思维来统筹各项工作,通过匡助商道、注重融合、"七要素"管理、创新"3+N"工作模式、树立正确业绩观等以实施全方位的工作策略推动企业发展。第三章强调了如何通过系统思考的方式,整合资源和兼顾各方利益激发组织活力,阐明了宏观与微观结合、机关与基层联动、党建与班子建设并重、企业与员工利益共享,以及系统均衡各方力量发展、协调各方利益,激发团队的创造力和活力等内容。第四、五、六章从"为员工心灵护航"到具体方法,强调在面对复杂变化的环境时,应该保持思考深度和思维灵活度。通过一事一策、一人一策、灵活多样的方式方法应对各种挑战,凭借匠心巧思解决问题。强调学习是解决问题的金钥匙,结合工作实际在继承中创新、批判中吸纳、借鉴中学习,通过学习提升格局,开阔视野,化解难题。最后几章中,主要讲具体政工实践中所应采取的策略和方法。丁先生着重强调聚智精进、强效提能;巧施良策、凝聚力量;顺应变革、常做常新等策略对政工工作促进企业提质增效、凝聚人心、改革创新,实现企业高质量发展的价值和作用。他尤其推崇"精业笃行深耕细作""刚柔并用软硬兼施""内外兼修自强不息""落细落小落实"等方法。他还对政工工作的焦点、难点、热点问题进行了深入全面的剖析,思维开阔启发深刻。

全书十二章,策略一脉贯通,分章有序,理论依据充分,实践案例丰富,充分体现了丁先生的专业水平。

本书的可读性和实用性,有以下几方面:

一是作者本人的工作实践丰富扎实深入,工作成果具有很强的说服力。如 20 世纪 90 年代初他在企业基层工作时,结合学习借鉴地方税务机关开展的纳税"信得过"活动,开展班组"信得过"活动,对班组建设发挥了很好的促进作用。此活动在企业内部进行了总结推广,中央领导视察企业时对此给予了高度评价。

二是问题导向,从现时代企业面临的普遍性问题和需要出发,提出问题,分析问题,解决问题。每一项策略都是针对实践工作的具体问题提出,对问题分门别类,深入探讨,然后有针对性地提出解决方案和策略。如对学习方面存在的问题总结为,自作聪明,故步自封;割裂历史,弃旧追新;极端思维,缺乏包容;照抄照搬,机械运用;好高骛远,眼高手低;思想懒惰,不求进取等。这些概括都是一针见血,切中政工工作时弊。

三是理性升华。对政工规律性的总结是本书一大亮点。在每一项策略中,不管是对问题的分析、策略的制定,都注意引用党的理论、管理学理论和心理学理论进行论证,并对现象、案例进行规律性提升,体现了深度的理性思考。

四是语言生动，通俗流畅。本书用行业语言、企业语言、员工听得懂、感觉亲切的语言触动员工，与员工建立情感联系，引起员工共鸣。如在谈到思想政治工作对企业经营、改革的作用时，形象地将思政工作比喻为"启动机""打气筒""聚合釜""千斤顶""助推器""松动剂""调压阀""矫正器""催化剂"等。这些语言既有石化行业特色，也能为所有基层企业干部员工所理解和接受。

写下以上体会，向丁养东先生致敬，向企业政工界朋友推荐。

中国企业文化研究会理事长 孟凡驰

2023年10月

序　二

　　丁养东同志是我的好朋友,也是我的兄长,他担任齐鲁石化建设公司党委书记多年,从事企业政工工作已有三十多年的历史,具有丰富的政工实践和企业管理经验。2023年4月,趁在齐鲁石化举办协会优秀班组长培训班之际,我们又相聚在一起。他说,他想结合新时代企业发展实际,把多年以来做企业政工工作的经验体会总结提炼一下,写成一本书,以慰自己,以遗后人,并诚邀我对他提供咨询建议等写作帮助。同年10月,他将十八万余字的书稿发给我,不禁让我吃了一惊,经潜心拜读,深深为他的学识、功力和毅力所折服。

　　说实话,政研论文我看过不少,感想良多。对于丁养东同志的文稿,大有让我耳目一新之感。究其原因,是其撰写内容有血有肉,有见有识,既有多年从事企业政工经验体会的精心提炼,也有长期沉淀于基层工作的深刻感悟和现实思考。这对于搞好新时期企业政工及相关管理工作,的确是一部具有重要参阅借鉴价值的好书。

　　从20世纪初开始,中石化检维修企业在"主辅分离、辅业改制"的政策下完成了国有企业向股份制企业改制的工作。在新的所有制体制下,企业的党建工作、思想政治工作、企业文化建设还要不要搞,怎样搞,这些工作如何配合行政、如何融入企业追求的经济效益中,是值得我们每一个企业家,特别是企业党建工作领导者应该深思的问题。丁养东同志拨开层层谜团、抛开闲言碎语,看准大势、抓准重点做工作:认为在中国,不管什么样的体制、不管什么样的企业都离不开党的领导,离不开思想政治工作,离不开具

序 二

有自身特点的企业文化建设。这就是一个具有长期工作经验的企业政工干部的远见卓识。

在此基础上，针对新时代企业改革发展的现实需要，丁养东同志所撰写的《企业政工十二策》一书，正是他长期企业党建与思想政治工作深刻体会和独到见解的高度凝练。书中所述这十二策，浅显易懂，脉络明畅，具体实用，告诉我们如何抓住中国企业的特色做工作，如何认识把党的领导融入企业多个环节，建立具有中国特色的现代企业制度；在具体实践中既要聚焦目标、综合施策，注重实际、实学实用，顺应变革、常做常新，又要精业笃行、深耕细作，刚柔并用，软硬兼施，等等；在政工干部的自我修炼上，提出内外兼修、自强不息，具体应善于自省自明、打造自身优势等。这些体会和经验，如果没有亲力亲为的实践，没有静心深刻的思考，没有丰厚精深的学养，是总结不出来的。

纵览全书，除正文内容外，我还特别喜欢书中附录部分所阐述的企业政工寄语19条内容、基层干部员工36忌，以及上级反感下属的16种表现。他告诉我们作为一个合格的政工干部应该做什么，怎样做；同时告诉我们不应该做什么，怎样不去做。具体提出"忠诚务实、敬业勤恳、情系员工、担当尽责"，是每一位政工干部应具备的政治素质，而执行力、学习力、洞察力、融合力、耐压力、敏锐力、攻坚力等又为每一位政工干部的业务能力提出了标准；自律、勿贪、克己、清廉是每一位政工干部恪尽的职守，而懂政治、会领悟，懂经营、会管理，懂业务、会融合，懂格局、会统筹等，则是政工人员必备的综合素养。这一系列的经验总结不仅值得每一位政工干部学习领会，也值得我们每一个企业管理者认真学习，尤其值得每一位年轻人去借鉴、深思。

对于丁养东同志所写，既是对自己多年来企业政工经验体会的总结提炼，更带有深沉的思考、殷殷的嘱托。从中我们看到的是一个老共产党员、一个优秀的企业思想政治工作者对党的忠诚、对工作的热爱、对事业的尽责，看到了他勤恳奉献的职业观。作为老一辈政工干部，他所想到的不仅仅是回顾个人，更多的是对后辈的希望。由此，我们也可以看到一个老党员、老政工干部的远大情怀。

最后,深深地向我敬仰的兄长丁养东同志致敬。

中国机电装备维修与改造技术协会副理事长、

石油石化建安检维修分会会长　曾跃林

2023 年 11 月

前　　言

作为企业政工,可谓是企业党建、思想政治工作和群团组织等工作的统称。做好企业政工工作对于夯实党的执政之基,确保企业持续长远健康发展具有重要意义。

改革开放以来,伴随着企业改革的不断深化,企业政工继承创新、奋发进取、鼎力前行,在持续不断的探索实践中取得了丰硕成果,为各类企业的健康发展提供了强力支撑。

新时代企业党建与思想政治工作新要求,对政工工作如何保障企业做强做优做大、推动企业高质量健康发展赋予了重大责任。对此,政工人员务必聚焦更好履职尽责,强化使命担当,创新思维方式,牢牢把握时代脉搏,着力在守正创新、奋发有为上多下功夫,不断争取务实创优工作新业绩。

对于如何抓好企业政工方法措施的落实,虽然许多工作有流程但无定式,有方法但无模板,只要紧密结合实际强化思维方式和工作策略的学习借鉴和用心思考,并在实践中大力探索提高,做到因人因事因时因地而异做工作,就一定会圆满完成新时代赋予的历史重任。

由此可想,如果能有贴近新时代企业政工实际的学习材料,切实为政工人员提供某些实操式学习参考内容,对其如何提升企业政工工作水平来说,将是一种有益帮助。

在作者本人多年的政工实践中,为提升自身企业政工素养,拓展实施具体方法措施的能力,曾多次到各类书店和网上寻购关于联系实际系统阐述企业政工实务知识的书籍,但却一直没能如愿。因此,便产生了本人结合实际撰写此书的意念。这一方面,试图填补论述企业政工实践应用之策的专业空白,以为有需要的相关同志提供一些工作参考;另一方面,也可对自己多年政工经历的经验体会做一窥视聚焦成像,以便孤芳自赏。

本书撰写过程中,结合改革开放以来企业改革发展各个不同历史阶段的切身感受,以及从事企业政工30多年的经验体会,特别是在党政工团各岗位的工作磨砺变换中使自己对企业政工所产生的深刻感悟,针对新时代政工管理实践中所遇若干重要事项和现实需要,依据相关制度规定,顺应急需,系统思维,着力在理论与实践的紧密结合上选题破题,务求对做好新时期企业政工,特别是基层党建与思想政治工作,提供系统的策略启发和方法借鉴。

全书坚持以习近平新时代中国特色社会主义思想为指导,突出以党的建设为引领,以文化建设为支撑,以政工人员自强不息为保障,深入研究探讨坚定政治信念、注重融合结合、强化"七要素"管理和创新"3+N"工作模式等计策方法,并将其基本内涵贯穿全书。具体内容上,从探索企业政工真谛、寻求企业政工之道、破解企业政工密码出发,对于如何做好新时期企业政工工作,分十二章系统阐述了包括56条计策在内的十二种应对之策。

为增强本书内容的针对性、实用性和可读性,全书突出问题导向,注重理性升华和实践应用,书写过程以消除疑惑、启发心智、提升能力,更好解决企业政工所面临的现实问题为根本目的,着重从思想方法、工作思路和思维方式等方面提供策略应对,进行精心阐述与归纳概括,力求做到有新意,有特点,针对性强,时代感浓。

同时,按照从事企业政工的自然逻辑,在所涉及内容上进行统筹谋划,系统思考,打破政工书籍以工作方法分类叙述为主的习惯写法,转以阐述工作思路和思想观点为主。具体方法上,结合研究探讨信息网络时代搞好企业政工的特点与规律,抓住如何做好政工工作的一系列关键问题,着力以思想方法引领工作方法叙述,以工作策略导引工作内容阐述。

"我是谁?我从哪里来?我要到哪里去",这是古希腊哲学家柏拉图最早提出的一个哲学命题。哲学界对其一直存在争议,至今没有得到广泛认同的解答。试想一下,作为新时代的中国企业政工人员,是否可以在对其狭义理解的前提下,以践行党的宗旨、忠诚履职尽责、务求专注极致的良好风貌,用实际行动去探寻具体实在的个体答案呢?

  谨以本书内容献给企业政工人员、管理干部,以及企业政工爱好者,试图能为如何做好新时期企业政工工作提供一本手册式学习参考材料。撰写过程力求通俗易懂、富有教益,以飨读者。由于本人水平有限,如有不当之处,敬请批评指正。

作 者
2023 年 9 月

目 录
| CONTENTS |

第一章　把握大势　过好"三关" ··· 001
　　1. 加深理解认识，过好思想关 ·· 005
　　2. 吃准制度规定，过好定位关 ·· 012
　　3. 担当时代重任，过好事业关 ·· 015

第二章　聚焦目标　综合施策 ·· 019
　　1. 用心匡助"商道" ·· 021
　　2. 注重融合效果 ··· 024
　　3. 做好政工要素管理 ·· 026
　　4. 建立有效工作模式 ·· 029
　　5. 树立正确业绩观 ·· 031

第三章　统筹兼顾　激发活力 ·· 035
　　1. 宏观把握与微观做实相统一 ··· 037
　　2. 党建引领落地探析 ·· 040
　　3. 抓班子带队伍新解 ·· 043
　　4. 发挥机关与基层工作联动作用 ······································ 046
　　5. 构建员工利益共同体 ··· 050

第四章　执着专注　发挥潜能 ·· 055
　　1. 保持固守"中心"定力 ··· 057

  2. 寻求最佳工作切入点 …………………………………… 062

  3. 增强政工组织有效性 …………………………………… 064

  4. 注重政工优势转化 ……………………………………… 067

  5. 坚持为员工心灵护航 …………………………………… 069

第五章　匠心思考　机动灵活 …………………………………… 073

  1. 善于多元思维 …………………………………………… 075

  2. 着力破除瓶颈 …………………………………………… 078

  3. 寻求有效方法 …………………………………………… 080

  4. 灵活有度保大局 ………………………………………… 083

  5. 把握博弈制胜之道 ……………………………………… 086

第六章　注重实际　实学实用 …………………………………… 091

  1. 提升学用新动力 ………………………………………… 093

  2. 继承与创新并举 ………………………………………… 095

  3. 批判与吸纳同行 ………………………………………… 097

  4. 学习与借鉴遐想 ………………………………………… 100

  5. "水土不服"思辨 ……………………………………… 105

第七章　聚智精进　强效提能 …………………………………… 107

  1. 注重把握"企情民意" ………………………………… 109

  2. 提升有效沟通水平 ……………………………………… 112

  3. 强化责任思想引导 ……………………………………… 117

  4. 在文化建设中提能 ……………………………………… 120

  5. 让"情商"落地增效 …………………………………… 126

第八章　巧施良策　凝聚力量 …………………………………… 129

  1. 有效释放"导航"功能 ………………………………… 132

  2. 建立长效工作机制 ……………………………………… 136

目 录

  3. 借势、造势、蓄势 ·················· 141

  4. 关键时期发挥特别作用 ·············· 144

  5. 聚焦基层一线"提气" ················ 148

第九章　顺应变革　常做常新 ·············· 155

  1. 树立正确员工利益观 ················ 158

  2. 突出"与时俱进"落地 ··············· 160

  3. 强化正面宣传思想引领 ·············· 162

  4. 以非常措施解决非常难题 ············ 168

  5. 注重群体效应 ······················ 173

第十章　精业笃行　深耕细作 ·············· 181

  1. 员工队伍"画像"探析 ··············· 183

  2. 识人、用人、培养人 ················ 189

  3. 提升员工队伍建设功能 ·············· 195

  4. 为青年人才健康成长引航 ············ 200

第十一章　刚柔并用　软硬兼施 ············ 207

  1. 强化规则意识 ······················ 210

  2. 塑造敬畏之心 ······················ 212

  3. 注重高效激励 ······················ 215

  4. 严抓正风肃纪 ······················ 221

第十二章　内外兼修　自强不息 ············ 229

  1. 善于自省自明 ······················ 232

  2. 着力打造自身优势 ·················· 237

  3. 当好事业进取"有心人" ············· 247

  4. 提高战胜挫折能力 ·················· 253

  5. 用奋斗捍卫职业"美誉" ············· 256

附　录 ·· 259
　　（一）企业政工寄语 ··· 259
　　（二）基层干部员工做人 36 忌 ··································· 261
　　（三）上级反感下属的 16 种表现 ······························· 263
　　（四）哈佛大学图书馆里的 20 条训言 ······················· 265

后　记 ·· 266

第一章

把握大势 过好『三关』

商场如战场。船坚炮利,气势磅礴;商者云集,各显本色。

企业是社会经济发展的必然产物,是商者云集的主阵地,是社会财富和价值创造的基本单元。

面对世界百年未有之大变局,在全球经济化的商海大潮中,我们中国企业独树一帜,特色鲜明,正在一望无边的惊涛骇浪中乘风破浪,扬帆远航,持续争当收获丰满的弄潮儿。

中国企业这个最大的特色,就是有中国特色社会主义大旗的引领。单就国有企业来说,就是把中国共产党的领导融入公司治理各环节,建立有中国特色的现代企业制度。企业党的建设、思想政治工作,以及政工队伍建设等,是其特色的重要组成部分。

政工是政治思想工作的简称。对于什么是政治,有专家解释认为:政治是公共权力现象,就是公共权力有规则、有要求、有策略的运用。对于企业政工,可谓是企业党务、群团工作与思想政治工作、精神文明建设等相关工作的总称。企业政工是党在企业工作的重要表现形式,亦是中国企业的一大亮点。其工作成效如何,对企业员工队伍建设、生产经营管理以及企业长远健康发展起着极其重要的作用。

毛泽东同志在《工作方法六十条(草案)》中说:"思想工作和政治工作,是完成经济工作和技术工作的保证,它们是为经济基础服务的。思想和政治又是统帅,是灵魂。"邓小平同志在《关于经济工作的几点意见》一文中指出:"经济问题是压倒一切的政治问题。"中共中央、国务院《关于新时代加强和改进思想政治工作的意见》中指出,思想政治工作是党的优良传统、鲜明特色和突出政治优势,是一切工作的生命线。由此可知,我们这里强调企业政工,阐述政治内涵,并不是为了政工而政工,而是通过总结探讨企业政工特点规律,结合实际研究把握做好企业政工的思路策略及方法措施,更好地宣传贯彻党的方针政策,更大成效服务于现代企业生产经营和长远健康发展。

改革开放以来,政工工作在不同的历史阶段都对企业生产经营和改革发展等发挥了不可替代的作用。改革之初,大力加强对干部员工的思想引导和组织建设工作,为"三个条例"的贯彻实施发挥了极其重要的作用。持续深化改革期间,坚持党建工作不放松,根据不同时期改革发展要求持续深入抓好干部员工思想观念转变,结合生产经营实际加强员工思想政治工作,为维护企业改革、发展、稳定做出了不懈努力。

随着改革的不断深化,新时代赋予了企业政工更大责任。2016年10月,习近平总书记在出席全国国有企业党的建设工作会议时就特别强调,坚持党对国有企业的领导是重大政治原则,必须一以贯之;建立现代企业制度是国有企业改革的方向,也必须一以贯之。这两个"一以贯之"为深化国企改革指明了方向。2019年12月,在中共中央发布《中国共产党国有企业基层组织工作条例(试行)》的通知中特别强调,国有企业是中国特色社会主义的重要物质基础和政治基础,是党执政兴国的重要支柱和依靠力量。坚持党的领导、加强党的建设是国有企业的"根"和"魂",是我国国有企业的光荣传统和独特优势。在中国共产党成立100周年之际,中共中央、国务院所印发的《关于新时代加强和改进思想政治工作的意见》中明确指出:"要把思想政治工作作为治党治国的重要方式。强化党委(党组)主体责任,各级党委(党组)要切实负起政治责任和领导责任,建立健全思想政治工作责任制,制定思想政治工作责任清单,明确落实措施和推进步骤。"同时还明确要求:"党的基层组织要认真贯彻党章党规要求,做好党员和群众的思想政治工作。"

因此,企业政工既与企业生产经营和长远健康发展紧密相连,又关乎党的执政基础和民族复兴。全面加强党的领导给企业政工注入了强大动力,同时也赋予了新的神圣职责,提出了更高的目标要求。作为企业政工人员,是圆满完成政工任务的骨干力量,必须肩负起新时代的历史重托,立足本职本岗和企业发展现实,登高望远,与党同心,在踏入第二个百年奋斗目标的新征程上做出更加积极努力。

当然,随着党组织职能调整的逐步完善,新时代国有企业党组织从"发挥政治核心作用"到"发挥领导核心和政治核心作用",再到"发挥领导作用,把方向、管大局、保落实",已经落地见效,国有企业党组织的职责范围更加宽泛。我们这里所述的企业政工范围,并不仅是企业党组织自身直接工作的范围,而是在党组织领导下包括党建、群团工作者和行政管理人员有关工作在内的一个大的工作系统。文中所述政工人员包括专兼职工作者所有人员,他们均是政工系统的重要力量。

形势在变,任务在变,工作思路与思维方式等也应当变。针对新时代企业政工新特点、新要求,为在新的起点上完成好新时期赋予的历史重任,政工人员必须先要搞清楚应当如何从思想上加深对企业政工重要性的认识,在企业总体框架中应该怎样定位自己以及所从事的工作,在自己的职业生涯中应如何对待企业政工工作,做到时刻注重把握时代脉搏,自觉过好"三关"。这是企业政工人员履职尽责干好本职的前提和基础。

1. 加深理解认识,过好思想关

思想支配行动。要做好企业政工,就要对企业政工抱有正确的认识和态度。要把个人理想信念、国家情怀与企业实际紧密相联,把书写人生篇章与企业政工紧密相联,把热爱政工事业与干好本职工作紧密相联,切实从思想上正确认识企业政工,行动上正确对待政工岗位。只有解决好对待企业政工和政工岗位的思想认识问题,才能真正排除各种不良思想干扰,持续不断激发出干好本职工作的情感和责任。

首先,要充分认识企业政工的重要性。这是一个既简单而又值得深思的问题,是需要每一位政工人员都要做好的功课。

纵观多年来企业政工发展的历程,政工工作始终不渝地结合实际宣传贯彻党的方针政策，在与时俱进落实企业法规、促进改革深入，在紧紧围绕生产经营中心开展宣传思想工作、推动企业健康发展，在构建教育育人机制、强化干部员工思想作风建设等一系列工作中，做出了不懈努力。党建方面，总体是在实践中探索，在改进中提升，受到了高度重视，党的优良传统得到发扬光大。同时也应该看到，在某些特定的历史阶段也确实存在一些被弱化、淡化、虚化、边缘化的现象，客观上造成了对企业党建工作重要性的认识不足，从而严重制约了企业党建功能的正常发挥，影响了党在企业系统意识形态领域的地位和作用。就此而言，由于企业党建在政工工作中居于支配和引领地位，对党建工作重要性的认识不足势必形成对政工工作认识上的欠缺，进而从某种程度上必然会造成员工群众对企业政工认识上的不利影响。

分析造成企业党建被弱化、淡化、虚化、边缘化的原因，一是把企业党建和思想政治工作相分离；二是把企业党的领导和企业家治理相对立；三是把企业宣传思想工作作为生产经营工作的附属来对待；四是在对"思想政治工作是党的一切工作的生命线"的科学论断的理解上进行了扭曲；五是落实企业领导体制"模糊化"管理方式的效应释放。

随着企业改革的全面深化，以上不良现象已经得到根本扭转，问题已经得以彻底解决，企业党建在指导思想和制度建设上已全面步入正轨，具体工作呈现出了良好的严抓细管态势。

实践使我们深刻体会到，就企业政工总体而言，与其他工作一样，要干好今天的、策划好明天的，就应以史为鉴，认真总结汲取过去正反两方面的经验教训，用马克思主义世界观和方法论，深刻分析现实工作中存在的矛盾问题，进而深化对其工作重要性的理解和认识。这对新形势下加强企业政工人员的思想建设具有十分重要的意义。

在当今时代国际局势复杂多变的形势下，回望苏联解体、东欧剧变的沉痛教训，要充分认识到对于坚持中国共产党的领导、提升党的执政能力、巩固党的执政根基必须加强。这既是中华民族伟大复兴的现实需要，也是"中国共产党是中国工人阶级的先锋队"性质的根本所在。

国有企业是中国特色社会主义的物质基础和政治基础，是党执政兴国的重要支柱和依靠力量，其政治方向如何事关国家经济发展和前途命运。作为政工人员，务必要提高政治站位，从夯实党的执政基础、确保国家长治久安的观点出发，联系新时代企业党建和思想政治工作的各项部署要求，特别是国企党建工作的制度规定，更加深入地加深对企业党建工作的理解和认识，更加增强践行"四个自信"的自觉性，更加坚定做好企业政工的信心和决心，更加努力结合实际强化党建意识，更高标准践行企业政工要求、做好实际具体工作。

其次，要充分认识本职本岗工作的重要性。每一位企业政工从业者，都应把本职本岗和企业长远健康发展紧紧联系在一起来分析、思考和对待自己的工作。这对自我激发责任感与自觉性具有重要意义。

在不断深化企业改革的历史进程中，不同阶段对企业政工人员的地位、作用和发展前景给予了不同评价。改革开放初期，人们认为："干政工好，有前途"；后来一段时间，随着企业改革的不断深化，有些员工认为："干政工的只不过就是耍嘴皮子，有没有都行。"再后来，随着改革的持续推进，有的员工自发感慨："企业不是政府，干政工说了不算，前途不大，还是做行政管理好。"党的十八大之后，一些人员私下议论说："企业政工的春天可能要来了。"

对于上述内容，反映了部分人员对企业政工认识与态度的变化过程。当然，其认识程度是非常浅薄和片面的，没有从从事政工的根本意义上去考量企业政工工作的重大意义。作为政工人员自身，应始终坚持"初心""使命"不动摇，以高度的责任感走好政工之路，捍卫好政工岗位之责。回顾党的光辉历史，应充分认识到，在我们党的成长壮大过程中，从支部建在连上开始加强部队政工工作，就突显了我们党的政治工作优势，为不断壮大革命队伍打胜仗提供了强有力保障。新形势下，更应继承发扬党的优良传统，自觉做到干一行，爱一行，干好一行；更要在其位，谋其政，忠诚敬业尽其责，始终不遗余力地按照组织安排与职责要求开展好所从事的具体工作。

对于新时代企业政工，被赋予了崇高使命与更大责任，人们对企业政工的认识和态度不可与过往同日而语,大家从全面深化改革的实践中切实感悟到了企业政工的极其重要性,同时也充满了新的期待。这里关键是我们政工人员自己,一定要以高度的政治自觉正确认识和对待自己所从事的工作。一方面,绝不能说起企业政工很重要,评价从事政工工作可以大有作为,但在实际工作中却精神不振、前途迷茫;另一方面,要客观认识新时期企业政工的地位与作用,正确理解加强党的领导与建立现代企业制度的协调一致性。对于加强党的领导要把组织领导和个人行为相区分,重责轻权,重能轻位,尽快把个人能力提升与岗位素质要求做到相匹配,防止高傲自大、盛气凌人作风的苗头出现。

　　企业政工是企内各点位政工工作的集合。各层级、各岗位职责不同,但目标一致;具体工作内容不同,但总体要求相同。只有各层级各岗位每人的工作都做好,才能共同支撑整体工作做好。反之,如果某一点位的工作出现失误,就会影响整体工作的效果和形象。政工各岗位工作都是企业政工整体的重要组成部分。分析政工队伍现状,有部分同志因党建工作地位的提升存在心态膨胀和具体工作简单粗放现象,同时仍有部分同志因对自身工作重要性认识不足,惯性思维严重,存在标准不高、得过且过的现象,等等。对此,应予高度重视。

　　由于工作性质的特殊性,现实工作岗位对企业政工人员的综合素质和工作能力提出了更高要求。就过去而言,一般对于政工人员的选用都比较慎重,往往通过对选用对象的政治面貌了解、工作能力与现实表现考察,以及档案审查等筛选而定,有时对于年轻同志的选用还要考察其人员的可塑性和工作潜能后才能选定。但在某些特殊历史阶段和特别情况下,曾在政工人员使用上降低了标准,给政工队伍建设带来了不利影响。比如对于管理人员优化组合,有时为了安置人员硬把不符合政工条件的安排到了政工岗位;在对基层领导干部调整时,有的为把不适合继续担任原行政职务的干部随意调整到政工领导岗位,甚至有的不讲条件随意提议任用政工干部。可想而知,这种做法的后遗症确实较大,必定会造成员工群众对政工干部基本素质思想认识上的扭曲,甚至出现了部分干部员工认为政工人员能力差、不作为的以偏概全现象。作为新时代现岗位的政工人员，切切不能拿过去的某些非正常现象认识和对待现实中的政工队伍建设，而要按照新时期政工人员的素质要求不断审视自己，持续改进提升自我。要把本职岗位和党的事业与企业发展紧密相连，切实认知自身工作的重要性，坚定不移地千方百计把本职工作做好。

第三，充分认识加强政治修养对于做好企业政工的重要性。讲政治是政工的本质属性。政工人员应持续不断地把强化政治意识、搞好政治修养、提升政治素养落到实处。

习近平总书记曾经指出，旗帜鲜明讲政治是我们党作为马克思主义政党的根本要求。党的政治建设是党的根本性建设，决定党的建设方向和效果。作为企业政治工作者，必须坚持以马克思主义中国化时代化的最新成果武装头脑、指导实践，注重以更高的政治站位和政治自觉，把旗帜鲜明讲政治体现在工作上，落实到行动中，贯穿到企业政工工作全过程。要紧紧围绕企业发展，发挥党的政治优势，营造良好政治生态，充分发挥政治引领作用，切实做好从思想上政治上引导教育干部、党员和员工群众的工作，为促进企业高质量健康发展打牢坚实政治基础，把完成党的政治任务落到实处。

打铁先要自身硬。政工人员要履行政治任务，发挥政治引领作用，就必须自身具有较高的政治水平和能力。从前些年的政工状况看，有些企业受不良风气的影响，政治思想教育引导匮乏，政治氛围淡薄，甚至开展政治思想教育受到鄙视或抵制的情况也时有发生。出现这种现象的原因，有些是受工作大环境的影响，再就是政工人员本身存在问题。对于后者出现问题的原因，除了方式方法外，很大程度上是政工人员尤其是基层政工领导干部政治素养不够造成的。这就要求我们政工人员必须加强自身政治修养，注重结合实际搞好政治理论学习，丰富政工知识，在具体实践中不断总结政工经验，在实际工作历练中涵养政工本领、提升政工能力。

现实工作中，加强政治修养对于做好企业政工更具重要性。比如，在当今世界科技发展日新月异、行业竞争异常激烈，国家实施科技兴国、产业兴国的新形势下,对于如何用马克思主义世界观和方法论厘清企业自身优势和潜在风险,分析认清企业发展方向,落实产业报国方略,这是企业政工的一大任务。实质上这既是政治问题,也是实践问题。再比如,面对新时代的企业内外发展环境,对"共同富裕""价值观重塑"提出了新的要求,如何用习近平新时代中国特色社会主义思想统一干部员工思想、落实具体行动,更大力度寻求企业工作动力源,更好激发干部员工的积极性并予以落地见效,这是企业政工的又一重要任务。这同样既是一个政治问题,也是一个实践问题。因此,我们对于企业政工的认识必须要有一个清醒的把握,绝不能把做政工工作当作为了政工而政工。只有这样,才能充分认识加强政治修养的必要性和重要性。

另外,应当特别指出的是,企业政工包含务虚成分,但主要还是结合实际进行思想引领、动力支持和人才支撑,决不能把做企业政工看作只做虚事,不做实事。其实,搞行政管理不但要抓生产经营和企业发展过程中的具体管理实施,也要进行管理思想、管理方法、管理规则的研讨、宣贯和思想引导,且根据"一岗双责"要求,也要结合实际进行员工的思想教育引导工作,实际工作也有虚的内容。政工和行政管理人员都是在实实在在地为企业发展服务,都须通过虚实结合方法做好自身工作。加强政治修养是企业各级各类管理工作者的共同所需。

第四,明确立身之本,提升职业素养。作为企业政工人员,从一开始就要明白自己从事这项工作,究竟是"为谁做事、以啥立身"这个严肃而又现实的问题。

应当明确,在企业做政工,既是为党做事,也是为企业做事。时刻听从党的召唤,按照党的主张要求结合企业实际开展工作,实现党组织既定目标,这是自己的天职所在;联系企业生产经营管理实际,紧紧围绕生产经营中心开展工作,促进企业创效发展,这是自己工作的本分。同时,要树立"强身立人"的新时代政工职业观。干工作不但要有良好的政治修养、高强的政治能力和较高的政工业务水平,也须具备必要的生产经营知识、较强的企业管理能力和过硬的综合素质,并在工作中边实践边总结,使自己的职业素养得到不断丰富和提升。这是每一位政工人员从事企业工作的立身之本。

回顾多年来政工工作的实际情况,确有部分政工人员由于对生产经营业务不熟悉,对企业管理知识欠缺,致使对生产行政工作说不上话,融不进去,工作结合不紧密,长期存在政工工作和生产经营工作"两张皮"问题,从而使其所开展的工作不但对生产经营工作没有起到促进作用,反而有时在一定程度上与生产经营工作争资源,反向影响了生产经营工作有序开展。这种现象必须引起当今政工人员的深度思考。

由于新时代企业政工标准在提高,对政工职业素养的要求自然在提升。而且随着科技水平快速提升,数字经济正在加快发展,企业生产力水平亦不断提高。这都对提升政工职业素养提出了更高要求。不断提升政工职业素养应成为政工队伍建设的常态化要求。这里应当特别指出的是,一方面,提升政工职业素养不能满足现状吃老本,止步不前;另一方面,要处理好政工业务、政治能力与生产业务知识、经营管理能力的关系,既不能只懂政工业务,不熟悉生产经营,也不能只钻研生产经营管理知识,放弃政治理论学习和政工业务水平提升,防止从一个极端走向另一个极端。作为政工人员的政治能力,永远是自己立身企业的首要之有。只有具备了高素质的政治能力,才能具有应有的政治判断力、政治领悟力和政治执行力,才能善于把党的政治主张转化为广大干部员工的政治觉悟和工作动力,以更好服务于企业生产经营中心工作。一个缺乏政治素养的政工人员,不可能成为一名合格的企业政工工作者。

提升政工职业素养是现实工作需要,也是与时俱进的必然要求。第二个百年奋斗目标规划已经明确,中国到2035年基本实现社会主义现代化,到本世纪中叶也就是新中国成立一百年时,建成富强民主文明和谐美丽的社会主义现代化强国。为此,作为政工人员必须立足企业实际,坚持不懈地加强自身修养和实践锻炼,不断丰厚职业素养,以更加昂扬向上的姿态、更高水平的综合能力,动员广大干部员工为实现第二个百年奋斗目标接续奋斗。

2. 吃准制度规定,过好定位关

企业是一个上下左右各系统各部位协调一致运行的有机整体。政工作为这个整体的重要组成部分,只有站在应站的位置上奋发努力,才能发挥其应有作用。在政工本身这个工作系统中,只有系统各点位动作协调一致,各司其职地开展工作,才能共同演奏出优美的乐章、创出应有的成效。因此,政工人员自我把好工作定位关至关重要。

20世纪80年代以来,对于企业政工的定位随着领导体制的变化而不断变化。80年代初实行党委领导下的厂长分工负责制,党组织处于领导地位,企业政工贯彻执行中共中央转发的《国营企业职工思想政治工作纲要(试行)》精神,强调进一步加强党的建设和领导班子建设,努力把思想政治工作同生产经营活动紧密结合起来开展工作。80年代中期,实行厂长负责制,贯彻落实中共中央、国务院颁发的"三个条例",对于企业政工强调要加强和改善党的领导,结合实际做好思想政治工作,保证企业的社会主义方向,党组织对生产经营行政管理工作实行保证监督。在短暂实行党政分开后的90年代初,贯彻落实中共中央《关于加强党的建设的通知》精神,强调加强企业党的建设,充分发挥党支部的战斗堡垒作用,明确企业党组织的政治核心地位和政治思想领导作用,要求正确处理厂长(经理)的中心地位与党组织的核心地位之间的关系。综上,在不同的企业发展历史阶段,对企业政工给予了不同的工作定位。

回顾过去,广大政工工作者正是按照以上这些不同时期不同内容的规定要求,坚持以企业改革发展的推动者和促进者为己任,精心把握不同阶段企业政工的职责定位,正确处理党政关系,及时改进工作方式,不断探索有效方法,较好发挥了应有作用。同时也不可否认,实际还出现了不少因工作定位不准造成党政关系不和谐、班子成员不团结、职能发挥不到位、工作被动效果差等情况。有的党组织主要负责同志不能按照企业管理体制变革中政工职能的调整变化及时调整改变自己的工作方式,结果造成工作越位或是缺位,进而形成党政领导矛盾激化,或者政工工作力度严重不足,最终导致企业创效发展和个人形象受损;有的班子成员摆不正自己的位置,缺乏大局观念和工作服从意识,总是个人意见第一,进而造成班子成员不团结,基层工作难开展,结果单位工作和个人事业都受到负面影响;有的基层一线党组织缺乏单位整体观,对上级组织布置的任务,结合实际开展工作欠缺,总是强调客观困难迟迟不能完成,致使严重影响单位整体工作成效和基层单位工作能力提升;有的机关部门政工人员怕越位思想过强,工作眼界狭窄,担当意识不足,从而导致部门工作职能发挥不够,个人进步空间降低。凡此种种,都是由于工作定位不准造成的不良后果。

据了解,前些年某单位曾有一位身为班子成员副职的政工干部,性格直爽,作风务实,且工作有思路,个人能力强,可实际工作中基本都是按照自己的想法开展工作,对正职领导提出的要求,甚至班子集体研究的意见,经常在执行上大打折扣。当自己分管的工作与行政工作出现矛盾时,不能灵活处理,遇有特殊工作情况只讲制度规定,不讲方式方法,只想完成本职任务,但对全局工作的影响考虑不周,有时还会流露一种相对正职领导的高傲自满情绪。她认为班子成员各有工作分工,自己职责范围内的事情就应完全由自己全权负责,不需给正职领导请示汇报。正职领导找其谈心交流,她却不以为然。这种现象持续一段时间后,结果使班子团结和单位整体工作成效受到一定影响,个人形象在组织面前也大为下降,不得不被调离原岗位。分析造成上述现象的根本原因,按照组织行为学观点,就是这位班子成员在对自己的工作定位上出现了问题。作为班子成员,应有班子整体意识和单位大局观,工作分工不分家,有许多工作需要统一协调、统一步骤、形成合力。特别作为政工工作,更需要具备协调配合与结合、融合意识,才能取得更好效果。再就是作为副职,应定位好自己和正职的上下级关系,不能以完全工作平等关系对待正职领导。具体工作要按组织原则办事,对于自己职责范围内的工作,凡涉及全局的事项须经集体研究并正职同意后才能实施,不能任由自己随意安排了事。

通过这一案例警示我们,作为政工人员,每个人都应把自己比作是象棋棋盘上的一枚棋子,要想把工作干好,先要像下象棋一样,把自己的位置摆正,然后才是在什么位置如何更好发挥作用的问题。

党的十八大以来,习近平总书记曾经指出,党对国有企业的领导是政治领导、思想领导和组织领导的有机统一。在制度规定上,党的十九大党章中规定:"国有企业党委(党组)发挥领导作用,把方向、管大局、保落实,依照规定讨论和决定企业重大事项";"非公有制经济组织中党的基层组织,贯彻党的方针政策,引导和监督企业遵守国家的法律法规,领导工会、共青团等群团组织,团结凝聚职工群众,维护各方的合法权益,促进企业健康发展"。自2018年10月起施行的《中国共产党支部工作条例(试行)》中规定:"国有企业和集体企业中的党支部,保证监督党和国家方针政策的贯彻执行,围绕企业生产经营开展工作,按规定参与企业重大问题的决策,服务改革发展、凝聚职工群众、建设企业文化,创造一流业绩";"非公有制经济组织中的党支部,引导和监督企业严格遵守国家法律法规,团结凝聚职工群众,依法维护各方合法权益,建设企业先进文化,促进企业健康发展"。2019年12月中共中央发布的《中国共产党国有企业基层组织工作条例(试行)》中规定:"国有企业党委(党组)发挥领导作用,把方向、管大局、保落实,依照规定讨论和决定企业重大事项",并明确了七项主要职责;"国有企业党支部(党总支)以及内设机构中设立的党委围绕生产经营开展工作,发挥战斗堡垒作用",并明确了六项主要职责。以上内容为各类不同性质企业政工的工作定位提供了根本遵循。政工人员应认真汲取过去相关事宜的经验教训,针对本单位企业性质,根据组织原则及个人职责划分情况,把自己现实工作中的定位事宜搞好。

虽然企业政工的职责范围随着领导体制变革和党建工作定位的变化而变化,可企业政工的根本任务是永恒的,这就是服务企业发展,培育引导员工,固化党的执政根基。面对新时代改革发展新形势,要始终注重把握好对企业政工岗位及其目标任务的定位,自觉以高度的政治站位,把所开展政工内容与企业改革发展和生产经营目标任务要求相适应,明确做到企业改革发展创效大目标就是企业政工的工作目标,企业改革发展创效的难点就是企业政工的重点,党对企业改革发展创效的规定要求就是企业政工需要牢牢把握的政治工作方向,在中国特色现代企业制度落地实施中积极探索践行企业政工的有效途径与方法。

3. 担当时代重任,过好事业关

我有一位清华大学卓越企业CEO(总裁)高级研修班的80后女同学,黑龙江省和粮农业集团创始人张某。她在2021年接受视频采访谈到自己的事业与梦想时说:总书记两次来到黑龙江,他说了三句话,第一句是"不容易",这句话是说给我爷爷这代农民的,他们这代人闯关东来到北大荒,是他们开垦了北大荒。第二句是"了不起",这句话是说给我父亲这代农民的,是他们这代农民建设了北大荒,才有了今天的北大仓。第三句是"中国饭碗",这句话是说给我们新时代农民的,就是让黑龙江的粮食装进更多的中国饭碗里,这是我们这代农民的责任和使命。我们现在和过去不一样,过去是扛着锄头去地里干活,现在是科技引领农业发展,用互联网加农业的方式带动影响更多的农民发展致富,影响更多的青年人去创业创收。我觉得这个就是我们的责任,也是我个人的事业所在。对于现在的梦想,我给我们团队说的是,要把"和粮"农业先做好30年,用实际行动切实打造好"和粮"这个品牌,然后继续努力,持续把其建成为百年企业。我的个人追求就是把这个品牌品质传承下去,真的是想在每个大街小巷、所有超市、所有卖场,就是每个中国人都能吃到我们安全放心的食品。这个就是我的梦想。

当在同学群里看到转发的以上采访内容后,群里的老师和同学们纷纷为她点赞。从以上朴实无华而又坚定执着的采访内容当中,可以清晰地反映出我这位同学那种清醒的政治头脑、强烈的事业心,以及饱满的国家情怀和责任担当。凭借十几年的同学之情,通过各种渠道我对她有了比较深入的了解。她大学毕业后说服家人主动回乡创业,凭着对家乡的无限热爱和艰苦付出,用信念传递能量,用事业感悟人生,情系"三农",勤奋执着,以柔弱的身躯带着农民创业创新,带领"和粮农业"荣获国家级放心粮油、中国杂粮加工10强、中国大米加工50强企业等荣誉,她本人从一位普通的农民创业者,逐步成长为一名农民专业合作社带头人,当选为中国农产品流通协会副会长、黑龙江省青年企业家协会会长,荣获黑龙江省劳动模范、全国三八红旗手、全国青年"五四"奖章、全国"五一"巾帼标兵等荣誉称号。目前,她正以更加坚毅的志向,用责任、实干和智慧助推着自己的梦想与事业蓬勃向上,被当地人尊称为"从黑土地里走出来的女青年"。

"欲修身,先修心。"作为企业政工人员,虽然与上述我这位同学所处的行业不同、职业及其岗位有别,但人们的事业心是相通的,精神风貌、工作意志力和责任感是可以相互学习借鉴的。特别面对新时代党对企业政工的高度重视和对其职能作用发挥调整完善的新形势,这位同学政治清醒、事业追求和责任担当行为是值得企业政工人员学习借鉴的。这就提醒大家要切实放大工作格局,强化使命担当,不负组织期望,视干好政工为事业,把工作创优作责任,以强烈的使命感和责任心在本职岗位上做出不懈努力。

如前所述,政工主要是做人的工作。企业政工又非同政府和其他社会组织,处于相对独立的个体经济单位之中,与生产经营和企业发展紧密相连。所以它既具有稳定性,又有多变性、复杂性和限定性,具有政治属性和经济属性的直接交融性等特点。虽然这对从事企业政工人员的工作提出了更高要求,亦应在工作进步、事业发展等方面注入与其所从事工作的内在要求相适应的工作动力,但在政工不被重视的特定历史阶段,政工人员确实在专业特长发挥、个人进步空间和事业发展上曾经受到过一定限制。难怪前些年有人编段子"十年技术评高工,十年政工一场空",虽然这种说法带有偏见性,但也确实反映了不少干部员工对过去政工人员职业生涯的真实看法,因此造成了在选用政工人员新人时,许多具有生产技术、经营管理等专业特长的人员不愿加入这一行列。

新的历史条件下,随着新时代企业党建工作地位的提升,企业政工的地位在上扬,同时责任也在强化,任务更加繁重。政工人员一定要避免从一种极端走向另一种极端,准确把握现行有关制度规定的标准要求,自觉防止因盲目自大造成工作错位和失位。

关于政工人员如何增强责任心,很重要的一点就是要对企业政工持有正确的认识,抱有良好的态度。列宁曾说,政治是一门科学,是一种艺术,它不是从天上掉下来的,不费力是掌握不了的。周恩来同志1938年在《抗战军队的政治工作》中说,以革命主义为基础的革命政治工作是一切革命军队的生命线和灵魂。由此引申到企业政工,这既说明了它的重要性,也表明了它的科学性和艺术性。企业政工是科学,是艺术,也是一种名副其实的管理专业,并不是像前些年有人讲的"搞搞活动开开会,送送喜报谈谈心"就能做好的。

对于企业政工管理专业属性的认定,早在1988年初参照中央关于职称改革的有关文件规定和具体要求,进行企业政工专业职务评聘时,就对企业政工的性质作了具体阐述,明确表述为"党的思想政治工作是一门科学、一门专业。政工干部是专业干部"。实践使我们深深体会到,作为一名优秀的企业政工人员,必须是一位策划者、分析者、协调者、推动者、管理者、创新者,也必须是一位优秀的组织者、教育者、引领者、沟通者、执行者、宣传鼓动者,以及不断自我改进完善的提升者。

由此,企业政工是管理工作的一个重要组成部分,是伴随着企业发展实践需要不断研究探讨的一项重大实践课题,是值得政工人员追求的一项崇高职业。事业追求上,理想信念坚定,宗旨意识强,把政工当事业,把干好政工当作事业追求对待,是从事政工工作的必备条件;尽职尽责树形象、立足本职创业绩,既是党的事业的迫切需要,更是政工人员责无旁贷的重大责任。

2020年1月中共中央印发的《中国共产党国有企业基层组织工作条例(试行)》第三十六条指出:"根据企业职工人数和实际需要,配备一定比例专兼职党务工作人员。选优配强党组织书记,把党支部书记岗位作为培养选拔企业领导人员的重要台阶。注重选拔政治素质好、熟悉经营管理、作风正派、在职工群众中有威信的党员骨干做企业党建工作,把党务工作岗位作为培养企业复合型人才的重要平台。严格落实同职级、同待遇政策,推动党务工作人员与其他经营管理人员双向交流。"这为企业领导人员相关政工人员的培养选拔事宜,以及政工人员的成长进步渠道作出了明确规定,进而充分肯定了企业政工事业的重要性。

正视困难是态度,改变现状是业绩;平常工作要用心,追求目标要执着。面对新时代党对企业政工工作的高度重视和对政工人才快速成长的期待,广大政工人员要自觉克服一切影响坚定政工事业发展决心信心的不良思想侵扰,牢固树立企业政工事业追求观,做到立足本职本岗,坚持不懈地为党的企业经济工作添砖加瓦。具体来说,一要树立"平台"思想,把从事企业政工当作为党工作、为员工群众做事、为企业发展贡献智慧力量的工作平台,最大限度地展示自己的综合素质、工作能力和发展潜能;二要坚定进取意志,勤于踔厉奋发,能于孜孜追求,无畏艰难困苦,持续不断地把奋发有为落到实处;三要坚持改进完善,适应新时代企业政工新要求,牢牢把握正确方向,自觉做到与时俱进、善作善成,项项工作高标准,不断争创履职尽责新业绩。

同时应充分认识到,政工人员要在新的起点上完成好新时期赋予的历史重任,进而实现人生价值的重要因素是毅力和决心,其关键要素是行动。这就是以实际行动筑牢政治忠诚,紧跟时代步伐,坚定政工意志,善于攻坚克难,注重把自己的价值取向与企业政工的价值取向保持一致;牢固树立正确的世界观、人生观和价值观,明确卓有成效目标,坚持以正确对待自己、正确对待组织、正确对待功过是非的良好职业操守,在高严细实中勤恳工作,在曲折前进中勇毅前行,在与时俱进中初心不改,在自律自省中奉献进取;在综合素养、思维方法和工作作风上,自觉做到与时代发展要求接轨适应,自觉养成日常工作良好习惯,着力以执着追求激发内心动力,以忠诚担当塑造良好形象。

第二章 聚焦目标 综合施策

党的十八大以来,特别是十八届三中全会以来,新时代的全面深化改革促使企业政工进入新阶段。在中国大地上,任何企业都应牢固树立中国特色社会主义思想,自觉遵从社会主义核心价值观和义利观,忠实履行企业应尽的经济责任、政治责任和社会责任。作为政工人员,要针对自身工作实际,围绕中心,服务大局,发挥优势,奋发努力。特别要牢牢把握新时代企业党建与思想政治工作新要求,以及企业管理体制机制新变化,着力以变革思维应对企业政工新特点,着眼大局,聚焦目标,守正创新,在务实有效施策、引领发展方向、探索有效方法途径上狠下功夫。

1. 用心匡助"商道"

人间凡事皆有道。人有人道,商有商道。人道就是做人的规矩和道理。商道则是经商的经验、方法,是经商的规则、规律,也是经商的道义。经商道义的本质在于交换的互惠性。古人说商道即人道,善良走到哪里,成功和财富就会跟到哪里。如果经商拥有了善良,加之正确的方式方法,不但能有财富的"小得",更会有人生的"大得"。

从前有这样一个故事:在一个深秋的夜晚,三位老人敲响了一家的门。家中妻子走出来说:"你们是否需要帮助,请到我家里来吧,吃点东西,然后在这里住一晚。""我们不能一起进屋。"老人们说。"为什么?"妻子十分不解。一位老人指着他的同伴说:"他是成功,他是财富,而我是善良。我们三个中间只能有一个进屋,你现在和家人商量一下,看看需要我们中间的哪一位?"妻子进屋和家人商量,丈夫说:"当然要成功了,我已经奋斗很久了,但还是没有得到。"而孩子说:"要财富吧,那样我们就可以过上好日子了,再也不用为生计发愁。"可是老父亲说:"还是请善良进来吧,要是没有善良,再多的成功和财富也没有意义啊!"于是大家决定把善良请进屋。妻子出来对老人们说:"善良老人,请你到我们家来做客吧。"善良老人起步向屋子走去,而另两位叫成功和财富的老人也跟着进来了。妻子感到奇怪,就问善良老人:"你们不是只能进来一个吗?"老人们笑着回答说:"善良走到哪里,成功和财富就会跟到哪里。"由此可见,善良才是成功和财富的根基,如果他们选择了成功或者财富,也许会过上好的生活,但也会像老父亲说的那样,没有了善良,一切都没有了意义。古代有"为富不仁"的说法,就是讲商人如果只是把赚钱视为唯一目的,而失去了人类本性中的美好,去行唯利是图、不择手段之事,这样的人生称不上是真正有意义和美好的人生。

其实,这个故事一看就是虚构的,可它却隐含着很深刻的道理。不管是古代还是当今,对商人而言,财富积累需要利润,企业发展更需要以获取利润为前提。从某种意义上说,利润率的大小,是评判一个企业好坏的重要标志,但现实社会中又不是唯一的标准。有些企业过分追逐利润,以利润为唯一最终目标,最后反而失去了利润;一味地图谋独享,以打击对手扩充自我为手段,最终却功败垂成。而那些自己钓大鱼,也允许别人捞小鱼的人,在互惠互利共存中获取自己该得到的那份利润,也给别人获取利益空间的人,反而能取得事业的长足发展。天道酬勤,人道酬善,商道酬信。做企业要像做人一样,讲诚信,拥善良,具有自己的人格魅力。

习近平总书记2018年11月1日在民营企业座谈会上的讲话中指出:"希望广大民营经济人士加强自我学习、自我教育、自我提升。民营企业家要珍视自身的社会形象,热爱祖国、热爱人民、热爱中国共产党,践行社会主义核心价值观,弘扬企业家精神,做爱国敬业、守法经营、创业创新、回报社会的典范。民营企业家要讲正气、走正道,做到聚精会神办企业、遵纪守法搞经营,在合法合规中提高企业竞争能力。守法经营,这是任何企业都必须遵守的原则,也是长远发展之道。"这是对民营企业提出的希望,更是对国有企业提出的要求。

如前所述,在时光耀入中国特色社会主义新时代的今天,赋予了国有企业党组织"把方向、管大局、保落实"的重大使命,规定非公有制经济组织中党的基层组织具有"引导和监督企业遵守国家的法律法规"的职责。对于如何把方向、如何引导监督,这是不同性质企业党组织各自面临的现实问题,是新时代赋予各类企业党组织的重大政治任务。

在商言商,在企为企,这是毋庸置疑的道理。但为企业创效发展助力加油,不能对背离党的政策和国家法规者观之任之,不能对脱离员工群众的现实需求漠不关心,不能对急功近利损害企业长远发展的现象视而不见,更不能对走偏社会主义企业发展方向不纠不管。客观分析企业发展的现实状况,总体上各类企业都处于良好的发展状态,这是企业党组织、企业家和社会大环境共同作用的结果。同时也应意识到,当企业的经营状况处于很好和太差两个极端情况下,经营思路和管理手段就有可能出现走偏。好的时候易想歪点子乱作为,差的时候易出馊主意乱用招。这是不容忽视的客观现实。对此,政工人员,尤其是党组织负责同志,要切实树立"匡助商道"思想,强化责任担当,采取有效措施,严防各种不良现象发生。

古往今来,"商道"既有不变的规律,也有与时俱进的规则与学问。新形势下,政工工作要牢牢把握企业发展正确方向,通过营造良好企业发展氛围,促使企业各级管理干部善于从以往工商业发展历史中汲取智慧,在古今中外的成功与失败案例中吸取经验教训,传承"道正利好"经商理念,结合现代企业特点,处理好"善良"与"成功""财富"的关系,把"趋利本能"释放到合理区间。作为国有企业党组织,要切实发挥把关引导作用,保障企业立足客观现实,珍惜国家日益强盛、法规日渐健全、营商环境不断优化的外部环境,在贯彻新发展理念、构建新发展格局中助推转型升级、提质增效,全力战胜困难挑战;要大力弘扬社会主义核心价值观,树立新时代企业经营义利观,在完善中国特色现代企业制度中激发活力、壮大实力,在强化经营管理高效运行策略中以德立企、以"义"取利。

应当看到,在国际关系复杂多变的大背景下,加之难以预料的"黑天鹅"事件可能随时降临,以及存在"灰犀牛"事件的潜在风险,国际国内企业竞争的激烈程度在相当长时间内只会增加,不会降低。因此,我们所说的这种"商道",对于企业正常发展也显得越来越重要。换言之,对于现代版企业"商道"的培育应更加不能放松。对此,政工系统应责无旁贷地履职尽责。一方面,平时要加强思想引导,营造健康环境,针对企业管理需要搞好政策法规学习,把经常性和时效性落到实处,严防不良现象发生;另一方面,特殊情况要善于用马克思主义认识论方法论观察分析事物,精准分析研判企业发展状况,强化"对标"思维和策略应用,一旦出现不好苗头及时通过正常组织渠道把其消灭在萌芽状态。

对于非公企业的"商道"取向,对政工而言,则应做到法规学习、思想引导、个别交流和组织建议相结合。

2. 注重融合效果

强化党建、思想政治工作与生产经营工作深度融合是新时代企业政工的客观要求,是体现政工价值的重要途径。讲融合自身不是目的,不是走形式、摆样子。其根本目的在于提升政工效能,促进生产经营工作顺利有效开展。

一般来说,融合就是几种不同的事物合成一体。按照《辞海》解释,水乳交融即为融合。实际工作中,既不能把落实工作融合看作是滚滚江水向东海的长江干流与支流的能量简单叠加,形成更强大的洪流力量,更不能看作是碧蓝清澈的大海张开臂膀拥抱华夏大地的"来客"黄河之水,而后便"两水"浑然一体,无可区分,共同置身大海形成一道黄蓝相间风景线,在相互排斥中水水交融,而应看作是催化剂中的助剂组分,与载体组分融为一体,共同促使催化剂的活性、选择性、稳定性更好,既有物理现象的展示,更能形成化学效能的成果,根据不同产品、不同工序、不同环境需求,以不同方式、不同种类释放不同效能,以共同实现催化目标的理想效果。

追溯多年来企业发展历程中政工与生产经营工作结合融合的情况,既有成功的经验,也有走弯路的教训。虽然经历了部分单位存在"两张皮"现象的过程,但总体上一直在研究探索搞好结合融合的方法途径,而且发挥了重要作用,产生了较好效果。在新时代建立中国特色现代企业制度的新形势下,已经对这一"融合"赋予了新的内涵,提出了新的要求。对于国企而言,新的企业管理制度,已经成功解决了组织结构融合的难题,为进一步搞好实际工作融合创造了条件,现在面临的主要任务就是及时分析研判企业整体状况,在如何落实深度融合、提升融合效果上狠下功夫。一是找准政工自身背负的政治责任与企业价值追求的最佳结合点,明确需要做什么,重点做什么,怎样融合才能实现效果最佳;二是针对生产经营管理过程中遇到的重点、难点、关键点寻求最佳结合点,明确该做什么,不该做什么,通过什么方式融合才能达到最佳状态;三是结合实际深入总结影响融合效果的不利因素,努力加以克服。

关于实施深度融合,对于政工人员来说,不是说做、想做就能做好的事,而是必须具备落实深度融合的能力与素养。试想一下,一个不懂生产经营业务的人员,怎能把握准生产经营对政工工作的需求点?一个不懂生产经营管理的人员,怎能使政工工作为具体生产经营管理工作排忧解难?落实深度融合,绝不是仅靠有热情有决心就能实现的,知其然不知其所以然只能把工作做在表面上而无法深入,不明业务不懂管理就难免说外行话做外行事,遭遇政工对象的心理排斥。这就给做好深度融合对政工人员的个人素养和能力提出了更高要求。懂业务、会管理,已成为做好新时代企业政工工作的内在要求。

分析近年来企业政工现状,要提升融合效果,就应针对各自工作实际做到强意识、善结合、重深度、勇担当,并在实践中不断总结提高。

强意识,就是增强新时代企业政工必须与生产经营工作深度融合的思想意识。这种意识不能只是一种想法、一种愿望,而是要融入脑海里,切实认识到做好融合工作的必要性和重要性,能够结合实际经常性地思考做好融合工作的时机、策略和方法措施。

善结合,就是善于结合生产经营管理工作进展实际落实融合措施。融合需要过程。其中,融入是前提,结合是途径。没有融入就无法融合,融入是融合的先决条件;没有结合就没有载体,结合是选择良机落实融合的重要方式。现实工作中,要适时把"结合"事宜做好,就应具备较强的工作大局观,随时掌握生产经营工作动态,准确把握生产管理运行"脉络",抓住结合有利时机,选好结合点融入实际开展具体工作。

重深度,就是戒浮就实,在"深"字上狠下功夫。深度融合绝不能把工作浮在表面,而应结合紧密,触碰实质,措施过硬,工作到位。要注重工作对象和环境的深度分析,善于创设工作情景,发挥政工优势特长,做到与生产行政管理同频共振,切忌发生具体工作中的心态浮躁现象。实际上,开展工作追求的是效果。如果工作融合无深度,心态出现浮躁,必然导致形式主义,就无法发挥如前所述催化剂中"助剂组分"应有的作用,其融合的实效性就会化为泡影,也就失去了实施工作融合的真正意义。

勇担当,就是主动担当尽责,持续不断地根据需要做好深度融合工作。融合工作能否做好,既需要时机选择,更需要正确的方式方法和融合"度"的把握。这就要求政工人员一定要把做好融合工作当作履职尽责的重用方法落实行动,深入细致地努力把具体工作做实做好。实际工作中,如把融合工作做好了,则要继续发扬光大;假如效果不理想或出现失误,则应眼睛向内查问题找原因,主动承担责任,深刻总结教训,明确下步方法措施并继续努力做好。

3. 做好政工要素管理

企业政工是企业整体架构的一个重要组成部分。要把政工工作做好,圆满完成预定目标任务,需要多因素参与、多方面协调配合一致才能取得较好成效。这就启示我们应认真分析做好政工工作的关键因素有哪些,探讨如何利用这些关键因素的管理方法,以使其更好发挥作用。这是做好企业政工的一个重要方面。为便于探讨的通用性理解,可把这些关键因素称之为工作要素。

对于要素管理,通常讲生产管理的五要素为人、机、物、法、环,施工管理的五要素是人、机、料、法、环。那么,我们政工工作的管理要素有哪些呢?

政工工作与具体生产、施工作业相比,显然由于工作性质不同,参与因素存在较大差别。全面分析政工的关联因素,可包括工作人员、工作对象、工作环境、工作平台、工作载体、工作氛围、工作信息、工作时机、思想意识、方式方法、法规制度、应用工具、企业性质,等等。综合类比这些因素的关联性、重要性和特殊性,可总结出做好新时期企业政工的"七个要素":工作人员、工作对象、工作环境、工作氛围、方式方法、应用工具、企业性质。实际工作中,政工人员尤其是政工领导干部,应切实强化要素管理意识,并扎实做好具体要素管理工作。

关于工作人员。主要包括专职和兼职政工人员,以及具有人员管理职能的各类骨干人员。专兼职政工人员是企业政工的骨干力量,在经常性搞好他们政治思想作风建设,增强他们忠诚、担当和使命观念的同时,应高度重视这些人员的组织建设和业务能力建设,具体可按照新时代企业政工履职要求培养选用人才,充实工作力量,建立一支与新时代企业政工要求相适应的高素质人员队伍。在业务能力建设上,充分认识政工队伍现状与现实工作需求对比所存在的具体问题,通过业务培训、实践历练、轮岗锻炼等方式,尽快做好补短板、强弱项工作。对于具有人员管理职能的各类骨干人员,是具体落实政工措施、开展全员思想政治工作的重要依靠力量,重点是通过建章立制、管理约束、培训施教,增强他们落实政工工作的责任心和自觉性,提升他们"一岗双责"的履职能力,引导他们扎实践行政工要求,促进政工工作全面落地见效。

关于工作对象。企业政工的工作对象主要是企业员工,要把其具体工作做好,就必须具备政工人员与企业员工的良性互动。人是最活跃的因素。如果没有工作者和工作对象的思想沟通与协调配合,就不可能产生好的效果。所以要特别重视对工作对象思想、情感的把握和工作时机选择。这是开展政工工作的重要前提。对于员工思想认识的把握,主要是通过组织管理系统搞好信息传递,强化员工政治观念、法规意识和政工认同,为政工措施落地见效奠定基础。日常工作应做到关心员工的"急、难、思、盼",把开展政工工作、组织政工活动与解决实际问题相结合，着力增强企业政工的吸引力和凝聚力，进而增强广大员工对政工要求与政工活动的服从顺从和自觉参与意识。

关于工作环境。这里所说的"工作环境"是指空间环境和办公环境。一方面，由于政工工作对于服务生产经营活动的间接效应特点，如果对于企内政工的定位及其相关事宜处理不好，尤其没有一个关心、支持政工工作、促进政工队伍健康成长的良好空间环境，势必对政工人员的能力发挥和工作成效造成不良影响；另一方面，对于网络平台建设、信息数据收集渠道建立、办公设施配备等，政工工作要适应科技进步和社会发展新形势，以及企业发展规模需求，做到及时建立配备和更新完善。可以想象，如果把一位做日常宣传报道的人员安排与一位经常搞接待服务的人员坐在一起办公，这位宣传报道人员在工作上可能是多么的不容易。

关于工作氛围。主要是指影响政工职能发挥的工作气氛。氛围营造与管理机制、领导风格、文化建设，以及员工队伍对企业政工的认知、认同如何等密切相关。工作氛围的优劣好差直接影响政工工作的落地程度和实际效果。好的氛围可使具体工作畅通无阻、一呼百应，为实际工作的贯彻落实提供无形帮助。同时，良好氛围更有利于激发政工人员工作责任感、事业心和自觉性，进而促其工作潜能得到更大程度的发挥。对于专职政工人员，应高度重视打通这部分人员的事业进步通道，拓展他们的人才成长空间，着力营造奉献进取、奋发向上、自我提高、不甘落后的工作氛围。对于兼职及其他各类相关人员，则应从精神鼓励、政治待遇和事业激励等方面营造工作氛围，同时采取有力措施，坚决消除做和不做一个样、做好做差一个样的不正常现象，以求更好激发他们的工作热情，进而提升政工整体效能。

关于方式方法。这里包含工作方式和工作方法两种描述，它们所表达的意识既相近，又有区别。其相近性在于都是表示处理和解决问题的办法，区别在于前者含有一定的形态描述成分，后者是指对具体办法的描述。由于政工方式方法的多样性和选择性，决定了针对不同时间、不同场合、不同人员、不同行业等所要解决处理的不同问题，应按照不同的方式方法去制订计划和落实工作措施。这是政工能力如何的一种重要体现。

关于应用工具。作为新时期的现代企业政工，在思维方式和工作方法上，已大不同于改革开放初期的政工。随着科技水平的快速提升和管理手段多样化程度的不断提高，适应政工事业特点，对于有选择地应用现代管理工具提高政工效能，已成为做好新时期企业政工的必备条件。具体工具选择上，如移动办公、管理软件和SWORT分析法、SMART原则、PDCA循环规则，以及WBS任务分解法等，均可广泛用于实际工作中。

关于企业性质。进入新时代以来，进一步明确了国有企业、集体企业和非公有制企业党组织的不同职能作用，从而确立了不同性质企业政工工作地位、职责的差异性。因此，企业政工应根据所在企业属性，分别制订落实不同属性的计划措施。这是一条重要工作原则。

4. 建立有效工作模式

多年来的政工实践使我们深刻认识到，有什么样的工作模式，就有什么样的工作成效。工作模式对做好企业政工至关重要。因此，针对新时代企业政工特点搞好总结建模，对于传承、指导、评价实际工作具有重要意义。

回顾改革开放以来企业政工的发展历程，虽然不同阶段开展工作的强弱程度和所发挥的作用存在一定差异，但政工人员表现在工作中的责任意识、目标追求和方法探索等一直保持不变，从工作布局、党政协调、检查评比到日常教育引导、具体活动安排、突发事件处置等，都形成了各式各样、不同类别的成功模式，积累了大量行之有效的经验做法。

从高标准做好新时代企业政工的愿望出发，结合总结分析以往工作的成功经验，综合思考新形势下影响企业政工的思想观念、工作方式和制约因素，深感政工人员思想观念上的忠诚担当、工作方式上的党建引领、空间概念上的时空观，以及根据实际需要所应采取灵活多样的工作方法，共同构成了做好新时代企业政工必要且基本充分的条件。

由此，可以建立做好新时代企业政工的基本模式为："3+N"模式。其中,"3"为1+1+1,即:忠诚担当+党建引领+时空观;"N"为工作方法,可以根据实际需要采取一种或同时采取两种、两种以上多种。

单就"时空观"而言,是指具有强烈的时间、空间意识。其中:"时间"既表示狭义的时间概念,也代表阶段性时间表述;"空间"代表不同地域、行业、单位、层级、类别等空间范围。

新时代跨入新征程,新时代充满新期待。为了真正把上述工作模式使用好、落实好,综合分析新形势下企业政工队伍现状,各级各类政工人员都应针对从事不同岗位工作的客观要求,结合自身工作实际,在继承发扬过去优良传统的同时,着力以新视野、新思维、新作为树立新形象,展示新风貌,以实际行动创出"3+N"模式落地见效新业绩。

新时代要有新视野。政工工作者应在企业发展的新征途上登高望远,放大格局,站准方位,怀着一颗对党的事业的赤诚之心,敬业勤业,担当尽责,踔厉奋发,笃行不息。只有这样,才能视野宽广,跟上时代前进步伐,为做好本职工作提供不竭动力。

新时代要有新思维。在分析研判新时期企业政工发展趋势的基础上,以新思想新观念打破传统思维定式,改变不良风气习俗,树立"小我"自强新风,与时俱进,革故鼎新,勇毅前行。思维一变天地宽。面对前行路上的曲折障碍,要以新思维引领新举措,用新办法解决新问题,奋力战胜各种困难,书写出新时代企业政工的美好篇章。

新时代要有新作为。分析当今时代特别是处于变革调整时期的员工思想状况,复杂程度和观望心态有增无减,政工工作任重道远。时代变革必然带来利益调整,有利益调整也就自然会形成新的矛盾现象。政工人员应自觉克服侥幸心理,正确处理权责关系,充分估计可能遇到的各种困难挑战,全力做好理顺情绪、化解矛盾、凝聚人心的工作,以良好表现展现新作为,树立新形象。

面对新时代企业政工新要求,通过总结探索进行工作建模,根本目的在于简化工作思路,寻求简捷有效方式,提高实际工作成效,着力做到把握企业政工的规律性,绝不是为了用华丽辞藻进行梳妆打扮。具体工作中,要把

"3+N"模式落到实处,就要切实以习近平新时代中国特色社会主义思想为指导,以实际行动创新务实,扎实工作,以"新"求"新",规则运行。

5. 树立正确业绩观

习近平总书记2016年10月在全国国有企业党的建设工作会议上的讲话中强调,国有企业是中国特色社会主义的重要物质基础和政治基础,是我们党执政兴国的重要支柱和依靠力量。据此,企业政工的根本任务应体现在促进生产经营工作顺利开展和员工队伍的思想政治建设上,单讲哪一方面都是不全面的。企业政工既要竭力为生产经营提供服务支持,但也不能排斥思想政治任务;既要重视强化思想政治建设,但也不能抱有"唯政治论"思想。按照这种观点,企业政工的业绩亦应体现在促进生产经营工作顺利开展和员工队伍思想政治建设的"双重"成果上,进而引领和推动企业较好实现持续高质量健康发展。这是不可回避的客观现实。

对于如何看待上述企业政工业绩体现的推论,还是应立足现实、放眼长远,从民族复兴、国家长治久安和夯实党的执政基础的需要出发,审视这一业绩体现内容的重要性和必要性,决不能以短暂的个人或小团体利益来窥视和评价政工工作业绩情况。通过"不忘初心、牢记使命"的思想教育,使我们深刻认识到了践行"初心""使命"的珍贵和历史价值,提示大家必须把政治使命担当融合于推进企业高质量健康发展过程之中,把树立正确的工作业绩观作为履职尽责的重要内容予以落实。

一般来讲,对于目标导向、结果导向、问题导向等,可作为开展政工工作的基本思维方式。对于这种预期的目标、结果或问题解决,就是所要争取的工作业绩。当通过措施落实和能力释放完成工作以后,就应按照政工人员各自规定的职能划分和标准要求对实际取得的业绩作出总结分析和评价,然后对下一步工作计划或新的目标任务予以修正改进或查漏补缺,如此不断反复,通过持续完善目标追求与规范工作行为,即可形成正确业绩观,并在潜移默化中引领工作不断取得新成效。

同时应当看到,对于一些日常工作以外特殊重要事项或重要时刻的关键事件,如特殊敏感时期政治方向把握、维护队伍稳定和安全生产、环境保护,以及高危生产、施工作业等攻坚任务的特需处理等,政工人员应时刻做到政治清醒,全力以赴、义无反顾、不计个人得失地及时做好相关工作,在关键时刻履职尽责、完成关键任务上切实发挥关键作用。这是由企业政工的工作属性所决定的行为表现,是显现政工能力、创造政工业绩的重要时机,也是检验政工工作强弱的关键所在。

按照上述观点加之工作激励法则而知,对于政工人员的工作业绩,既与其本人的职业素养、工作能力有关,更与其工作激情和在关键事件上的工作表现如何直接相关。可用下面方程式表示:

工作业绩=(素养+能力)激情×关键事件表现

式中:素养和能力是基础,激情与关键事件表现是关键。其中,素养主要是指职业素养,包括政治意识、政工素养、生产经营管理素养等;激情是指应把工作干好的责任感、自觉性和使命感,是激活工作动力的外在表现。工作有动力,有激情,能于攻坚克难;有动力,无激情,只能表现一般;无动力,无激情,必定"死水一潭"。

要充分认识关键事件表现的重要性。"关键时候不能掉链子"。现实工作中,应善于结合实际深入学习践行习近平新时代中国特色社会主义思想。借鉴运用中国科学院原副院长卢存岳教授总结创立的以"100-1"=前功尽弃(无规不立)、"100+1"=意外惊喜(创新效应)为主要内容的创新研究成果可知,在重点事项、关键事宜、关键时刻上不仅不能出问题,还要务实创新,更进一步,以强烈的政治担当激发内心动力,努力使企业政工管理工作的个性化、超常化、超值化落地生根,切实把具体工作做实做好。

旗帜鲜明讲政治,是新时代企业政工的内在要求,也是政工业绩的内涵所在。为了争创实际工作的优异成绩,应注重把握政治工作的科学性和艺术性,善于把政治任务与企业发展目标相统一,与员工的长远根本利益相契合。具体用员工愿意听、听得懂、能管用的语言,教育引导员工;用生产经营管理需要做、融得进、能做好的方法,促进生产经营工作顺利开展。要善于从政治高度分析问题、解决问题,在润物细无声中发挥政治效能,提升工作业绩。要严格遵照上级的统一部署安排开展工作,自觉强化全局观念,结合实际抓好有效落实,坚决克服以特殊客观情况为由给予应付凑合现象的发生。这是讲政治的一种重要体现,也是助力业绩提升的一个重要方法。

一个人的工作业绩如何,关键在于实际做得怎样,而不是自我认为如何。现实工作中,往往有不少人员对于自己的工作成果,不管别人如何评价,总认为自己工作做得很好,取得的成绩很大。虽然这是一种工作自信的表现,但也暴露出了严重的自以为是、高傲自大思想。这对于个人事业的成长进步是极为有害的。

事实上,能否对自我工作业绩给予肯定,需要是否得到组织认可、群众认同、同事赞同。应当承认,我们每个个体对自己工作成果的认识往往是存在片面性的,而组织的认可、群众的认同,再加上同事们的赞同,则往往更具有客观真实性。这主要是由于个人认定工作成果的标准是否与普遍对工作成果评价的客观标准相一致所决定的。当然,这并不是简单地完全否定个人认定结果的正确性,有时候真理也掌握在少数人手里,那就另当别论了。

能否树立正确的业绩观,对于工作的持续改进完善和个人成长进步具有重要影响,我们每人都应客观理性地对待自己的工作成果,在自我认知、自我激励、自我追求中不断提升工作业绩。

第三章

统筹兼顾　激发活力

大量的学习实践使我们认识到,泰罗的科学管理理论,代表的是标准化管理;法约尔的管理职能理论,代表的是过程管理;梅奥的人际关系理论,代表的是要素管理;巴纳德的系统管理理论,代表的是旧系统管理;迈克·哈默和詹姆斯·钱皮的公司改革理论,彼得·德鲁克的卓有成效管理思想,以及彼得·圣吉的学习型组织理论,代表的是新系统管理;张瑞敏的卓越运营商业模式,稻盛和夫的敬天爱人经营哲学,则代表了系统管理的升华与拓展。由此,现代企业管理理论发展的过程反映了对系统管理内容的认识过程,系统管理代表了20世纪末、21世纪初管理的发展方向,铸就了现代企业管理的本质特征。分析当今企业管理发展趋势,系统管理依然是适应新时代发展方向的重要管理方法。

对于企业政工而言,它是企业管理的重要组成部分,其管理属性决定了现代企业管理理论对于它的适用性。因此,从事企业政工亦应采用系统管理方法,在全面把握企业生态环境和运行机制的同时,深刻分析企业生存发展的关键因素和重点环节,加大对企业政工工作的系统思考和工作探讨,统筹兼顾政工相关内容,为全面做好企业政工注入活力。

1. 宏观把握与微观做实相统一

被尊为"大师中的大师"的管理学科开创者彼得·德鲁克在《卓有成效的管理者》一书中,以他通俗易懂、朴实无华的语言风格,通过"卓有成效是可以学会的""我能贡献什么""如何发挥人的长处"等章节,阐述了管理者必须卓有成效的道理和方法,读后令人深思。海尔集团张瑞敏的"日事日毕、日清日高"OEC 管理(全方位优化管理)模式和"人单合一"发展模式，华为公司任正非的宏观管理谋略与危机管理理念等，对其研学之后同样会给人留下深入思考。这些都对如何做好新时期企业政工给予了极大启发。

通过日常工作交流，某些非政工人员尤其是非政工领导干部曾经一度认为，从事企业政工是一件轻松容易的事情。其实并非如此，本书首章内容已有阐述，开展政工工作绝不是想当然的事情，绝不是组织一下开会学习、写几篇宣传稿、搞几个小活动就能把工作做好的事情。特别是新时代的企业政工被赋予了更大责任，提出了更高要求，它需要敏锐的分析判断力和果敢负责精神，需要较高的系统思维、统筹谋划与组织协调能力，需要在全局视野中将智慧、能力、艺术等进行有机融合并适时有效释放。

就工作整体而言，要把企业政工做好，政工人员应以强烈的事业进取心所形成的工作进取状态，结合政工实际汲取现代管理营养精华，牢牢把握企业生产经营管理发展大局和单位政工全局，按照工作职能划分和职责要求宏观谋定具体政工岗位规划，并分层次按区域分阶段及时扎实有效地抓好各项具体工作落实，做到近期工作完成情况和远期目标计划相协调，分项工作开展情况与总体工作安排相统一。实际工作中应注意做到"五个善于"：

善于进行理性思考。理性思考既是分析问题、提出问题、制订计划的基本思想方法，也是审视工作过程、总结经验教训的重要工作方法。干工作固然需要敢想敢干、果断决策和行动，但却不可盲目行事、随意而为。对于计划性的工作，要有系统性的理性思考在先；对于突发性事件的应急处理，当时来不及进行理性思考的内容事后也要做出理性思考，然后通过对照分析，对处理好的事宜继续发扬光大，对有欠缺的行为及时纠偏或补充完善；对于判断问题的是非和工作成败，要依据有关标准要求和客观条件，统筹做出系统性的理性思考后再下结论。理性思考不是可有可无，而是开展工作不可或缺的一个过程，是促使政工工作不断进步提升的一个重要环节。

善于进行时代升华。与时俱进是企业政工的一大特征。虽然这是一件人人皆知的重要事项，但真正做到位做好并非易事。只有及时准确把握时代脉搏,才能不断实现政工工作的螺旋式上升。新形势下,特别要注重深入学习领会习近平新时代中国特色社会主义思想,针对企业自身实际找准结合点予以宣传贯彻落实。同时,还要正确把握企业经营发展目标方向,及时捕捉经营管理工作动态,特别是在企业转型升级、经营管理变革或领导班子换届变化之际,更要及时调整工作重点和方式方法,在快、稳、准、好、实上狠下功夫;要正确处理变与不变关系,坚定理想信念不动摇,以企业高质量健康发展为永恒追求,在宗旨目标上以不变应万变。进行时代升华要把着力点放在升华上,善于继承创新、革故鼎新,绝不能总是抱着自我认为过去的好经验好做法而实际却已过时的老经验老传统不放,始终把适应新要求、采用新方法、创造新业绩落到实处。

善于进行方法借鉴。我们党的企业政工,可以追溯到延安时期的大生产运动。从那时树立劳动模范吴满友和三五九旅的南泥湾精神至今,在漫长的企业发展过程中创立了大量行之有效的工作方法,积累了丰富的实践经验,为做好新时代企业政工奠定了坚实基础。随着时间的推移进展,做好企业政工需要在继承中创新、在学习中借鉴、在借鉴中创新提高。这也是我们党多年来取得企业政工优异成绩的精髓所在,应予进一步发扬光大。对于如何学习借鉴,是搞好当今政工应予高度重视的重要事项。具体来说,一要善学,结合实际向现实实践经验学,向过往成功做法学,向企业内外同行学,向先进企业管理做法学,向相关书本知识学;二要善用,根据实际需要优选方法要点,完善工作思路,创新方法措施,严禁生搬硬套;三要善于总结提升,在善学善用中善于总结思考,以适合、实用和高效提升为目标,借鉴外部不套用,借鉴内部不照搬,借鉴过往求改进,不断研究探索适合本企业本职工作实际的务实有效方法和途径。

善于进行精耕细作。干工作从大局出发,通过具体事项的真抓实管、严抓细做、精耕细作,实现宏观部署目标,是做好企业政工的内在要求。一分耕耘,一分收获。只有把政工工作的每一件事项都做好,才能取得整体工作的良好业绩。多年来的政工实践使我们深刻感悟到,抓工作精耕细作,就是强调精心、精细、务实,深入细致地高标准抓好工作落实。为此,要切实自觉克服政工工作的一些不良习气,特别要实实在在地做好除"四害"工作,即把消除形式主义、漂浮作风、空洞说教和"两张皮"现象作为加强政工队伍思想作风建设的重要内容常抓不懈。应当承认,这"四害"内容曾在部分政工人员中屡禁不止,屡抓屡犯,应当引起当今政工队伍建设的高度重视。它不仅是影响精耕细作工作落实的大敌,更是严重威胁企业政工大局和整体形象的重要因素。

善于进行实践总结。这里所说的"实践总结",主要是指相对于理性思考而言的工作总结。对此,这是大家都在做而且经常做的事项,此处强调的是要在"善于"二字上下好功夫。总结一定要有重点地根据下步实际需要进行,不要为了总结而总结。面面俱到、泛泛而谈,是经验总结、科学总结的大忌。在总结内容上应体现出具有鲜明的政工特征,一是应在工作方向性上进行总结,政工工作必须适应时代需要、符合组织意图,否则,如果做了带有根本性错误的工作,必须及时采取补救措施加以弥补纠正;二是应在创新方式方法上进行总结,政工工作的生命力在于务实创新,常做常新是提升工作成效的重要途径;三是应在"融合"成效上进行总结,企业政工具有高度的融合性,特别强调思想政治工作要与生产经营管理深度融合,在员工思想教育的引导上,必须紧密联系员工思想和工作实际,任何夸夸其谈、不切实际的空洞说教,都是企业政工避而远之的不实之举。具体总结实践中,一定要把存在的问题总结全面,教训总结深刻,原因分析透彻,厘清"关键""根本"所在,为后续工作真正提供有用参考,切忌总结问题教训避重就轻而行,分析原因重客观轻主观蜻蜓点水而收。

2. 党建引领落地探析

坚持党的领导、加强党的建设,是国有企业的"根"和"魂",是国企的独特优势;构建大政工格局,强化大政工作用,是做好新时代企业政工工作的现实需要。作为党建工作,既是企业政工的重要组成部分,更是落实政工内容的关键所在。因此,开展企业政工工作应以党建为引领,抓好各项工作落实。这在广大政工人员中已基本形成共识,现在需要讨论的是,在企业政工实践中如何才能较好地促使党建引领工作落地见效,在党建引领工作中应当注意哪些问题。

关于党建引领如何落地,首要的是把党组织自身建设搞好,做强政工主引擎,切实发挥党组织的政治核心和战斗堡垒作用。在企业大政工格局中,党组织居于中心地位,对政工担负领导、指导、引导责任。日常工作中,党组织应自觉加强对行政、工会、共青团等组织全方位的思想政治领导,结合实际做好工作上的组织协调。从某种意义上讲,党组织自身建设强不强,是党建引领工作能否落地做好的根本所在。

要把做强党组织落到实处,就要适应形势发展要求,着眼组织功能发挥,从思想政治建设入手,着力增强党组织的政治判断力,为落实政治引领奠定基础;着力增强党组织的组织协调力,为发挥引领职能提供保障;着力增强党组织的深度融合力,为强化政工与生产经营管理工作的深度融合发挥影响带动作用;着力增强党组织的持续创新力,为提升引领效能注入活力;着力增强党组织的自我提升力,为实现企业政工的不断创新提高赋能添力。

为更好发挥党建引领作用,要努力搞好党员党性观念的思想教育,引导广大党员自觉做到"三要三不要":要始终保持党员意识,不要给党的旗帜抹黑;要注重学习提升能力,不要业务落后满不在乎;要立足本岗尽职尽责,不要工作平庸不求业绩。作为不同历史阶段,根据实际需要应明确对党员不同内容的具体要求,通过强化党员模范带头作用的发挥,影响周围员工群众,从而为相关政工工作的开展发挥重要促进作用。同时,要搞好党建网络建设,明确党支部工作区域,划定党员责任区范围,制定落实党建工作标准与考核办法,为政工工作全面深入开展发挥引领示范作用。

关于党建引领中应当注意的问题,一是注重放大党建工作格局。深刻认识新时代企业党建工作的职责要求,坚决摒弃就党建抓党建思想,自觉从巩固党的执政基础,确保企业健康发展出发,把日常思想政治工作纳入党建职责内容,着力增强党建引领的自觉性。二是注重发挥党员领导干部作用。

做好党建引领既需要专职党务干部积极努力,更需要各级党政工作密切配合,特别是各级党员行政主要负责人,应及时建立新形势下对政工工作某些工作环节上的颠覆性思维,自觉克服党建工作与己无关思想,切实发挥"一岗双责"作用,化等待为行动,化被动为主动,身体力行地全力支持配合党组织抓好党建引领落实。三是注重统筹协调推进。各级党组织应把发挥政工主导作用作为重要职责,把日常党建工作融入大政工体系统筹谋划,统一安排,分类实施,协调推进。四是注重建立引领工作机制。做好党建引领需要相关各方协同努力。要营造党建引领氛围,完善相关制度规定,提高全员思想认识,做到积极主动引领与企业各方自觉配合接受引领相统一。

实践表明,以党建引领强化企业政工,是提升政工效能、推动企业高质量健康发展的有效方法。近年来,中国商飞上海飞机制造有限公司把初心刻写在大飞机总装一线,把党建引领融入到"不忘初心、牢记使命"主题教育中,以"思想、责任、行动、监督"四项引领,推进党的建设与中心工作深度融合,促进了企业政工深入开展和高效落实。通过广大党员增自觉、进激情、勇担当,用担当扛起使命责任,有效推动了大飞机事业高质量安全快速发展。

重庆固守至诚科技集团有限公司不断开拓进取,坚持党建引领,强化技术支撑,致力寻找党建工作与企业发展的结合点,通过"提升组织力,把党建作为引领企业健康发展的基础性工程来抓;提升凝聚力,实现企业与党组织价值同向、目标同向;提升执行力,推动谋发展与抓党建深度融合、双向促进"等方法,为企业发展注入"红色基因",较好促进了公司健康快速发展。截止到2019年,该公司从成立之初只有8名员工的科技型微企发展成了拥有23家子公司、业务遍布12个省市、集团年营业额超过30亿、员工超过180人的数字产业集团。

就作者本人而言,所在单位曾有一名对工作勤恳精细、高度负责的基层车间主任兼党支部书记,某天中午来到我办公室汇报工作,其间谈到该车间正在实施奖金分配办法的改进完善,但遇有两位班长因考虑本班个别员工利益思想不通难以落实,经过不少渠道做工作就是思想不通。我当即问到这两位班长中有无党员,该主任说有一个,于是我便告诉他回去后马上以书记身份先找党员班长从党员角度进一步做思想工作,然后再找非党员班长进一步沟通做工作,看看情况如何。结果第三天上午该车间主任就给我打电话说,上述"两位班长的思想工作已做好,还是你给指教的这个办法好"。这从一个侧面说明了党员的党性观念和影响带动作用对于做好员工思想政治工作的重要性。

3. 抓班子带队伍新解

对于企业党建工作来说,抓班子带队伍既是一个老话题,又是一个新课题。说它是老话题,是指20世纪80年代贯彻实施企业"三个条例"之前一个时期,抓班子带队伍是当时国营企业党组织的重要职责,而且这种"抓"和"带"是直接的并且没有附加条件的;说它是新课题,是指在新时代现代企业制度条件下,抓班子带队伍依然是国有企业党组织的重要职责,但这种"抓"和"带"附带了与落实现代企业制度相契合的客观要求,体现了它的科学性、创新性和时代性。

众所周知,无论做任何工作,最有效的方法就是抓关键、抓重点、抓本源,用最管用的手段做最管用的事,企业政工正是如此。就其工作对象而言,对于怎样搞好各级领导班子建设就是关键,对于如何调动员工群众积极性就是重点。环视企业发展现状,对于不少企业表现在基层工作中的许多矛盾问题,追溯其矛盾问题的本源却是在高层班子工作的运行状态。因此,由表及里剖析问题找原因、由下而上查究问题明确是非曲直,往往就是抓问题解决的本源。

不可否认,过去企业改革发展过程中,部分单位党组织曾一度不敢也不能在公开场合安排抓班子带队伍工作。否则,就可能使行政管理领导对此产生歧义,甚至使部分日常政工工作遭受不应有的制约。

在创立新时代现代企业管理制度的过程中,抓班子带队伍作为落实企业政工工作的重要组成部分,已成为赋予国有企业党组织的重大使命。新思想引领新时代,新要求需要新思维。针对新时代企业领导班子和员工队伍建设的现实需要,国企党组织应把"抓班子带队伍"叫响抓实做好。具体落实上,可以创立"1+5"工作方式为重点,着力推进抓班子带队伍工作不断上水平。其中"1"为自信,"5"即融合、正心、强能、导向、监管。

自信,就是解决好思想认识问题。这是正确对待新时代企业领导班子和员工队伍建设制度规定的前提,是坚定"四个自信"的客观需要。坚持党对一切工作的领导,是一重大政治原则。对于因陷入"党建工作与现代企业制度相对立"的泥潭里不能自拔的思想观念必须彻底改正。

融合,就是把坚持党的领导与建立现代企业制度做到有机融合。在领导班子建设上,严格按照中央有关规定配好高层班子、管好干部的同时,注重按照"三个有利于"原则抓好中基层领导班子和干部队伍的配备管理工作。"三个有利于"即:有利于党对企业领导制度要求的贯彻落实;有利于现代企业运行机制的落地实施;有利于干部员工队伍的健康成长和能动性发挥。带队伍方面,注重把思想作风建设融入员工队伍建设,努力以领导班子和干部队伍的良好思想作风带动员工队伍整体健康成长。

正心,就是指政治坚定,一心为公,对企业忠诚不贰。"正心"为《大学》八条目之一,本意为心要端正而不存邪念,做到自我净化心灵,端正心术,思想纯正。心得其正,则公正诚明。在政治建设上,要求各级领导班子,为充分履行企业经济责任、政治责任、社会责任而担当尽责;在思想建设上,教育引导各级领导班子成员,切实做到对党的事业心正意诚,心态端正,一心一意服务于企业发展和员工群众;在职能发挥上,倡导各级领导班子和班子成员重责轻权,尽心尽责,建立"职责→责任→职权→业绩"思维,而非"职责→职权→责任→业绩"思维,以高度的责任自觉创取优异成绩。

强能,就是强化领导班子整体功能和班子成员的个体能力。在班子配备上,注重专业互补、性格互补,实施宁缺毋滥原则,避免利用安排领导职务进行照顾或惩罚个人现象出现,否则将会严重影响班子整体功能发挥和单位工作成效;在班子成员个体能力培养上,强化实践锻炼和系统培训,重视对年轻干部的使用、考察、晋升管理;在整体功能发挥上,高度关注班子成员团结协调、奉献进取、管理创新、表率作用状况,以及"班长"的思想作风和管控能力情况。各级领导班子的团结协调状况是能否发挥班子整体功能的重要因素。班子成员互相补台,则好戏连台;互相拆台,则共同垮台;在非原则性问题上,人抬人高喜相连,人贬人低祸根起。

导向,就是严格把握用人与干部员工队伍思想作风建设正确方向,大力营造关心人、培养人、使用人、管理人的风清气正氛围,着力建设忠于职守、勤奋实干、遵章守纪、奉献进取的干部员工队伍。具体在干部员工的思想作风建设导向上,注重与时俱进,积极营造以上率下、作风过硬、群策群力、奋发有为的浓郁氛围;在领导班子思想作风建设导向上,强化角色认知教育,倡导正确"站位管理",祛除唯我独能、唯我独正、唯我独尊思想,注重营造新时代班子成员"包容共进、协调统一、作风过硬"的新风正气。

监管,主要指对领导班子、领导干部实施监督管理。没有监管,难以长远。依据中央有关制度规定和上级相关要求,在工作实践中积极探讨建立实施符合本单位实际且简单实用的监管细则,构建以自我约束、组织监控、苗头制止、快速处置等为主要内容的监管制度体系,严禁形式主义,畅通监管渠道,特别应强化对各级领导班子和管理部门主要负责人表率示范作用的重点监管,强化对"两面人"和"稻草人"领导干部的深度制约监管,进而促使"抓""带"工作长效提升。在监管内容上,不仅关注被监管者如何表态怎样讲,更要关注其如何做以及其按职责监管他人的工作成效如何。在监管策略上,对于特殊情况运用"鲇鱼效应"管人用人的工作方法值得探讨实践。

作者本人于1989年任职车间党支部书记后,高度重视车间领导班子自身建设和员工队伍思想作风建设。对于班子自身建设,迅速结合实际制定并践行了班子成员自律标准,明确以"勤奋务实,清正廉洁;公道正派,按章办事;融洽和谐,争先创优"为基本要求,具体要求做到"四公开""四不争""五带头",同时组织制定落实了包括车间各类人员在内的二十项121条《政治工作责任制》和车间《职工思想作风达标竞赛办法》,充分调动干部员工创优创效工作积极性,为连年超额圆满完成车间生产任务、连续三次团结带领车间员工创出当时全国中氮企业合成氨生产装置长周期安全运转最高纪录发挥了关键作用。

上述"四公开"即：思想公开，有问题摆在桌面上，不搞小动作；缺点公开，认真开展批评和自我批评，不回避存在的问题；工作公开，及时相互沟通情况，不孤军作战；生活公开，自觉洁身自律，不占群众便宜。

"四不争"即：权力不争你大我小，能力不争你强我弱，待遇不争你高我低，非原则性问题不争你对我错。

"五带头"即：带头学习马列主义、毛泽东思想和党的方针政策，不断提高政治思想素质，增强驾驭全局能力；带头严格管理，坚决制止一切影响安全平稳生产等不良现象和行为发生，坚持不懈地搞好安稳长满优生产；带头遵章守纪，一身正气，坚决反对个人主义和本位主义；带头继承发扬党的优良传统，密切联系群众，牢固树立全心全意为人民服务宗旨，身体力行地抓好党员责任区工作；带头奋发进取，争创一流，各项工作自觉高标准、严要求，以实际行动影响和带动员工群众。

以上"四公开""四不争""五带头"内容，是在当时历史条件下结合单位工作特点和班子成员个人实际，在深入调研总结的基础上经过缜密思考所作出的组织决定。新的历史时期，应结合新的班子建设规则制度，针对不同单位工作性质和班子建设特点提出新的要求。

4. 发挥机关与基层工作联动作用

在企业常态化运行过程中，政工机关与基层工作协调统一、联动推进，本来就是一种正常的工作状态，但实际情况往往并非如此，严重影响企业政工整体工作的正常开展。

（1）根据新形势工作需要，深入总结多年来的实际情况，在机关与基层工作联动提升方面可能存在以下问题：

①政工部门对企业统一部署安排的工作，只关注基层工作落实情况，而对机关工作开展情况督导落实不够，结果造成机关工作"灯下黑"问题严

重,机关与基层工作严重失衡,进而对基层工作情绪造成不良影响;

②部门工作人员对各级领导临时交办需要基层完成的相关任务,只做"传话筒",不帮不协调,认为具体工作完成情况与己无关,造成部分基层工作"一头热";

③部门工作"等、靠、要"思想严重,认为对工作布置安排完成即为自己任务基本完成,汇报工作等结果,完成工作靠基层,总结工作要材料;

④相关工作部门之间"隔篱种地",自我封闭管理严重,机关部门资源共享问题突出,向基层索要数据和文字材料重复,给基层增加负担;

⑤机关部门部分工作自我要求标准低下,"手电筒"现象严重;

⑥机关对基层反映的问题,接纳态度"冷脸僵硬",协调帮助行动迟缓,影响基层工作正常开展;

⑦机关对基层工作分类安排与指导不力,"一刀切"现象严重;

⑧机关对先进基层单位工作评价"一好遮百丑",拔高"过度",反而对基层工作经验学习推广造成不利影响,进而造成基层对机关信任度评价"降度";

⑨基层工作"攀比思想"严重,自我打击工作主动性和自觉性,工作标准随之降低;

⑩基层工作大局观念欠缺,"强调客观"问题突出,落实上级要求"缩水"严重,汇报工作"掺杂水分"明显;

⑪基层工作缺乏"结合融合"艺术,对企业政工定位存在偏差,思想上的排斥严重影响工作上的真抓实做;

⑫基层干部"官本位"思想严重,自我意识扭曲,对自身工作问题差距认识不足,虚心接受机关部门指导帮助不够,影响工作改进提高;

⑬基层与机关"互动联络"形式大于内容,结果造成风声大雨点小、要求高落地差、典型多经验少;

⑭企业领导表率作用差,既影响领导干部个人形象,也使机关整体工作受到不良影响,致使政工部门与基层工作在工作标准和安排要求的互联互动效果上大打折扣;

⑮企业领导作风漂浮,偏听偏信,给公司上下正常的工作评价和协调统一造成一定困难。

(2)针对机关与基层工作联动提升事宜的现状,深刻剖析存在以上问题的深层次原因,主要有以下几点:

①政工部门工作统筹安排不到位。部门对具体工作重计划安排,轻措施落地;重结果成效,轻督察指导。由此造成机关在对基层工作的指导协调上如"蜻蜓点水",难以形成真正意义上的工作联动。

②机关政工人员事业心不强。事业心激发进取心,进取心诱发责任心。有的机关政工人员把所分管工作只是当作拟稿发文,结果一点键盘"发之了之",对机关工作落实责任抛于脑后,对基层工作进展中遇到的困难不管不问,实际是在自主放弃工作联动。

③机关政工人员工作艺术匮乏。有的机关政工人员方法简单,态度生硬,工作协调"命令式",不听取被协调方意见;有的则谦虚过度,听取情况"收容式",无个人见解。这都无法形成真正的良性工作联动。

④机关政工人员服务基层意识淡薄。部分机关政工人员思维方式陈旧、官僚主义思想严重,严重背离服务基层及其指导要求,视必要的工作联动为额外工作负担,从主观上削弱了与基层工作进行良性联动的意愿。

⑤基层单位对政工安排在思想上不认同。有的基层单位不能正确处理新时期行政管理与企业政工的关系,"政工无用论"思想根深蒂固,表面上对政工工作予以支持配合,实际内心却存在抵触情绪。无疑这对基层主动与机关做好工作联动提升工作形成了极大障碍。

⑥基层单位在对机关工作指导上不认可。对于机关工作安排生搬硬套现象严重,加之机关人员工作指导能力上的欠缺,致使基层对机关工作的信任度降低,进而严重影响基层与机关工作的联动效果。

⑦基层政工人员在工作定位上存在"排他性"。有的基层政工人员"官本位"思想严重,在管理层级上存在错位思想,认为只有上级领导层才可领导指导自己的工作,机关部门对基层工作的联动指导可有可无。

⑧单位高层领导人员"强权"思想过度。有的领导人员自以为是现象

突出,虽然偶尔根据个人好恶对基层工作的优劣评价进行随意表态,但对基层实际工作能否做到客观评价的影响效应却很明显,严重影响机关与基层工作联动提升的主动性和积极性。

⑨单位高层领导人员自律意识淡化。有的领导人员"严人宽己"现象严重,致使表率示范作用低下,既影响领导个人形象,又较大程度影响基层对机关工作的"公信力"。

(3)为提升机关与基层工作的联动效应,做到机关与基层工作良性互动,共同促进政工工作深入有效开展,具体可采取以下改进措施:

①机关与基层统一思想,强化自觉。结合实际加大对工作互联互动工作重要性的宣传引导,充分认识机关与基层工作联动提升对于抓好政工工作提效落实的重要性和必要性。

②强化机关政工部门工作的统筹安排。对于企业政工整体工作的计划安排与部门内部相对应的抓落实措施同步制订实施,做到分工明确,要求具体,责任落实,持续动态抓好责任人对做好基层相关工作的调研分析、问题研判、经验推广和帮助指导等工作,促使机关与基层工作的联动提升贯穿始终。

③注重机关政工人员政治素养和业务能力的持续提升。一方面,分管领导和政工部门负责人自觉克服对具体工作人员"只用不培"的实用主义思想,不拘形式地结合实际动态做好对政工人员的内部培训学习提高工作,做到集中学习培训和个别思想交流相结合,着力把增强工作事业心、责任感与改进方法、创新提升等相统一,把关爱之心体现在对政工人员的培养提高上,引导他们自觉做好与基层有关人员工作上的联动提升事宜。另一方面,定期做好部门内部抓工作落实的讲评督导与考核工作,抹开面子干工作,真抓实管强考核,从反面激励政工人员增强事业心、责任感,促使他们自觉改进方法、扎实工作,推动机关与基层工作的联动提升常态化。作为这后一方面的工作,往往由于部门人员数量有限且日常交往密切,对于在机关部门内部的工作考核以及讲评上,容易造成"基本流于形式"现象,致使部门工作时常处于被动状态。这是值得注意的一个重要问题。

④广泛深入开展对新时代企业政工地位、作用认知认同的宣传思想工作。针对长期以来对企业政工的重要性认识存在扭曲的现象,深入搞好对落实新时代中央关于加强企业党建和思想政治工作的一系列制度要求的思想引导工作,特别要有针对性地抓好对基层党政领导干部的思想教育,切实从巩固党的执政基础的高度出发,解决好基层领导干部对企业政工工作的思想认识和工作态度问题。同时,在政工落实过程中根据新制度新要求做好转方式、强融合、重实效工作,以实际行动增强企业政工落地见效的吸引力和凝聚力,进而强化基层领导干部对开展政工工作的认同感和紧迫感,增强基层对机关实施政工工作联动提升的责任感和自觉性。

⑤个别问题个别解决。针对个别基层领导干部的"排他性"思想,实施个别问题个别解决策略,重点从思想教育入手,明确工作规则,严明纪律要求,有针对性地加强干部管理工作,促使有关人员把改进思想方法、强化工作联动落到实处。

⑥强化领导干部作风建设。针对个别高层领导存在的"强权"思想过度及自律意识淡化问题,从结合实际加强党建工作入手,经常性地加强领导班子和班子成员的思想作风建设不放松,努力消除非正常进行工作联动提升事宜的不良影响。这里特别应当指出的是,对于高层领导班子成员来说,"控制情绪"是领导干部的基本素养,应予吸纳保持;领导干部"手电筒"式作风是落实企业规章和推进工作开展的绊脚石,应予彻底清除;主要领导对于班子成员具有极其重要的示范作用,对于其严于律己、是非分明、以上率下的良好作风,应予发扬光大。

⑦落实动态管理举措。对企业政工实施过程中机关与基层工作的联动提升情况,进行经常性的总结反思,及时根据新情况总结新经验,查找新问题,分析新原因,采取新措施,务求新提高。

5. 构建员工利益共同体

企业持续健康发展是其所有从业者的共同期盼。日常工作中,对于企业能否真正做到持续健康发展,可谓企业上下共同关心的重要话题。作为评价一个企业能否可持续的判断方法,应是多种多样。具体在管理上,可用企业所具备的灵活性、激励性、卓越性和内生动力、团队合作、战略引领等基本因素表现如何来判断。其中,灵活性诱发创新性,激励性引发责任心和工作激情,内生动力则是驱动工作激情和团队合作的根本因素。

内生动力源于哪里?多年来的实践表明,构建员工利益共同体是统一员工思想,坚定员工意志的重要前提和基础,是教育引导广大员工团结一致干工作、凝心聚力促发展的重要方法,是激励干部员工奋发努力、追求卓越的重要动力之源。

对于如何构建员工利益共同体,首要的是应树立正确的员工利益观,明确新时期广大员工的所思所想所盼,善于用马克思主义唯物观思考问题、分析问题、鉴别问题,把高质量持续健康发展的企业愿望和员工的个人利益相契合,充分认识广大员工个人利益诉求的客观性及其对于企业创效发展的重要性。

回望中国革命和建设历史的发展进程,土地革命战争时期,一句"打土豪、分田地"口号,吹响了反封建的号角,去除了套在农民脖子上的封建政治和法律的枷锁,极大激发了无数劳苦大众自觉参加革命、奋不顾身的积极性;大生产运动时期,"自己动手,丰衣足食"口号引领解放区军民大力发扬自力更生、艰苦奋斗精神,成功实现了支持长期抗战渡难关的目的,并打破了国民党顽固派的封锁和扼杀中国共产党革命力量的企图;抗美援朝时期,"保和平,为祖国,就是保家乡",歌声响彻鸭绿江畔,极大地凝聚了参战将士无所畏惧、英勇奋战、"打败美国野心狼"的决心和信心;改革开放初期,使"一部分人先富起来",然后"先富带后富",最终实现共同富裕的思想,较好地推动了改革开放工作的广泛深入开展;进入新世纪以来,党中央确立的"两个一百年"奋斗目标,极大地增强了全国上下励精图治、勤奋实干、向往美好生活的坚定意志,在遭遇世界百年未有之大变局和世纪新冠疫情等多重困难因素叠加的情况下,最终通过"三年脱贫攻坚"等重大举措,到建党一百周年时,如期圆满实现了全面建成小康社会的第一个百年奋斗目标。

当前，在实现中华民族伟大复兴中国梦的战略思想引领下，全国上下勠力同心，笃行不怠，正在向着第二个百年奋斗目标奋勇前进。

事实一再证明，着力实现人民群众利益的需求，始终是中国共产党团结带领人民群众拼搏奋斗的正确方向和可靠保障。高举中国特色社会主义伟大旗帜，建设社会主义现代化、创造人民美好幸福生活、同心共筑中国梦，已成为激励全党全国各族人民奋勇前进的强大精神力量。由此，要实现企业持续快速健康发展，必须重视对于构建员工利益共同体的思想教育引导，既不回避员工个人成长、养家糊口的现实需要，也要触动强化员工爱国兴企、报效社会的责任意识，引导大家一起向着企业持续长远健康发展的共同目标不懈努力，从根本上探索实施员工干好本职工作获得长足动力的方法措施，从企业创效发展的具体实践中树立员工与企业同受益、共成长的思想观念。

对于如何深入搞好对于构建员工利益共同体的思想教育，要注重引导员工正确对待现实与长远、表面与根本、个人与集体、局部与整体、狭隘与宽广、金钱与事业、奉献与索取、功劳与苦劳、领导与群众的关系。特别要注重坚持守正创新，引导员工树立正确的工作业绩和个人利益观，避免把员工思想引导到金钱至上、个人短暂利益至上的死胡同。要注意做到说理引导不误导、例证引导不盲导、制度引导不虚导、实践反馈引导不空导。要建立保效益增长就是保员工利益、保企业稳定就是保员工利益、保企业长远健康发展就是保员工利益的工作理念，反之亦然，着力以扎实有效的方法措施推动构建员工利益共同体落到实处。

作为具体如何构建员工利益共同体，既需要思想教育引导，更需要"构建"落地，切实通过明权益、建机制、抓兑现、树表率等方法，打造好广大员工尽情发光发热利益共同体平台，进而凝聚员工意志，激发工作热情，打牢思想基础，汇聚广大员工自觉克服困难、勇毅向前的正能量，确保企业真正能够走得稳、走得好、走得远。一是针对新时代员工队伍新特点、新变化，特别是新就业形态带来的新情况，厘清从业人员与企业的法律关系，明晰双方权责内容，建立利益共享平台；二是尊重员工个人工作特长与困难需求，用力用情妥善调配安置固有员工,尽力挖掘员工潜能,做到企业员工双受益;三是在绩效考核和分配制度上体现"构建"原则,激励广大员工立足本职创优创效,在加快企业创效发展中真正得到实惠,让"共干共创共享"思想开花结果;四是在企业发展规划目标上体现"构建"思想,鼓舞员工士气,让广大员工在企业发展中始终预感到有奔头、有希望;五是建立正常的企业领导人员个人收入分配机制,既能发挥各级领导干部在勤奋实干、创新创效中的表率示范作用,又让员工切身感受到领导干部和普通员工都是在工作中各尽其责、"共干共创共享",而非领导人员干和不干一个样。以上各项内容都应做实做好,否则,对于构建员工利益共同体而言,就将成为一句空话。

第四章 执着专注 发挥潜能

在当今世界正经历百年变局加速演进,新冠疫情影响依然广泛深远的大背景下,各类企业特别是实体经济企业,难免受到经济发展大环境复杂变化的影响。作为企业政工,一定要针对不同单位发展和员工队伍思想与工作实际,牢固树立围绕中心、服务大局思想,在执着追求中充分发挥自身潜能,不断提高应对复杂多变环境的实践能力,努力为新时代各类企业实现高质量健康发展提供强大思想动力和有效支撑。

分析新时期企业政工承载的重大责任使命,以及政工自身工作的特点规律,在企业持续健康发展充满前所未有挑战的新形势下,务必要把握好自身职能发挥的有效途径,切实在保持固守"中心"定力、寻求最佳工作切入点、增强政工组织有效性,以及注重政工优势转化等方面积极探索提高,在坚持为员工心灵护航上精心作为,进而在建功新时代、奋进新征程中争创更大业绩。

1. 保持固守"中心"定力

总体而言,创办企业的根本目的在于创造效益,从而承担起应尽的经济责任、政治责任和社会责任。一个没有任何效益的企业,就没有存在的必要。而要取得良好效益,就必须把生产经营工作做好。假如生产经营工作做不好,履行任何责任都将成为泡影。因此,搞好生产经营始终是企业工作的中心任务。

作为企业政工,一直会伴随着企业的创立和终止而建立与消失,其根本目的在于服务企业健康发展,引导与推动生产经营工作顺利进行。毋庸置疑,政工人员应始终成为紧紧围绕生产经营开展工作的坚定执行者和维护者。回顾分析多年来开展企业政工工作的经验教训,虽然在总体要求上一直是思想政治工作围绕生产经营开展工作,但部分单位在具体落实上仍然存在重心偏移、阶段弱化、聚力不足、方法不当等现象,致使企业政工对搞好生产经营工作没有发挥应有作用。这对新时代如何牢固树立"中心"思想,切实发挥企业政工在引导、推动和确保"中心"工作的顺利进行发挥应有作用上引发了新的思考。

20世纪80年代,曾要求企业思想政治工作要"围绕生产经营中心,对职工在生产、经营、管理、分配过程中反映出来的思想问题,适时加以正确引导";20世纪90年代,要求基层党支部"围绕生产经营和改革发展开展工作,充分发挥战斗堡垒作用,团结带领党员、干部和群众,努力完成本单位的各项任务";21世纪初,强调生产经营是企业的中心工作,要求"基层思想政治工作必须服从和服务于这个中心,真正融入和贯穿到企业生产经营各个环节中,为企业增加效益、推进改革、加快发展、维护稳定提供强有力的精神动力和思想保证"。

跨入新时代,党中央明确提出要"坚持党建工作与生产经营深度融合,以企业改革发展成果检验党组织工作成效",并进一步明确:"国有企业党支部(党总支)以及内设机构中设立的党委围绕生产经营开展工作,发挥战斗堡垒作用";"坚持党建带群建,充分发挥群团组织桥梁纽带作用,推动群团组织团结动员职工群众围绕企业改革发展和生产经营建功立业"。对于加强企业思想政治工作,要求"把思想政治工作同生产经营管理、人力资源开发、企业精神培育、企业文化建设等工作结合起来,在思想上解惑、精神上解忧、文化上解渴、心理上解压"。

由此,不管企业改革如何发展变化,对于围绕生产经营中心开展政工工作不但始终是不变的要求,更是新时代企业政工工作"固守永恒"的重大责任。针对新时代新要求以及现代企业政工新特点,现在需要我们探讨的是如何在实践中增强"中心"意识,保持固守定力,紧紧围绕生产经营中心把企业政工做得更加扎实而富有成效。

首先,增强企业各级党组织的生产经营工作意识。

党的十九大党章赋予国有企业党委(党组)"发挥领导作用,把方向、管大局、保落实,依照规定讨论和决定企业重大事项"的重要职能,明确"国有企业和集体企业中党的基层组织,围绕企业生产经营开展工作"。这里的"把方向"应当包括把握生产经营方向,其"重大事项"亦应包含生产经营重大举措等,同时也明确了基层党组织与生产经营工作的关联方式。

分析新时期企业政工职能的重大变化,尤其是党组织职责的调整完善,联系多年来企业政工关联生产经营工作落实的具体思维方式,作为企业各级党组织,应大力弘扬与时俱进精神,切实依照相关规定要求对搞好生产经营工作各自履职尽责。企业高层党组织应做到方向把得住、把得正,措施保得好、保得实;基层党组织围绕生产经营中心开展工作,应做到更直接、更具体、更深入。同时,应坚决消除以"党要管党"为由,把党建工作与生产经营割裂开来的不良思想影响,理直气壮地把党建工作与生产经营工作紧密相联,让党员队伍的党性观念在生产经营实践中得到锤炼升华,让党的旗帜在攻坚克难的生产经营过程中高高飘扬,以持续深入抓党建、促生产、保经营为己任,做到强化生产经营意识持续不放松。

其次,抓好围绕生产经营中心做工作落地见效。

对于日常思想政治工作能否坚持做到围绕生产经营中心做工作、求实效,既是考察企业政工是否强化"中心"意识抓落实的重要方法,也是检验企业政工能否固守"中心"抓落实的关键所在。

实际工作中,在指导思想上紧盯生产经营工作动态,关注生产经营重点难点,凡是有利于生产经营工作顺利开展的话就讲,有利于生产经营工作顺利开展的事就做,反之则不讲不做。同时,把强化"中心"意识落实到具体行动上,着力从促进和推动生产经营工作顺利开展、提升生产经营业绩出发,采取与正常生产经营工作开展相适应的政工方法措施,最大限度地融合于生产经营行政管理举措之中一同开展,最大限度地调动激发干部员工的工作积极性,最大限度地避免或减少对生产经营工作顺利开展的不利影响,坚决摒弃一切影响生产经营工作正常开展的不实之举。

第三，注重各类活动结合生产经营实际务实开展。

组织开展各类思想政治教育及相关政工活动，譬如思想教育、作风整顿、劳动竞赛、评先选优等，是政工工作的重要职责所在，其根本目的在于从思想引导、动力引发、意志培养等出发，更大程度地提升干部员工政治思想素养，激发干好本职工作动力，维护正常生产经营管理秩序，促进生产经营工作顺利开展。但也不可否认，现实工作中确实存在组织活动追求轰轰烈烈走形式，为了活动而"活动"的现象，甚至以"讲政治"为由，不惜影响正常生产经营业绩为代价，盲目层层加码，致使具体活动开展形式化和扩大化，严重影响了组织开展活动的初衷，扭曲了组织活动的最终价值。这就会使组织各类活动本应成为政治优势的重要体现，却易于变为个别别有用心的人攻击的对象。虽然这种现象是在个别单位个别区域出现的个别情况，但这种不良现象的影响却是广泛的。

对此，作为新时代的企业政工应给予高度警惕。对于各类活动开展，要牢固树立服务企业健康发展、服务生产经营中心的思想，做到针对干部员工思想和工作实际谋思路、定措施、抓落实，在坚定政治思想进取目标的同时，咬定圆满完成生产经营目标任务不放松，促使每一项活动都要既能实现组织开展活动的直接目的，又能发挥推动生产经营工作上台阶的重要作用。同时，在教育引导上注重与生产经营工作紧密相联，使每一次活动开展部署会都可开成既是活动专项布置会，又可成为促进生产经营工作上水平的再动员会。

第四，充分认识强化人本管理意识对于围绕生产经营中心搞好企业政工的重要性。

近年来，人本管理思想深受广大员工群众所信赖，越来越受到企业管理者的高度青睐，对于企业政工来说，更是人本管理的推动者和践行者。人本管理已成为企业管理综合施策的重要方法。分析人本管理与政工工作的内在联系，围绕生产经营中心做思想工作的核心要义在于激发干部员工的积极性和创造性，增强干部员工的责任感和能动性，这正与人本管理的基本原则相吻合。由于人本管理与政工工作在本质上相通相容，通过强化人本管理意识、借助人本管理方法抓政工落实,可为推动生产经营工作顺利开展注入新的活力。通过强化人本管理意识做好生产经营过程中的员工思想政治工作,已成为助力政工水平提升的内在要求。

新形势下,企业党建与思想政治工作是激发干部员工潜能、调动干部员工工作积极性的重要因素,在其实施过程中只有紧密联系干部员工本职本岗工作实际,针对推动和促进生产经营工作高效运行的现实需求进行,才能收到应有效果。否则,政工人员借助人本管理方法所做工作就将成为干部员工思想教育引导的空洞说教,也就失去了自身工作的真正价值。同时应当看到,随着人们社会生活水平的不断提升和员工价值追求的不断变化,搞好生产经营工作对于提升人本管理水平的现实需求越来越高,简单的物质奖励与精神鼓励已不能完全适应员工群众的工作需要,而且这种需要是因地而异、因时而变、因行业或岗位不同而有所差别的,政工工作必须在推动和实施人本管理的能力提升上加大力度,不断研究探索新形势下实施人本管理策略的新方法新途径。

第五,做好固守"中心"开展工作应注意的几个问题。

针对新时期政工实践中可能产生的思想困惑,应注意明晰以下问题:一是讲政治不是背离生产经营业务,而是更好地服务于生产经营工作。旗帜鲜明讲政治,是新时代企业政工的内在要求。政治为经济服务、为生产经营服务,是企业政工的内涵所在;政工工作围绕生产经营中心开展工作,是企业政工的生命力所在。日常政工实践中,不管工作内容如何变化、方式方法如何创新,对于固守"中心"意识都应做到万变不离其宗。二是围绕"中心"既要结合实际,更要切合实际。结合是指人或事物间发生密切联系,切合则是指十分符合;结合是方法、过程,切合则是关联的可行性、可操作性。在围绕"中心"开展工作的过程中,对于抓结合自身就是一种重要方法。对此值得注意的是,在具体抓结合之前一定要考虑好这种"抓"是否具有切合性。抓结合应拒绝随意性。只有选准结合点、找好切入点,再加上运用适当的方式方法真正切合实际,才能取得良好效果。三是注重以实际成效检验工作成果,在不断总结反思中更好提高工作成效。坚持固守"中心"抓落实,对于做政工来说好像很容易,实际较易受到各种异常事件和不良观念的影响,要真正持续落实好还真不容易。实践、实践、再实践,总结、总结、再总结,这是提升各种工作效能的一个重要方法,作为企业政工坚持围绕"中心"做工作更不应例外。

2. 寻求最佳工作切入点

日常生活中,当聚集人员乘坐电梯或自驾开车遇有卡口需要并行向前时,经常会看到选择适当时机占有适当位置者对于快速进入电梯或开车前行十分有利,否则,就有可能被人流或车流挤出拖后,从而在焦急等待中希望继续尽快进入电梯或并入车流开车前行;当观看在体育场所举办的竞技项目长跑比赛时,也会看到有些运动员会根据自己的竞技状况选择适当时机进行超越,以使自己的竞技比赛水平发挥到极致状态。

由此,对于这些有形的动作使我们看到了选择时机和站位的重要性。虽然企业政工属于无形性,但也可从以上有形的事例中对做好无形的政工得到不少启示。人的思想变化莫测,做人的工作是一项复杂的系统工程。对于具体要做好某项政工工作如何选择时机和场合等是非常重要的。不论针对何种事项去做属于何种性质的具体工作或计划安排某项活动,都应通过适当时间、地点、场景和参与人员范围的选择,以及工作"由头"的选用,即通过选时机、选场合、选范围、选"由头"等,尽力寻求到最佳工作切入点,以达到较好预期效果。

选时机。就是针对不同的工作内容应选择适当的时间或者利用某些合适机会去做工作。有些工作是有计划地安排去做,但有的工作事项需要急事急办,有的则是利用暂缓策略去做效果会更好,有的则是需要"冷处理"。以上暂缓去做,主要是针对暂不具备条件,或者牵一发而动全身的事项。暂缓内容包括员工部分良好建议的采纳应用、正面典型案例经验的总结推广,以及个别领导干部的调整任用等。暂缓去做不是不去做,而是等待时机再做会做得更好。对于"冷处理",主要是针对即时处理有可能造成矛盾激化风险,临时又不影响工作大局的事项。譬如对于个别干部员工矛盾纠纷的化解、个别下属员工对直管领导因意见冲突矛盾爆发的处理解决等情况就是如此。"冷处理"不是不处理,而是经过一定时段的观察分析和深入思考,以及等待当事者的头脑冷静后,会更有利于问题的解决处理。对于急事急办,主要是指对于那些突发事件的处理,如安全生产、法制案件、维稳事项以及各类违纪行为等,对有关工作必须及时果断作出处理。这种没有选择的选择,本身也是一种选择。

选场合。就是针对不同的工作内容和工作性质,需要选择适当的工作场合或场景,才能收到较好效果。这种场合包括直接的、间接的,公开的、私下的,以及正常工作场合、非正常工作场合,大场合、小场合,等等。对于如何选择其场合切入要做的工作内容,应从实际效果出发有智慧地进行选择。譬如:对于简单的矛盾问题应予公开解决,复杂的矛盾问题可以私下解决;对于工作批评直接进行可以立竿见影,个人表扬间接进行有时效果更佳;涉及全局的事项应在全局范围内部署安排,涉及局部的问题先在局部协调处理后再做后续工作更有利于问题解决;政工工作讲奉献是必备条件,对于正常工作场合不能做好的工作,应及时主动选择适当的非正常工作场合去做。

选范围。就是针对不同的工作内容和工作对象,应选择不同的参与人员范围。对于实际工作遇到的问题,在需要思想教育和沟通交流做工作时,有时需要大范围讲,有时需要小范围说,有时则需要个别一对一交流疏导。譬如:对于大范围的员工思想教育,应大范围地动员安排,而对于个别人的批评教育或解决思想困惑问题,应根据所要解决问题的性质不同,以及工作对象的性格特点与工作职位的不同,选择多人参与或是单人参与;对于个人和家庭私事问题的处理,参与处理人员越少越好,而对于严肃问题预防类的思想教育,则是在大范围教育预防的基础上对重点人员再作单独提醒会效果更佳。

选"由头"。这里所说的"由头",是指开展工作真切存在的事由,绝不是无据渲染和凭空捏造的事项。对于面上工作的开展,在具体"由头"的选择上,一方面,作为自主开展的工作,是指那些针对本单位工作过程中已经暴露的问题和实现企业发展目标需要解决的相关事项等做出综合分析思考,并确定要做的具体事项后,为便于统一思想认识和动员安排而需明确的宗旨目标内容,且要注意适当向外拓展以提升工作意义;另一方面,作为落实上级要求所开展的工作,是指那些在依据上级工作安排需要解决的问题,对结合本单位实际存在的现象进行深入分析后,为在贯彻落实上级要求过程中更好统一思想认识而需明确的重要意义内容,且要注意向内延伸以增强责任感和自觉性。同时,对于为了解决部分或个别员工存在的思想问题所做的工作,则可注意联系员工个人的切身利益和政治要求做工作。

3. 增强政工组织有效性

在历经多年企业管理体制不断改革探索和政工组织体系不断改进完善的情况下,面对新时代企业政工工作新要求,如何研究思考增强政工组织有效性,对于全面实现新时期党在企业工作的目标任务具有重要意义。

根据传统的哈佛管理思想,一个组织有效性的取得会受到多种因素共同作用的影响。其主要的影响因素有环境因素、组织因素、员工因素以及管理政策和实践等。这里所说的"环境因素"是指可预测性、复杂性、敌对性等;组织因素是指结构、技术、规模、年限等;员工因素是指目标、技能、动机、态度、价值观等;管理政策和实践因素是指战略、报酬、控制、信息沟通、领导、决策等。

显而易见,关于以上影响组织有效性内容的表述,带有明显的西方社会大环境及其企业组织结构特点,在对我国企业政工组织有效性的探讨分析中仅可作为参考。

关于新时代我国企业政工组织体系的设置建立及其职能定位,2017年10月24日通过的党的十九大党章、自2018年10月28日起施行的《中国共产党支部工作条例(试行)》、自2019年12月30日起施行的《中国共产党国有企业基层组织工作条例(试行)》和于2021年5月22日发布施行的《中国共产党组织工作条例》,以及在中国共产党成立100周年之际,中共中央、国务院印发的《关于新时代加强和改进思想政治工作的意见》等,都作出了明确具体规定,关键在于抓好落实。

对于如何具体增强新时代企业政工组织有效性,随着实施《国企改革三年行动方案(2020—2022年)》的顺利完成,以及其他相关工作的全面落地开展,各类企业的政工组织效能得以大力提升,政工组织有效性得到良好释放。

针对新时代我国企业特别是国有企业政工组织体系的总体设立状况,要把增强企业政工组织有效性落到实处,就要把抓关键、抓重点落实到位。分析新时期企业政工组织有效性落实情况,其关键因素在于思想观念、组织结构、干部素养、制度规定及其落地实践等。具体应注重"五抓":

抓观念纠偏。以坚定"四个自信"为前提,持续深入落实国企改革措施办法,并全面深入贯彻落实党建各项要求。在着力强化政工组织的实效性方面,应注意防止两种倾向:一是政治思想工作简单化。由于政工组织职能的调整,特别是经过一段时间落地运行后,就放松对具体政治思想工作过程的细化落实,导致部分工作提要求多、抓落实少,讲原则多、抓细节少,讲效果多、讲方法少,在行政管理手段和政治思想工作方法运用程度的平衡掌握上出现偏离过度状况。二是思想教育工作庸俗化。不当利用体制转换新环境,过度实施思想教育方法措施,在具体时间运用上反复无常,在时机把握上大局失控,在"融合"运用上偏离实际。对此,均为不良思想观念引起的后果,应自觉强化企业党建宗旨意识,以全面准确贯彻执行党的各项有关制度规定为准绳,树立起新时期正确的企业政工观,适时适度有力有效地抓好政工落实工作。

抓分工负责。对于分工负责、民主集中,是党组织工作的一项重大原则。过去一度出现企业政工作用弱化的原因,分工负责不落实是一重要方面,曾有不少基层党组织工作有分工、无责任,政工系统工作中像是书记在唱"独角戏"。要强化新时期政工组织有效性,这种现象必须从根本上得到扭转。只有政工组织各个层级、各位成员都能各司其职并充分发挥作用,尤其是各级党组织成员应切实按照党内工作分工落实责任,并且党员行政领导人员切实履行好"一岗双责",才能真正形成强大的组织力量。

抓行政落实。对于政工组织有效性如何,最终要体现在生产经营管理实践中,这就对生产行政管理系统能否自觉配合和主动做好相关工作提出了更高要求。随着新时代国企改革工作的不断推进深化,在许多企业实施管理干部任期制和契约化管理的新形势下,企业经营班子成员和中基层行政管理人员,特别是主要负责人,应充分认识提高政治执行力的重要性,把按照政工组织安排部署的工作做到积极配合与主动做好当作应尽的责任,视为与完成任期工作目标互为促进、相得益彰的有力措施正确对待。否则,就会对政工组织的有效性产生钳制作用。这就同时要求政工组织应在优化内部工作环境上狠下功夫,在建立协调统一、高效执行的新型党政关系上做好工作。

抓细则完善。根据党中央统一要求与上级制度规定,针对新时代如何提升政工组织效能相关事宜制订实施细则抓落实,是新形势下强化政工组织有效性的必要步骤。但此项工作并不是一劳永逸的,应根据形势发展变化和企业内部组织结构调整等,经常性地进行修订完善,以确保政工组织有效性能够持续得到正常发挥。

抓考核制约。实践证明,任何缺乏评价考核的工作安排和要求,最终必将流于形式。对于增强政工组织有效性工作的考核,不但要注重上下级建立科学有效评价体系予以考核落实,也要做好机关部门内部,以及新的企业管理体制下政工管理部门对政工落实相关方,政工组织对本系统内各独立组织单元和个体人员建立考核评价办法,并真正予以考核兑现,坚决克服"抹不开面子""不好意思""担心影响工作关系"等不良思想影响,切实把政工工作任务"软指标"变为"硬约束"。

另外,要充分认识国企改制企业的独特性,既不能以完全国有企业政工方式做工作,也不可以完全民营企业政工办法抓落实。在国有改制企业政工组织的有效发挥上,要在坚持加强党建工作不放松的同时,着力做到:在搞好班子团结上充当"黏结剂";在贯彻执行党的路线方针政策上充当"引发剂";在全面完成企业生产经营任务上充当"催化剂";对于加强员工思想政治工作,努力当好"主攻手"。

实际工作中,某国有石化单位改制企业紧密结合本单位党建与干部员工思想实际,牢牢把握党建工作"13451"基本原则,收到了较好效果。"13451"即:把握"一个定位":党章中对非公有制经济组织中党组织地位与作用的定位;突出"三个重点":安全、效益、政治建设;落实"四种方法":结合、融合、搭建平台、督察;发挥"五个作用":宣传思想工作的引领作用、维护大局稳定的保障作用、企业党群组织的团结凝聚作用、共产党员的先锋模范作用、廉洁勤政事宜的守护作用;实现"一个目标":党政同心协力,共同推进企业加快创效发展步伐,着力实现持续长远健康发展。

4. 注重政工优势转化

包括党建和思想政治工作等在内的企业政工是党的政治优势的具体体现,是企业健康发展的重要保障。注重把党的政治优势转化为企业管理优势,是党对企业政工工作的根本要求。现实工作中,政工组织及其所开展的各项活动是党在企业工作发挥作用的重要载体,是党的政治优势转化的重要途径。因此,要做好党的政治优势转化工作,就应注重把政工优势的转化工作具体做好。

企业政工的优势是什么?客观地讲,就是有党的直接领导,是政工系统协调一致所具有的强大组织力和执行力,是政工组织体系扎根于广大员工所具有的广泛群众基础。如果党的政治优势失去了影响力,企业政工的优势也就无从谈起。

关于企业政工优势能否得到充分发挥,事关党在企业的执政基础是否牢固,事关政工组织有效性如何显现,事关新时期企业能否高质量健康发展。对于这种政工优势发挥的过程,通俗讲就是把政治思想工作动力转化为企业生产力,进而提升生产经营能力和企业发展水平的过程。

过去企业改革发展的历史进程中,人们对政工工作为什么产生了一些负面的看法?主要就是政工工作的优势没有发挥到位,优势转化工作没有做好。当然这种优势没发挥到位或者转化不好的原因有客观的,也有主观的。应当看到,在全面深化企业改革新的历史条件下,其客观原因造成的问题已经基本得到解决,剩下的主要问题就在于政工组织及其工作者们的主观努力了。由此,如何搞好政工优势转化,是新时期企业政工组织及其工作者面临的一项重要课题。

面对新时代企业管理体制新特点与对企业政工新要求,究竟应当如何做好政工优势的有效转化工作呢?其回答是应坚持目标导向与问题导向相统一,从解决实际问题出发把具体工作做实做好。

综合分析各方面因素,应重点关注以下三点:

第一,紧密结合生产经营实际做工作。

回顾过去有的政工人员私下曾经遇到的尴尬情况,有的生产一线操作和管理人员当面就能半开玩笑地说出"你们搞政工的净玩虚的,有些工作应付一下也就行啦"。这话意思非常明显,就是指责工作不切实际,奉劝政工人员还是少做些吧。虽然此话说得有些夸张,但也确实存在类似现象。这就不得不引起我们做政工工作的同志要深刻反思。本来企业政工就是为生产经营工作服务的,反而会受到有关生产人员工作上的排斥,这就说明了存在问题的严重性。

由此启示我们,政工各项工作一定要牢固树立围绕中心、服务大局思想,加大工作融合力度,具体应从企业实际需要出发,从解决现实问题入手,坚持把工作重心放到解决思想问题、激发工作动力、促进生产经营工作顺利开展上,切实做到形式、内容和工作效果相统一,着力把政工工作优势直接或间接转化为服务生产经营、促进企业发展的强大动力。同时,要正确理解政治工作的内涵,政治是为经济服务的,企业强化政治工作就是为了更好增强广大员工做好本职工作的执行力,更好地服务于生产经营中心工作。

第二,坚决克服过度功利思想。

应当承认,以往政工实践中,部分单位由于受功利思想影响较深,对企业政工工作开展的成效造成了不利影响。正是由于这种过度功利思想存在,才滋生了为了政工做政工、为了取悦上级而创新的不良现象,致使有的工作华而不实、脱离实际,进而可能使其工作成果与政工优势转化的本来目标要求相背离。这是值得我们做政工工作的同志深刻反思的又一问题。

对于如何避免新时期从事企业政工过度功利思想的产生,一是应注重提高政工队伍政治素养和业务能力,自觉增强做好政工优势有效转化的主动性和实效性;二是应大力营造良好的政工风气,既鼓励创新,更尊重实际,在评先选优中树立良好工作导向,着力增强政工人员做好政工优势有效转化工作的积极性和自觉性。

第三,不断研究新方法,适应新形势。

新形势下,政工工作要在积极引领企业健康发展方面发挥重要作用,在应对社会大环境变化对企业员工思想观念带来不利影响,在促进企业健康发展方面发挥主导作用,就要针对企业改革发展和员工思想实际,不断研究探索适应新时期落实党建要求与做好员工思想政治工作的有效方法和途径,自觉迎难而上,尽力把政工优势落实到解决新矛盾新问题工作的实处。

5. 坚持为员工心灵护航

员工的思想观念、心理状态等,是员工心灵的重要表现。就日常工作而言,它直接决定着员工的精神风貌和工作状态。

始终保持员工严格自律、积极向上、勇往直前的精神风貌,是企业政工的重要任务;坚持为员工心灵护航,帮助员工把好人生方向,自觉强化干好工作的欲望,是企业政工人员尤其是基层政工工作者义不容辞的责任。

进入新时代以来,随着企业内外全方位思想教育引导工作的广泛深入开展,员工的思想观念、心理状态已经发生了新的变化,在思想信仰、价值追求、自我发展倾向等方面,正在由多向性向"耦合"性转化,党在工业企业经济系统中意识形态领域的工作成效显著,为进一步统一员工思想,促使广大员工树立正确的价值取向奠定了坚实基础。同时应当看到,由于长期受思想多元化、价值取向多向性的影响,加之企业发展过程中员工心理矛盾的复杂性和工作矛盾长期性,以及员工个人性格、家庭环境、社会关系等多样性的客观存在必然性，根据实际工作需要，对员工心灵的正向保护将是一个长期任务。

按照以罗杰斯和马斯洛为代表的人本主义心理学观点，要重视人自身的价值，提倡充分发挥人的潜能；对于以奈瑟和皮亚杰为代表的认知心理学观点，则是强调意识的能动性和人的主观能动性，主张以信息加工观点为核。对于企业员工的心灵保护和思想引领来说，这些心理学观点都是完全适用的，也是非常必要的。

针对为员工心灵护航具有多向性的特点，政工工作应始终坚持为员工服务、为生产经营中心服务、为企业发展服务思想，坚持以社会主义核心价值观统领员工个人价值取向，坚持牢牢把握时代脉搏和正确护航方向，坚持因人而异、灵活施策的工作方法，从教育人、引导人、鼓舞人、激励人和关心人、帮助人入手，耐心细致地做好祛除消极因素、激发内心潜能的工作，持之以恒地把护航员工心灵工作做实做好。具体要做到集中护航和个别护航相结合，思想引领与心灵保护相统一。

在集中护航心灵方面，着重从人本主义心理学观点出发，努力发挥社会主义核心价值观对员工立足本岗实干创效、务实进取的教育引导作用，善于把社会主义核心价值观融入企业发展与岗位成才之中，转化为广大员工的情感认同和行为习惯。具体应结合不同层级、不同专业、不同岗位实际，充分运用启发式教育引导方式，把员工个人价值实现与企业价值创造相统一，把严格自律、创优创效、业绩提升与收入增加、职位升迁、荣誉获取相联系，深度挖掘员工努力工作的动力，引导员工及时调节不良情绪影响，理性控制不良欲望发生，能在迷失方向时做出正确行为转变，能够最大限度发挥出自己工作的潜能。

在个别护航心灵方面，着重从认知心理学观点出发，在集中做好员工心灵护航工作的同时，针对员工个体存在不良工作情绪的实际表现，善于通过企业发展前景、上级情绪行为、同事关系处理、评先选优影响，以及个人奖金发放、工资调整、股权设置、职位变动，甚至家庭生活是否和谐等诸因素，分析查找产生思想问题的原因，追溯心灵问题本源，及时进行思想交流引导，开启员工新的思维,打开产生不良情绪的心结,以此强化做好本职工作意识,增强勤奋努力工作的主观能动性。实际工作中,分析员工因心灵伤害产生不良情绪的原因,除了存在客观因素外,有许多是由于因信息不畅造成误会或员工思维能力受限形成的。

综合以上员工个体情况,特别应注重在启发员工思维、强化自我意识上狠下功夫,尽快帮助员工走出自我"百思不解"的死胡同。具体做法一是因人而异。启发员工思维应注意每个员工的个体差异性,对于启发过程的着力点与方式方法必须因人而异、因事而异,并遵循人的认识规律,步步深入,循序渐进。二是弥合创伤。针对员工心灵受到的伤害,加强个别沟通交流,善于运用马克思主义唯物论和辩证法帮助员工客观、辩证地分析相关事物的本质,用社会学知识引导员工充分认识社会问题的复杂性和客观性,促使员工自觉强化自我解脱意识。同时,视实际情况尽快帮助员工解决能予解决的相关问题,以利员工尽快走出心灵"阴霾"。三是反馈疏导。注重倾听员工声音,在倾听的基础上传递相关信息,做好疑惑疏导;在疏导的过程中启发员工思维,明确是非曲直和努力方向。

应当特别指出的是,做好员工心灵护航工作必须坚持思想引领和心灵保护相统一,以真正做到正确护航,提升护航成效。同时,要切实从关心人、帮助人、激励人的观念出发做工作,以赢得员工信赖,打消对立情绪,为顺利实施员工心灵护航创造有利条件。这是为员工心灵护航过程中应予思考的重要事项。

第五章

匠心思考　机动灵活

日常政工实践中,经常会遇到运用常规方法难以很好解决的问题,怎么办？根据做好新时代企业政工工作的"3+N"模式,需要政工人员在培"根"强基练好基本功的基础上,以问题要解决、事情要办好为根本目的,针对具体问题进行具体分析,破除固有思维定式,匠心思考应对策略,在模式"N"的内容上狠下功夫,通过采用一事一策、一人一策、灵活多样的方式方法,最终使问题得到圆满解决。这既是每一位政工人员经常面对的工作现实,也是对政工人员能力水平的重要考验。

1. 善于多元思维

生活中有不少游戏所提问题看似非常困难,但只要动脑筋想办法就能迎刃而解。譬如,假设桌面上排列着100个核桃,有两个人轮流拿核桃装入筐中,每次最少拿1个,但最多不能超过5个,拿到第100个核桃的人为胜利者。如果你是最先拿核桃的人,你第一次该拿几个？以后怎么拿就能保证你能拿到第100个核桃？

对于上述设问的答案:第一次先拿4个,还剩96个。96是6的16倍数。由于每次最多只能拿5个,最少必须拿1个,所以无论第二个人以后每次拿几个,你接着拿的数只要跟他拿的数加起来等于6,就能保证你每次接着拿完后,剩下的数目都是6的倍数。等到剩下最后6个核桃时,无论第二个人拿几个最后都是你获胜。

干工作就如同解答上述游戏问题,当具体工作中遇到棘手问题时,一要有信心,二要有办法。在时间允许的前提下,一定要采用多元而缜密的思维方式,针对具体问题具体情况进行多视角、多侧面、多因素、多维度的全面系统深刻分析,依据对主要矛盾和其矛盾方面的基本判断,做出科学现实的方法抉择。

对于以上事例在得知获胜答案后看似解答起来比较简单,但在未知答案前还是要动一番脑筋的,切不可小看了做好这种游戏的思维能力。我们做政工工作也是如此。平时大家一起做工作,遇到难题时有的同志直皱眉头,拿不出处理办法,有的则是做起来很快就把问题解决了。这是什么原因?其中能够采取正确的思维方式就是一个重要方面。在工作难题面前只要把问题分析透彻,把相关因素排查清楚,然后通过适当的思维方式,就一定能够找到行之有效的解决办法。办法总比困难多,就是这个道理。这里应当注意的是,自己喜欢的或惯用的观念、办法,并不一定适合于每个问题的解决,可在实际工作中总有一些人就擅长如此,结果有时就栽了跟头,给正常工作造成了损失。

就具体思维而言,有许多思维方式如发散思维、洞察思维、换位思维、超前思维、逆向思维、绑定思维、跨界思维、动车组思维、互联网思维、司马光思维,等等,都对做好企业政工大有益处,应当进行广泛学习了解。针对新时期加快产业转型升级工作的逐步到位,为把企业政工进一步做好,特别应注重在强化逆向思维、拓展绑定思维、建立自动巡航思维、推行"根"思维和用活用好司马光思维等方面多下功夫。

强化逆向思维。随着互联网技术和数字经济的迅猛发展,员工的思想观念、思维方式发生了很大变化,信息"垄断"早已不是政工人员开展工作的资源优势,员工思想活跃、头脑复杂、志向杂乱,给思想政治工作带来了极大挑战。为适应新形势新环境需要,政工工作仅靠利用常规思维方式和工作方法很难收到应有的效果,有许多情况需要采用逆向思维方式,从反面思索问题和提出问题,通过逆常规的办法来解决现实中的问题。这就要求政工人员要自觉强化逆向思维意识,善于通过对员工可能产生不良思想倾向和工作行为的危害性分析,运用常规做法的反向思考提出解决问题的措施办法,以利搞好思想教育疏导和工作制衡,从而增强自身工作的实效性。

拓展绑定思维。运用手机支付早已成为普通员工进行日常生活支出采取的支付方式。这种方式简单快捷,方便实用,普及迅速。使用中大家都明白一个道理,不论是用手机"微信支付"还是使用支付宝,都必须绑定银行卡,而且要及时足额进行充值之后才能有效使用。这就启示我们,一定要注重教育引导干部员工,日常工作中要爱岗位、爱企业,一心一意地为企业多做工作,并切实作出贡献,只有这样,自己才能有所收获。只有企业有效益,员工个人才能有收入;只有企业快速健康发展,个人才能事业进步、收获充盈。那种只讲爱岗爱企,只说"我与企业共存亡"的表态承诺,而不去付诸艰苦奋斗、团结实干的实际行动,还总是期待个人高收入、高待遇、好前途的现象,就如同只想使用手机支付,就是不愿绑定银行卡并及时足额充值,必定是"竹篮打水一场空"。

建立自动巡航思维。由于智能技术的广泛应用,劳动密集型产业逐步减少,对员工个体素质的要求远远超出了传统意义上自我管理的要求。实际工作除了个体业务技能要适应技术进步工作需要外,在思想政治方向的自我把握和思想矛盾问题的自我解决上同样提出了更高要求。因此,政工工作要适应科技发展进步需要,借助各类机器设备仪器的自动巡航行为方式,建立自动巡航思维,更加突出地把工作重点由事中引领、事后处理转为事前导引和事中监管,更加重视把教育引导工作的明方向、提要求,转为既"明方向、提要求",也要指教"对标准、转观念",掌握自我化解思想矛盾的方法要领,把超前思想引领、方法指导和问题预防工作做得更细更实,进而提升员工对不良思想倾向和工作行为的自我控制与矫正能力,增强高标准做好本职工作的执行力和自觉性。

推行"根"思维。有针对性地分析问题、解决问题,是做好各项工作的最基本方法。这里所讲的"根"思维主要是指在分析问题时一定要对表面存在的问题追根溯源,深刻剖析产生问题的根本原因。只有这样,才能在不少情况下对小问题背后隐藏着的大问题搞明白,才能真正有针对性地采取相应措施把问题解决好。综合概括多年来政工工作的"根"思维策略落实情况,可总结为"根"思维八步工作法,即思考、决策、计划、行动、评价、分析、追因、寻根,由前至后循环往复,不断推动工作螺旋式上升。

用活司马光思维。对于北宋时期司马光砸缸的故事众人皆知,讲的是司马光拿石头砸开水缸,小孩子得救活命的故事。后人把该故事寓意内容称之为司马光思维,即打破,才能得生机。只有打破旧思维的桎梏,思路才会得以拓展制胜。对于新时代企业政工工作,面对全面深化改革新形势,只有摆脱一切不适宜新时代企业政工制度规定与企业发展内在要求的思维方式和思想方法,才能赢得政工工作的主动权,把应有的履职尽责工作做好。

另外值得注意的是,对于同一事项应用不同的思维方法,也会有不同的结论。相传从前有这样一个故事:一户人家有三个儿子,他们从小生活在父母无休止的争吵当中,他们的妈妈经常遍体鳞伤。老大想:妈妈太可怜了!我以后要对老婆好点。老二想:结婚太没有意思,我长大了一定不结婚! 老三想:原来,老公是可以这样打老婆的啊! 该故事中这三个生长在同一家庭环境中的儿子,之所以对自己妈妈所受的伤害得出了三种对自己以后婚姻截然不同的设想,主要是基于对父母婚姻的看法不同。通过该故事启示我们,对于我们所做政工工作,要把所面对的现实问题解决好,就必须首先把所造成问题的本源搞明白,才能做出正确的分析判断,切切不可仅凭个人的想象下结论。只有这样,才可在遇有棘手问题时,最终采取良好办法予以有效解决。

2. 着力破除瓶颈

20世纪90年代初,我刚到生产车间任职党支部书记工作不久,针对当时部分员工纪律作风涣散,存在员工夜间睡岗、现场巡检不及时,甚至出现脱岗抽烟等不良现象,直接对车间的安全生产和节能降耗工作造成严重威胁的现状,在经过前期多方面进行思想教育引导和加强夜间值班检查管理效果不佳的情况下,通过分工段按生产作业班别排序考核,在车间组织开展了员工思想作风建设达标竞赛活动。全车间有4个工段,每个工段5个班,考核得分前2名者加分,后2名减分,考核结果直接和全班员工月度奖金与年度荣誉评选挂钩,经过几个月的坚持考核与深入思想教育,以上不良现象逐步得到了根本性扭转。

上述做法之所以能够取得较好效果,关键在于把思想教育融入车间管理之中,通过强化考核使个别人的违纪现象触动全班员工利益,进而促使班长加强班内自我管理,员工之间加强相互监督,共同维护班内整体形象。这就反映出了前期单纯进行员工思想教育效果不佳的工作瓶颈所在。实践证明,这种瓶颈一旦被有效突破,其工作成效就会明显显现。

多年来的工作实践表明,关于突破瓶颈制约问题,是实现政工目标、提高工作成效的关键所在,是工作实践中克服困难达到预期目标必须经过的一个重要过程。就瓶颈制约点而言,由于各事项的性质和员工的关注点不同可能会各有不同,需经工作中的全方位系统分析确定,有时甚至还需在工作实践中探索确认,然后再有针对性地采取瓶颈突破措施才能奏效。但就一般而言,对开展政工工作所遇到的瓶颈内容及其消除办法可进行规律性的总结,以对政工人员的日常工作提供有益启示。具体可总结为以下几个方面:

一是员工我行我素、行为偏执。这部分人工作大局意识差,对正常工作要求排斥不听,任由他人怎么劝说引导,总是固执己见、自以为是,实际工作与单位安排的统一标准要求不相吻合。分析对这部分人难以做通思想工作的根源,其工作瓶颈可能在于员工个人存在心态不正问题。解决这一瓶颈制约问题的方法,就是从端正员工心态入手,通过从领导到好友同事等多方面加强个人思想沟通交流,促其尽快自我打开思想心结,走出不良心态的泥潭。

二是员工对领导百般挑剔、消极对抗。这部分人头脑简单,出尔反尔,自我表现欲强,视顶撞领导、拖拉同事为光荣,对局部工作具有较大破坏力。分析对这部分人难以做好思想工作的根源,其工作瓶颈很大程度可能在于存在幕后落后小圈子影响。解决此类瓶颈制约问题的方法,就是有针对性地做好小范围员工思想调查研究,在弄清该幕后小圈子人员及其不良行为的基础上,首先把小圈子问题解决好,由此产生的相关问题便迎刃而解。

三是日常思想政治工作虽常抓不懈，但积极向上工作氛围仍然未能营造好。造成这种现象的原因包括工作思路模糊、重点不明、方法措施陈旧等，做工作眉毛胡子一把抓。其工作瓶颈可能在于缺乏系统思考安排与"抓纲带目"措施。简单重复的话不断讲，缺乏新意的事情反复做，不但没有好的效果，反而容易引起员工群众的思想反感。解决这一瓶颈制约问题的办法，就是加强党建引领，强化工作融合，提升艺术水平，持续深入地突出重点抓关键保落实。

四是阶段性集中组织思想教育活动看似轰轰烈烈，但预期效果未能达到。造成这种现象的原因会是多种多样，但分析关键点位内容，其工作瓶颈可能在于目标导向与问题导向相统一工作不够到位。解决这种瓶颈制约问题的方法，就是全面梳理和准确把握本单位存在的相关问题不足及其产生根源，在教育活动目标导向与问题导向相统一抓落实上狠下功夫。

五是党建工作的纪律作风建设虽然部署全面、要求严格，但依然问题不断，不良作风没有改善。造成这种现象的表面原因往往在于真抓实管不落实、配套措施不具体，其真实的根本原因即瓶颈制约点可能在于各级领导和政工人员本身，特别是各级主要领导人员的自我约束能力不够、纪律作风差。试想，一个缺乏纪律严明示范作用的工作人员，怎么可能会把员工的纪律作风建设工作真正抓好呢？解决这类瓶颈制约问题的方法，就是有针对性地加强政工队伍自身建设，并结合强化对各级领导干部的监管工作，切实抓好对相关领导班子和班子成员的纪律作风建设。

综合分析形成工作瓶颈制约的原因，往往都是抱怨由客观因素或工作对象存在特殊问题造成的。其实不然，有不少时候恰恰正是由于政工人员本身存在问题或工作思维方法不当，才对及时有效解决实际问题造成了工作障碍。这是值得注意的一个重要问题。

3. 寻求有效方法

关于开展党建与员工思想政治工作的方式方法多种多样，许多政工工具书中都有具体介绍描述，可对我们做好实际工作提供大力帮助。毋庸置疑，作为在实践经验中总结出的各种方法，每一种都是行之有效的。现在我们探讨的问题是针对某项具体工作，应该采用什么方法更有效。

"选择比努力更重要"；最适合的方法才是最有效的。这应成为政工工作一项基本法则。这也就意味着要把工作做好，就应在"选择"两字上多下功夫，在选择中寻求适用且实用的最佳方法和有利时机，以选择为前提务求最佳工作成效。

根据实际工作成效与开展工作相关因素的关联性，在工作方法的选择上应考虑各相关因素叠加影响的结果。又由于实际工作中某个别或某几种相关因素的特别重要性，可根据其相关因素的适用性特点对所需采用的工作方法做出正确选择。对于如何具体做好方法选择应注意以下内容：

针对不同问题、不同目标选择不同方法。对于一些日常工作以外的重要工作安排，一般就是针对所要解决的问题及预期目标，明确目的意义，然后提出所要采取的方式方法等。这里所说的"方式方法"与所要解决的问题及预期目标具有高度关联性，可以说其前者就是根据后者内容经深度思考抉择的结果。总体而言，局部问题可用通用办法解决，个别问题采用一人一策或一事一策的办法解决，面上问题运用广泛思想教育的方法解决，复杂问题可通过深入研讨采用措施综合的办法解决，疑难问题可用迂回的办法解决，简单问题简单解决。

针对不同工作对象选择不同方法。企业全员上下各层级、所属内外各部分，以及管理干部与员工群众等均为政工工作对象。由于他们各自岗位特点、工作性质和文化层次、认知能力等存在较大差异，对于明确针对不同群体的工作安排，就应选择各自相适应的不同方法。一般来说，从实际效果出发，对机关人员适宜采取集中教育活动的办法，而对基层一线员工则适宜采取分散教育引导的方法；对管理干部适宜采用统一轮训办班的办法，对普通员工则适宜采取逐级教育引导的方法；对领导人员适宜采用理论与实践相结合的启发式教育，对一线操作层员工则适宜侧重采用案例教育引导的方法；对企业本部员工适宜系统教育引导的办法，对驻外分公司员工则适宜原则指导与因地制宜相结合的方法。

针对不同场景选择不同方法。这里的工作场景亦为工作场合。根据不同工作特点可以选择不同的工作场合，也可以针对不同场合选择不同方法。这是政工工作的一大特征。一般而言，对于直接保障生产经营事宜的相关工作，应采取融合共进的办法开展工作；对于涉及大众工作场合的相关工作，应采取全面周到细致的方法做工作；对于局部部分人员场合下的相关工作，可以采用从当场人员共同关心的话题入手做工作；对于一对一的个别人员的思想工作，可以从关心帮助工作对象的目的出发做工作；对于非工作场合下的思想工作，则不必拘泥于非常正规的方式方法做工作。

原则与灵活相结合。做工作讲原则，是政工实践中必须遵循的一条基本规则。但讲原则并不否定讲灵活，一个失去原则的政工人员，不应是一名合格的政工人员；一个只讲原则而没有灵活性的政工人员则不能成为一名成熟的政工人员。原则是主线，过程可灵活，最终结果则仍然可以不失原则。在非原则性问题上，有时运用不言自明的办法适当原谅一下员工的一时闪失，就是尊重了员工的自尊心。这往往比批评指责更能使当事人警醒和悔悟。在不少情况下，原则加灵活的工作方法，可作为解决一些疑难问题的重要选项。譬如，对于如何更好发挥特别优秀技术人才、经营人才作用的工作，如何做好特殊困难群体的帮扶工作，如何做好在职相对高龄且有突出贡献员工的工作，等等，都是如此。

在实践探索中不断创新思路和方法。针对新情况，研究新问题，探索新方法，是政工工作的一贯做法。面对全面深化改革新形势，更需要打破惯性思维，冲破既有思想束缚的套路做法，充分利用各种有利资源，在实践中不断研究探索高效实用的有效方法。

认真回顾总结党的事业发展进程中一些相关典型事例，可以对在如何做好新时期企业政工工作的方法选择和探索应用上提供有益启示。

例如，1927年9月29日，毛泽东同志率领湘赣边界秋收起义部队，到达江西省永新县三湾村。在毛泽东同志针对当时部队人员流失严重的具体情况，亲自进行调查研究，充分肯定共产党员对凝聚军心发挥关键作用的基础上,进行了具有伟大历史意义的"三湾改编",从而确立了党对军队的绝对领导,明确了"支部建在连上"的重要原则,为人民军队的未来发展定下了基调和底色。由此,对企业政工方法应用带来的启示,就是应始终坚信实事求是是成功之道,始终坚持实事求是的思想方法,始终坚持重调查研究、重"总结归纳"应用的工作方法。

再如,2021年6月下旬,在迎接中共建党百年华诞之际,国家航天科学家团队走进香港校园,几位功勋卓著的科学家通过传递自己"最高尚、最伟大的爱,就是爱国家""要学会做人、做事、做学问""要正确对待自己、他人和社会"等朴实、深切的感受,在香港广大青年学子中产生了共鸣。这在当时香港特殊社会环境条件下,组建航天科学家团队亲赴香港校园作报告,既是一次中国航天知识和航天精神的传授,更是一次具有特殊重要意义的爱国主义教育,而且实际收到了很好效果。作为企业政工来说,这给在宣传思想教育工作中如何把握时机、选择方法带来了深刻启示。

4. 灵活有度保大局

正如前述那样,干工作既要讲原则,又可以有灵活。但讲灵活绝不能是无原则的灵活,否则,就是对政工工作者履职尽责要求的一种扭曲和玷污。有许多工作,特别是对于安全生产、政治建设、廉政落实、作风整顿等,必须给予刚性约束,大力强化具体工作的原则性和严肃性。同时,讲灵活也绝不能随意灵活,为了一时解决某个个别问题不计其他不良后果。否则,就有可能对其他相关问题的解决造成不利影响,对正常的企业工作秩序造成破坏。

因此,现实工作中的灵活性应从大局需要和实际效果出发,在不违背基本工作原则的前提下可以灵活有度地处理问题,做到因事而别、适度灵活、务求实效。同时应当明确,在可以且急需采用灵活方法处理问题的情况下,应义无反顾地采取灵活措施,以求使问题得到及时妥善处理。

客观分析采用灵活多样干工作的具体情况,许多时候它所体现的是一种担当、一种负责,也是一种务实之举。

灵活是一种担当。2021年10月29日晚中央电视台播放的电视剧《红旗渠》片段中,地委高书记在乘车到林县调查县委林书记为什么动用县里储备粮用于修水渠回去的路上,他在回答司机提出对该事项存有疑问的一句话令人深思:"当干部就要当干成事的时候少说话,当危险来临的时候就应主动把脖子伸到刀下去……"细细品味这话什么意思?就是当干部的干工作不能揽功推过。在当年那种人民生活比较困难的时期,为了革命事业和工作大局,不能一遇挫折就推之了之,不敢承担,而要胸怀坦荡,敢于担当。反观该电视剧中的事情原委,有不少领导说县里储备粮是用作灾荒之年老百姓吃饭应急用的,如把储备粮用在修水渠上,怕难以承担这种责任。林书记为了能够渡过解决继续修渠民工吃饭问题的难关,顶着巨大压力进行了耐心说服引导,最终按照组织原则讨论决定,通过动用储备粮解决这一燃眉之急,不正是发挥了储备粮应有的作用了吗?如果没有当时数年如一日,县委班子团结带领林县人民坚持克服一切困难勇往直前的决心和勇气,就不会有后来引水造渠造福林县人民的伟大壮举。

　　分析企业政工的现实情况,固然不能和红旗渠的建造过程相提并论,但红旗渠精神值得我们发扬光大,前述地委高书记与司机的对话内容值得深思。当政工实践中遇到问题急需解决时,一定要在不违背工作原则的前提下,自觉强化担当意识和奉献精神,千方百计地把工作做好。

　　灵活是一种负责。在我的工作经历中,曾经历过一次受罚喊冤求助遭拒的故事。那是1992年9月的一个上午,我正在车间办公室接受一位宣传部门同志的情况调查访问,有个班长情绪非常激动地跑到我办公室大声说,某主任(车间主任)因为某某事情"要扣我们班的奖金,这工作我没法干了,你作为书记,得主持公道,为我们做出公正处理!"

　　当时在我问清事由脑子稍一冷静定神后便说,"扣你们班奖金是我和主任一起商量后定的,你发什么火?主任扣你们奖金,是应该的,要是我看到你们这样的情况,也一样会这么扣你们奖金"。

　　经我这么一说,这个班长立马像撒气的皮球一样,没脾气了。但嘴里还是说:"这样的情况就不应该扣我们。"我也接着说:"车间有制度规定,违背了制度不执行,那车间不就乱套了。回去给大家说说,以后注意别再出问题就好了。"

再接着,这个班长就低着头回班里去了。

该班长走了以后,那位宣传部门的同志问我:"刚才这个事你真的和车间主任商量过吗?"

我笑着说:"这事我提前知都不知道,怎么还能有商量。但这事明摆着班里是有问题的。我要是稍有暧昧似的答复,就会给车间下面的同志造成错觉,好像主任口里说的事,找找书记就能挽回改变,书记口里说的事,找找主任也可以挽回改变。如果这样的话,不但会给党政之间造成矛盾,更重要的是可能会给车间工作正常开展造成障碍。再说了,发现问题兑现制度扣奖金,本来就是主任的正常职责。我应该支持!"

听了我说的这些,那位宣传部门的同志说:"原来车间党政之间的配合还可以这么做,今天长见识了。"

对于以上情况,在今天看来可能有不妥之处,但就当时问题的处理来说,结果还是很好的。何况事后我马上与主任进行了统一思想沟通,以致此后我在车间工作3年多时间内再无类似事情发生,车间党政领导团结一心,互相支持,管理能力得到新的提升。

日常政工实践中,有不少情况看似事情不大,但处理起来稍有不慎,就有可能造成大的后患。有时好像是在实事求是讲原则,如果不在思路上作无关大局的灵活调整,就会对工作造成损害。这就启示我们,为切实把工作做好,有时应以高度负责的态度,根据实际需要对有些问题做出适度灵活处理。这也是展示工作智慧与讲求工作艺术性的一种重要体现。

灵活是一种务实之举。由于人们思想问题的复杂性和多变性,对做好政工工作采取灵活务实的方法成为一种内在需求。对于工作计划与措施无论制订得多么周密细致,都无法覆盖所需解决问题过程的全部。因此,做好日常工作,特别是针对一些疑难复杂问题的处理,如信访稳定问题处理、突发事件处置等,应根据工作过程发生的实际情况,在思维方式和方法选择上做出务实灵活的处理,以求达到应有的效果。

另外值得注意的是,讲灵活既不能有失工作原则,也不能夹杂个人私心杂念,试图借机谋取个人或小团体私利。否则,就会使落实工作的灵活性走向歧途。

5. 把握博弈制胜之道

企业政工实践中,政工教育者、教育内容、受教育者三个基本要素之间构成了其相互间的矛盾。其中受教育者和教育内容的矛盾、受教育者和教育者之间的矛盾,即受教育员工与政工教育内容的矛盾、受教育员工与政工工作者之间的矛盾,有时表现平缓,有时则可能表现严重,尤其是在基层一线生产班组(或经营一线区域),甚至是生产车间领导层面表现得尤为突出。这是一个不应回避的重要话题。客观地讲,对于如何做好基层一线政工工作,特别是个别固执己见型领导干部和一线班组员工的思想政治工作,本质上就是先进与落后、纪律与自由、正确与错误、正理与歪理、进取与散漫等思想观念博弈的过程。

基层一线员工是思想政治工作的最终落脚点,也是其重点难点所在。此处之所以要把政工落地实践的过程上升为博弈过程来阐述,是由于一线员工思想政治工作任务的特殊性和复杂性,有时需要把方法选择上升为策略应用,才能更好实现工作预期。为此,牢牢把握博弈制胜策略是做好基层一线政工工作的重要内容。

分析基层一线政工工作存在的难点问题,主要是直接面对一线员工,对于上级要求对一线人员的思想转化难度较大;关键是实际工作遇到的问题复杂多变,一线员工思想活跃且受制约措施有限,部分人员往往因受各种不良思想影响对正常思想教育引导和管理工作形成的阻力难以消除。为此,对于消除基层一线员工的不良思想和行为,需要反复抓,抓反复,着力以持之以恒的正面思想引导、简单实用的刚性约束和韧性十足的纠偏行动,予以综合施策,以博弈制胜的良好成效为保持和增强基层工作活力提供可靠保障。

具体需要通过经常性地动态分析把握一线员工的所思、所需、所盼,以及所反感、所厌恶内容,为博弈制胜提供基础支撑。一方面,基层员工思想活跃,对于管理机制与收入分配的动态变化敏感度高,而且一旦影响员工个人的切身利益则会反应迅速、强烈,单纯思想工作很难做通;另一方面,基层员工思想问题的隐蔽性强,师徒、亲朋、老乡等各种小圈子关系错综复杂,如果某些不良思想一旦在这些小圈子内膨胀发作,将对正面的思想教育引导工作造成极大负面影响。

为此,一定要把员工思想动态分析做细做实,要以老百姓常说的"吹着浮土找裂纹"的执着,按照员工性格特点和日常表现等,做到重点人员重点关注,特殊人员特别关注,一般人员定期关注,对于他们的所思、所需、所盼内容依据可能性尽力满足,而对于他们的所反感及所厌恶内容则尽力改进完善,同时,根据日常关注所发现的其他问题及时采取预防应对措施,为最终获取具体工作的博弈制胜效果创造条件。

实际工作中,应注重处理好以下博弈制胜事项:

(1)在善于解决棘手问题中博弈制胜。

在工作实践中善于发现问题、解决问题,是对政工工作的基本要求,应当及时做好,可实际情况对有些问题,特别是涉及员工个人切身利益的思想问题,解决起来并不那么容易。究其原因,很重要的就是由于员工所处位置的差异性导致认识水平的差异性所造成的。要使一个站在山脚下的人员了解清楚整座山麓的面貌,仅靠他本人的视野是很难做到的。对于基层工作难做其实是一种正常现象,有时我对基层工作人员说,假如对于员工的工作一说就通,一做就好,那还要我们干啥?实际上,对基层员工做思想工作的过程就是上下级思想观念的差异内容碰撞博弈的过程,就是对于员工思想存在的困惑有针对性地想方设法予以解疑释惑的过程,就是具体实在地引导员工正确对待个人价值创造与如何处理实现长远利益和眼前利益关系的过程,就是不厌其烦地帮助员工提升站位,拓宽视野,自觉把思想和行动统一到基层单位要求和企业工作大局上来的过程。

(2)在改善基层日常管理方法和强化员工思想教育引导中博弈制胜。

博弈之要,在于严谨。要充分认识营造工作氛围和搞好员工思想教育对于博弈制胜的重要性。适时适度全方位做好思想灌输引导工作,对预防员工思想困惑、促进日常管理提升大有益处。

实际工作中,针对新时期基层管理和员工队伍思想现状,一要树立自我完善、自我超越思想,越是严抓细管,越要关爱员工,做到措施落实与思想引领紧密结合,把为员工做实事、办好事、解难事落到实处。二要自觉融入强化管理思想,着力强化员工追求能力提升和工作自觉意识,建立以"提升工作能力→加快创效发展→员工多得实惠→激发内在动力→提升工作能力→……"为内容的正向循环提升思想方法。三要坚持引导员工树立不懈进取思想,增强用责任书写人生意识,以"责任↔敬业↔创优↔增效↔责任"为内容的双向循环思想引领为重点,深入不断地激励员工把岗位责任落到实处。

(3)在着力发挥班组长枢纽作用上博弈制胜。

在开展基层员工思想政治工作的链条中,班组长作为兵头将尾,是联系一线员工和上级组织的关键环节,是直接组织完成一线生产经营任务的"指挥长"。班组工作是博弈制胜主阵地,充分发挥班组长在员工思想作风建设中的重要作用至关重要。

现实工作中,开展员工思想作风建设的重点在于调动员工积极性,提高工作执行力。这也正是思想作风建设的难点所在,同时也是班组长工作的职责所在。因此,要注重搞好对班组长开展员工思想工作的帮助指导,切实帮助和支持他们在搞好自主管理、增强班组活力、激发员工激情、奋力争先创优上狠下功夫,在注重带头示范、强化作风培养、及时化解矛盾、鼓舞团队士气上多做工作,在严明工作纪律、制止歪风邪气、办事公道公平、支持管理创新上态度鲜明,工作有力。多年来的实践证明,帮助支持班组长做好工作,是开展基层思想政治工作博弈制胜的一个重要砝码,应长期坚持并竭力做好。

(4)在帮助员工树立积极向上心态上博弈制胜。

据传有一皇帝做梦的故事:古代一位皇帝做梦梦到山倒了、水干了、花谢了。其皇后听后说大事不好,山倒了就意味着江山不保了,水干了就是民心要散了,花谢了就是好景不长了,于是这位皇帝就一病不起。这时,一位大臣知道后去探望皇帝,大臣说,皇上做梦梦得太好了,山倒了就是天下太平了,水干了就是真龙现身了,花谢了就是要结果子了。此言一出,这位皇帝顿时全身轻松,很快就身体痊愈了。透视这个故事可明白一个道理,就是运用积极的心态和消极的心态对待同一事物可能出现截然不同的结果。因此,要转变员工的精神状态,有时就要从改变员工的心态入手做工作。

日常工作中,有的员工由于在思想方法、理解能力上存在偏差,或因个人客观条件所限,对于某些事项的认识心存疑虑难以释惑,甚至自我走入死胡同难以自拔,进而出现精神不振、工作消极现象,严重影响其正常作用发挥。深入分析这种现象产生的原因,往往正是与其心态如何直接相关。通过以上故事启示我们,要把此类问题解决好,可在见微知著、透视心态、精致工作上多下功夫,通过机智灵活地巧妙化解相关员工的不良心态,促其在激浊扬清、扶正祛邪中自我解脱,把引导员工端正心态、振奋精神、积极作为落到实处。同时也启示我们,日常工作应注重保持强化思想沟通交流的周密性,以避免因一时疏忽大意或工作随意致使新的矛盾问题发生。

(5)追求博弈制胜要守住底线。

实施博弈制胜策略应明辨是非,正确施策,切记不可为了一时的博弈制胜而任意妄为。众所周知,关于《三国演义》中空城计的故事,写的是城中兵力极弱的孔明针对司马懿率领大军攻城过程中试图让司马懿退兵采取的计策。其空城计之所以能够成功,是基于孔明对司马懿疑心很重,而司马懿对孔明用兵谨慎的判断,以及双方信息不对称造成的结果,也是该故事中敌我双方两位智者之间博弈的结果。对于现实中的企业政工工作,其根本目的是服务员工长远利益、服务企业健康发展,无论如何博弈做工作都不可像空城计的故事那样,为了一时取胜"设局造假骗退敌方",而应始终本着实事求是的原则,为了统一思想、统一行动,有针对性地进行多谋施策,决不能不计后果地行"制造假象或虚构事项"之术,为了一时做好工作任意而为。否则,就将会对长远的政工信誉带来严重后患。

第六章
注重实际 实学实用

认真学习汲取一切有利于做好现实工作的知识和经验,已成为做好政工工作的一种重要方法。日常工作中,要在组织学习政治思想相关内容以及党和国家方针政策的同时,还应特别注重广泛学习运用古今中外经济社会管理思想、现代科学管理应用知识和各类企业相关工作经验,并要注重向基层学习、向群众学习、向领导学习、向同行学习、向自己学习,切实做到结合实际学、带着问题学、着眼提升学,以在工作中学习、在学习中提升的高度自觉,务求实学实用新业绩。

学习的目的在于应用。现代政工实践中,对于如何强化学习自觉,真正做到实学实用值得深思。

1. 提升学用新动力

多年的工作实践表明,做好企业政工工作需要渊广的社会知识、熟练的业务技能、清醒的政治头脑,以及灵活务实的工作方法。

著名科学家牛顿说:"无知识的热心,犹如在黑暗中远征。"

伟大导师列宁说:"最有害的就是自以为我们总还懂得一点什么。"

面对新时代的政工实践,对许多过往的经验做法都需要用新的标准要求重新予以审视认定。这对如何通过学习提高与理性思考做好新时期企业政工提出了迫切要求。同时,对于世界百年未有之大变局给我国经济社会发展带来的重大挑战,特别是2019年香港"修例风波"给特区经济社会发展稳定带来的极大冲击,以及2022年开始的俄乌冲突和2023年爆发的巴以冲突等对地缘政治和国际政治产生的极大影响,使大家对如何做好新时期政工战线上的工作带来了深刻思考。企业政工必须适应国内外形势发展需要,以更加强烈的政治意识、大局意识、核心意识、看齐意识,更加坚定的道路自信、理论自信、制度自信、文化自信,紧密结合本单位实际,科学有效地做好"古为今用、洋为中用"和"他山之石,可以攻玉"的工作。

新时代催生新思想,新体制必有新要求。分析当今企业改革发展新要求,从某种程度上说,比以往任何时候都需要强化政工思想方法与工作方法的学习应用。这是加快推动企业高质量健康发展的客观需要。例如,在进一步完善法人治理结构、健全市场化经营机制的新形势下,企业政工如何在其中发挥重要作用,如何在激发企业内生活力动力方面把工作做得更有成效。再如,党和政府一再要求要大力弘扬劳模精神、劳动精神、工匠精神,形成尊重劳动、尊重知识、尊重人才、尊重创造的浓厚氛围,作为政工工作如何把相关工作做得更好,尽快推动这项工落到实处。又如,针对企业个体深化改革的不同特点,如何牢牢把握改革正确方向,加强员工思想政治引领,动员广大员工更好团结实干、建功立业。凡此种种,都对政工工作的学习思考和方法探索提出了新的紧迫要求。

同时,一场全球肆虐的新冠疫情已经改变了许多人的思想观念和经济发展思维方式,更是推进了相关科技进步的快速发展,特别是在信息技术和数字经济发展上得到了加速推进,加快发展形成新质生产力方面得以空前重视。在此情况下,针对新时期企业改革发展的新变化,作为政工工作如何以更加科学有效的方式方法服务企业员工,推动企业更快更好实现转型升级和快速健康发展,是其面临的一项重大课题。这也倒逼企业政工工作必须适应加快科技进步发展对员工思想观念与思维方式带来的新变化,切实增强加快学习进取工作的责任感和自觉性。

学习可以聪慧,学习可以提能,学习可以纾困,学习可以释惑。新时期的企业政工应把加快学习进步的动力化作落地见效的高度自觉,以实际行动丰富"学习是人类进步的阶梯"这一至理名言的新时代内涵,为促进政工工作的高效顺利开展助力加油。

为把加快学习进取事宜落到实处,具体要强化政治为经济服务、为生产经营服务、为科技进步发展服务思想,着力以注重实际、实学实用的具体行动塑造虚心好学、积极进取的良好风尚。要积极倡导带着问题学、在解决问题中学习提高和在学习中思考、在思考中寻求进步提升相结合的学习方法,有重点有针对性地适时组织开展对外实地经验学习和内部工作经验总结交流,有目标有选择地适当学习汲取国内优秀传统文化和国外先进企业管理思想,着重在启发思路、借鉴方法、务求实效上多下功夫。

2. 继承与创新并举

大道至简。作为中华五千年文明史,对新时代做好企业政工工作提供了丰富的思想宝库。针对新时期加强企业政工的现实需要,联想我国先秦时期儒法道墨各家,以及纵横家的许多管理思想,确实值得学习传承。

分析儒法道墨各家的本真之源,他们都有追求社会和谐、安定和长治久安的共同特点,不同点在于代表了各自不同社会阶层的利益和价值观,这就导致人们在认识问题、解决问题的方法途径上有所不同。如果分别将其有针对性地融入员工思想教育引导之中,并赋予鲜活的时代内涵,对搞好新时期企业政工则具有非常重要的现实意义。

儒家代表的是职业官员、中产阶层的价值观,其核心思想是德治仁政、中庸之道,主张文武之道、以文为主,对企业管理理念的确立和管理秩序维护较有帮助。

法家代表的是领导者的价值观,其核心思想是以法治国、锐意改革,主张暴力执政、权威至上,对不断健全、完善各类管理制度和强化制度执行较有帮助。

道家代表的是不得志者(隐士)的价值观,其核心思想是道法自然、无为而治,崇尚"无欲",对医治"强者"员工处于弱势状态下的不平衡心理较有帮助。

墨家代表的是平民、小私有者的价值观,其核心思想是尚贤兼爱、节用尊天,主张发展经济、平均主义,有助于人力资源平衡和上级对下属员工的领导。

关于创始人为鬼谷子的纵横家,主要言论传于《战国策》。其所崇尚的是权谋策略及言谈辩论之技巧,指导思想与儒家所推崇的仁义道德大相径庭。其精髓是潜谋于无形,常胜于不争不费,即"智用于众人之所不能知,而能用于众人之所不能见"。这对于启发管理心智,开展特殊人员的维稳工作,以及加强治安防范工作等较有帮助。

作为中华文明重要组成部分的古代思想政治教育来说,其教育方法主要为理论灌输与身教示范,强调身体力行、知行合一,重视因材施教、循序渐进、学思结合,突出"格物、致知、诚意、正心、修身、齐家、治国、平天下""博学之、审问之、慎思之、明辨之、笃行之""师者,传道授业解惑也"。孔子主张"君子欲讷于言而敏于行"。一个有道德的人必须是一个有益于人民的人,而要有益于人民就必须体现在能为国家为社会为人民谋利益,作出自己的贡献上。

在教育内容上丰富多彩,耐人深思,具有极强的理论探讨、教育启发和实践价值。比如"为政以德""己所不欲,勿施于人""积土而为山,积水而为海""人生在勤,勤则不匮";又如"天下难事,必作于易;天下大事,必作于细""上善若水,水善利万物而不争""知人者智,自知者明。胜人者力,自胜者强";再如"会当凌绝顶,一览众山小""不畏浮云遮望眼,自缘身在最高层""横看成岭侧成峰,远近高低各不同。不识庐山真面目,只缘身在此山中",等等。这些内容充满了当政、处事、做人、育人的智慧精华,以及对客观事物绝佳微妙的辩证思想认识,都对当今做好企业政工工作具有很重要的教育启发作用。

立足新时代企业政工实践,相关各项工作应大胆学习借鉴古代思想精华,在继承历史优良传统中拓宽思路、放大眼界、创新思维,充分发挥现代科技优势,不断丰富完善方法内容,着力促使政工各项工作焕发出新的时代光彩。联系当前全面深化改革的具体情况,政工各项工作必须审时度势,顺势而为,既要继承我国古代思想政治教育和传统思想观念的合理因素,又要开创富有新时代特征的新方式新方法,切实做到继承与创新并举,以实际行动在扬弃中继承,在继承中创新,在创新中改善提升。

值得注意的是,在此创新提升实践过程中,应坚持三项基本原则:

一是坚持以中国化的马克思列宁主义和辩证唯物思想为指导。在中国共产党的成长壮大发展历史进程中,铸就了百年奋斗的重大成就,积累了极其丰富的党建成果和思想政治工作经验,为做好新时代企业政工工作提供了宝贵的精神财富和思想源泉。其中,毛泽东同志的《矛盾论》《实践论》《党委会的工作方法》等光辉著作,为处理各种复杂思想问题提供了很好的哲学思维方法和根本遵循,应结合继承与创新实践予以深入学习领会和应用。

二是坚持以习近平新时代中国特色社会主义思想为引领。党的十八大以来,在习近平新时代中国特色社会主义思想指引下,中国共产党领导全国各族人民,推动中国特色社会主义进入了新时代。对于《习近平总书记系列重要讲话读本》《习近平谈治国理政》中有关企业政工内容,以及党和国家各相关制度规定,为做好新时期现代企业政工的创新实践指明了方向,提供了方法指南,必须予以认真落实。

三是坚持工作创新与目标实现相统一。弘扬与时俱进精神,继承优良传统,借鉴古代经典,切忌为了创新而创新、为了借鉴而借鉴,而应紧密联系实际,强化动态思维,切实做到创新方法、创新内容必须适应现实工作需要、服务于预期目标实现,并符合时代发展要求。

3. 批判与吸纳同行

实践证明,具有中国特色的现代企业制度,是最符合中国经济社会发展需要的现代企业制度;广泛学习了解国外相关企业管理应用知识,对于更加坚定"四个自信",加快推进企业高质量健康发展大有益处。但在其具体学习了解过程中,应注重强化政治鉴别力的应用落地,对经鉴别符合我国国情需要的内容予以加深理解认识,对我们实际工作有益的内容可予以批判性地借鉴吸收吸纳。

为更好把其学习借鉴事宜做好,应特别注重把西方企业管理与西方民主政治严格区分开来,把管理原理与管理形式严格区分开来,坚决防止西方政治思想萌芽滋生,坚决消除西方管理模式崇拜。同时,应树立对不同国度企业管理理念的开放包容心态,坚持以习近平新时代中国特色社会主义思想为指导,注重在借鉴吸收中正确鉴别,在学习鉴别中加深认识,最终给予正确的学习借鉴。具体应做到以下三点:

一要牢固树立正确管理思想。旗帜鲜明地反对西方民主政治对其企业管理思想和管理理念的影响行为,以坚定的理想信念、初心使命,自觉抵制一切污泥浊水对我国现行企业管理思想与制度规定的思想侵蚀。

二要正确理解和充分认识"洋为中用"的现实意义。关于践行"洋为中用"思想,要与"古为今用"有机结合,关键在于对本企业有益能用的可积极吸收运用,不适合不能用的坚决不学不用。面对持续深化改革开放的新形势,"洋为中用"思想确有必要,但须站稳政治立场,高扬批判性的吸纳观点,在实际学习借鉴应用中一定要做好"防护过滤"工作。

三要注重在学习应用中吸收转化。由于国外企业的生存环境与员工思想观念、行为方式等和国内现状千差万别,要把学习吸收国外有益管理思想和工作方法做好,有些内容就应适应国内企业管理和政工特点实际需要,在对国内外企业内外环境做出深刻比较分析的基础上,对于思维方式、语言表达和方法阐述等方面,针对借鉴内容关键之处进行较为接地气的"物理方式"转化改进或"化学方法"转化改善,着力使其在表述上通俗易懂,落实上切合实际。只有这样,才能收到应有效果。那种"拿来主义""生搬硬套"式的做法要不得。否则,不但很难收到应有效果,而且如果长此以往,还有可能产生员工消极对待的不良后果。

回顾我国改革开放以来企业管理方面的情况,曾在学习借鉴西方企业管理体制、机制上进行了某种程度的探索实践。由于当时对企业政工深层次的目标任务认识不足等,致使相关工作曾经一度走过弯路。但随着时代的发展,新时期的企业政工已经按照习近平新时代中国特色社会主义思想确立的方向步入正轨。作为管理层面,一定要在牢牢把握中国国情,在正确认识企业政工重要性的前提下,正确认识和对待管理学的"二重性"在企业政工管理方面的应用问题。应该认识到,由于对各类企业基层党组织地位作用新的明确定位,企业政工在学习借鉴国外企业管理知识上应该审慎进行,严禁把正常曲子唱成"荒腔走板",严防使正常工作误入歧途。

关于学习借鉴国外企业有益管理思想、管理理念,有许多书籍值得参阅学习。20 世纪 80 年代由美国 R.J.逊伯格著、李永新翻译出版的《日本工业管理的九条经验》一书,系统总结了日本工业在提高劳动生产率和产品质量中重视科学管理和发挥人的作用相结合的经验做法,对当时我国部分工业企业的管理产生了积极影响。进入 21 世纪以来,此类书籍大量增加,对学习借鉴国外先进管理思想,提高我国企业管理水平发挥了重要作用。其中,由德国亚历山大·格罗斯著、贡晓丰和孔婧倩所译的《360 度领导力》一书,具体阐述了作为企业领导者特别是中层领导者,如何领导员工、领导自己,以及如何处理与同级和上级关系的有关内容,作者以其丰富的经验给出了明智的应对方法,解决了不少企业管理者心中的困惑;由真如翻译、美国吉姆·柯林斯和杰里·波勒斯两位教授用 6 年时间研究的优秀成果《基业长青》一书,通过对 18 家国外不同企业之间的管理思想、管理理念、管理方法的多角度、多层次比较,揭示了高瞻远瞩公司的成功经验和有益做法,提出了"报时"和"造钟"两个耐人寻味的概念。

前几年,我所在单位曾特意购买《基业长青》等书籍发中层以上管理干部人手一册倡导学习,然后召开读书会组织进行专题学习交流。对于《基业长青》这本书的学习,根据当时学习交流和后期借鉴应用的实际情况,确实取得了一定效果,对促进单位管理工作发挥了重要作用。但从宣传引导的角度来讲,现在回想起来当时对于"报时"和"造钟"两个概念的吸收转化却没有做好做到位,以至于不少人员对这两个概念只感到新鲜,但却没有理解透彻其概念的真实含义,从而在一定程度上影响了借鉴效果。如果在读书交流会后能够及时深入总结大家的学习体会成果,然后趁热打铁,把"报时"和"造钟"两个概念及时转化为通俗易懂的语言文字,并有针对性地辅以方法措施加以宣传引导,可能会收到更好的学习借鉴效果。

4. 学习与借鉴遐想

毋庸置疑,适应现代企业管理需要,通过加强学习借鉴做好现代企业政工,是新时代加强企业政工建设,推动各类企业高质量健康发展的应有之举;面对企业改革发展的新情况新问题和社会进步发展遇到的新课题,更对加强学习借鉴做好现代企业政工提出了迫切要求。

分析近年来企业政工学习借鉴方面的现实情况,应该说普遍给予了高度重视,特别是在组织政治理论学习、加强政工人员个体能力培养和实际工作经验交流等方面做了大量富有成效的工作,应予继续发扬光大。但从现实工作需要出发,有不少方面尚需加强。特别是在学习借鉴途径上值得拓宽视野,在思想观念和具体方式方法上值得重新审视,在立说力行、躬身实践上值得加强。

其具体表现一是自作聪明,故步自封。自恃清高,固执己见,对已取得的成绩沾沾自喜,藐视一切外部经验做法,总认为自己所做工作无可比拟,对外部经验无学之处,更无借鉴必要,工作上自我膨胀过度,对上级组织的学习交流心口不一、应付了事。

二是割裂历史,弃旧追新。忽视中华传统文化对现代员工思想的影响,对过去优秀文化和优良作风"过时论"思想严重,在高举为了实现企业大目标工作"大跃进"、实施"大改进"旗帜下追新求异,脱离实际,对学习借鉴经典思想和传统经验拒之门外。

三是极端思维,缺乏包容。在文化建设上自我封闭,对国内外先进文化的学习借鉴从一个极端走向另一个极端,禁止企外一切先进企业文化与管理经验内容的宣传引导和借鉴吸收。

四是照抄照搬,机械运用。虽自觉学习意识强,但应用思考能力差,变学习为"抄袭",变借鉴为"移植",变应用为"装饰",造成对思想方法和思维方式学习严重不足。对于学习借鉴表面形式好,实际效果差,而且还容易引起员工群众的思想反感,严重失去了加强学习借鉴工作的真正意义。

五是好高骛远,眼高手低。对于一些类似"高大上"的经验做法,虽然属于脱离本单位实际需要的内容,仍然进行不加选择地盲目学习借鉴,致使工作表现很努力,实际效果"一场空"。

六是思想懒惰,不求进取。干工作只求过得去,不求过得硬,对学习借鉴不感兴趣。平常工作拈轻怕重,不求业绩,只求安逸;特殊任务急用现学,草率施策,应付了事。

针对以上不良现象,要针对不同单位实际,多方面采取切实可行措施,进一步把学习借鉴工作做好,自觉奏响继承创新、批判吸纳和改进完善交响曲,着力以灵活多样、务实有效的方法,更大力度提升政工效能。

要自觉增强学习借鉴的能动性。学习要实学实用,做到有效学习。要有效学习就要动脑筋、下功夫,要乐于吃苦、戒骄戒躁、奋发向上,以强烈的事业心和责任感引领学习借鉴持续走向深入。迷之自信,勿学他长,是奋发向上、学习进取的大敌。作为企业政工,应牢固树立赋能强身、学习进取思想,自觉克服各种思想障碍,紧紧围绕提升政工效能强化学习自觉,努力做到在学习中进取,在借鉴中提升。

要自觉坚持发扬优良传统、服务现代企业思想。在继承和发扬中华优秀传统文化的同时,自觉增强政治责任意识,牢固树立不忘初心、牢记使命思想,坚决克服"过时论"思想,充分认识针对不同阶段、不同场合、不同员工思想实际,适时组织开展向我党历史上的先模单位学习、向英模人物学习、向领袖人物学习、向老一辈革命家学习、向解放军学习的必要性和实践性。这对激励新时代企业员工攻坚克难、发奋图强、坚定意志、严格自律等具有十分重要的意义和作用。

要自觉树立博采众长、融合提升思维。企业政工具有鲜明的政治特征,在政治内容、政治方向、政治纪律等方面具有既定要求,必须无条件服从和落实。但在文化塑造和思政工作的思想方法、思维方式等选择上是否需要多渠道、多视角予以学习借鉴,从而更好改进提升自我?其答案应当是肯定的。做好学习借鉴工作不仅需要具体针对行为方式和工作方法进行,更重要的是对行为方式和工作方法背后所隐含的对客观事物认知能力的学习提升,是对管理思想和思维方式的启发完善和拓展。在坚持深化改革、扩大开放的社会大环境下,员工队伍广受各种思想影响成为必然,这就更需要树立博采众长、融合提升的思维方法,强化一把钥匙开一把锁意识。实际既要学习借鉴当今成熟的思想方法,也可学习借鉴优秀传统文化中教育人、启发人的经典内容;既要学习借鉴国内的经验做法,也可学习吸纳国外相关内容的有益成分;既要学习借鉴同行业企业政工的重要成果,也可学习借鉴不同行业相关高效施策的思维方式。

要自觉弘扬与时俱进、求真务实作风。现实工作中,由于当今社会人的思维方式的复杂性,影响政工效果的一个很大障碍就是用平面思维活在立体世界,遇有问题仅靠某些表面的客观因素去考虑应对措施,这种由简单思维方式形成的工作方法常常很难把工作做好,而是需要采用立体思维方式,用客观实际的系统思考方法才能奏效。由此,对于开展新时代企业政工的学习借鉴事宜,要充分考虑社会发展现实对员工思想观念影响的实际,在加强学习中提高对新时期企业员工认识问题、分析问题、处理问题新特点的再认识,在与时俱进中更新思想认识,深化问题思考,消除思维障碍。具体应提倡立体思维,反对平面思维;提倡系统思考,反对简单对比;提倡"咀嚼"学习,反对简单借鉴;提倡深度创新,反对简单叠加。

要自觉提升实学实用、学用结合技能。随着客观形势的发展变化,不同时期对于政工工作的学习借鉴具有明显的不同特点。新时期针对互联网技术快速发展的学习环境,应在提高有方向、有重点的自我选学控制能力上多下功夫,逐步形成由碎片化思考,到集成思考,再到系统思考的学习思考习惯,着力结合实际在学习中思考,在思考中借鉴。同时,经验是最好的老师,应注重在实践经验中横向相互学习借鉴,纵向相互学习启发,以经验增长智慧,以学习提升能力。

要自觉养成学习借鉴、奋发进取习惯。学习借鉴是创新实践的一条重要途径。结合工作实际做好经常性的学习借鉴,是企业政工适应改革发展变化、积聚工作能量、提升自身工作成效的客观要求。面对新时代对企业政工提出的新期待、新要求,政工工作必须自觉强化学习进取意识,经常性地利用各种机会做好多渠道多方式的学习借鉴事宜。具体要善于把别人的经验化作自己的智慧,把别人的教训当作自己的财富,努力以学习增智,以借鉴蓄能,以创新实践不断推动各项工作取得新进展。

有关学习借鉴内容不胜枚举。1940年冬天的一个下午,当萧劲光来到杨家岭汇报工作发现毛泽东主席围着被子坐在床上办公后,随即令人领棉衣给主席却遭到严词拒绝。这是一个最高领导率先垂范、与下属同甘共苦的非常感人的故事,看后令人震撼且肃然起敬、浮想联翩,这应是中国革命为什么能够取得胜利的一个根本原因。重温这一感人至深故事,会对新时期企业领导干部应如何以身示范、发挥表率作用带来诸多启发。

习近平总书记近年来有关企业党建与思想政治工作的论述内容高屋建瓴、思想深刻,为企业政工建设指明了方向。重温习近平总书记2014年5月9日在参加兰考县委常委班子专题民主生活会时的讲话内容,深感备受教育、备受鼓舞、备受鞭策。讲话不仅在论述上高瞻远瞩,生动具体,细致入微,极富感染力,而且在教育引导风格上推心置腹,言传身教,非常接地气,富有亲和力,为各级领导干部做出了最好示范,也为企业领导班子思想作风建设的教育引导工作树立了标杆。

大庆的"三老四严""四个一样",以及铁人王进喜的模范事迹,曾激励了一代代企业员工敬业奉献,自觉从严,高标准完成各项任务。在新的历史时期,许多与其类似的经验做法不应丢弃,也不能丢弃。实践证明,其经验做法一旦被现代企业政工实践所掌握,必将闪耀出灿烂的光彩。铁人王进喜曾说过:"一个革命者,应当能为革命挑更重的担子,能在最复杂的环境里做艰苦的工作,能在最困难的时候顶上去,能在最危险的时候不怕牺牲,做别人不愿做、不敢干的工作。"对于这段话内容的实质精神,不正是当今企业共产党员所应发扬光大的吗?

关于员工思想管理与学习借鉴中西方医学原理保健知识的关系,对于中医的阴阳五行(金、木、水、火、土)、印度医学的三体液(气、黏液、胆汁)学说、希腊医学的四体液(血液、黏液、黄胆汁、黑胆汁)学说,他们都认为阴阳或体液平衡和谐就构成健康,不平衡或偏胜则产生疾病,治疗就是纠正偏胜,恢复平衡。试想,作为企业管理中的思想管理何尝不是如此呢?要保持企业经营管理工作正常有序进行,就必须做到企业各系统正常有序运转,一旦在某些或某个方面失去平衡,必须及时采取补偿措施。作为对员工的思想教育亦是如此。适应不断深化企业改革的新形势,应建立管理变革与思想工作动态平衡法则,对于员工思想政治工作如何策应改革举措,要做到以动应动,以强应强,以早避免被动问题发生,以务求员工心理平衡确保企业经营管理健康有序进行。因此,认真学习借鉴中西方保健医学知识对做好企业政工具有特殊意义。

关于具体学习借鉴的方法,20世纪90年代初我在生产厂车间工作时,对于响应上级号召学习"X厂"某生产车间在一线班组开展"免检"活动的经验做法,针对当时本单位部分员工思想散漫、纪律松懈和工作拖拉等不良现象,结合学习借鉴地方税务机关开展的纳税"信得过"活动,拟在全车间开展"信得过"班组创建活动。当时经过深入分析全车间20个一线班组的具体情况,认为工艺高低压横二大班两位班长组织能力强、员工团结协作好,就选定这两个班先行一步,进行重点培养引导,结果为全车间广泛开展"信得过"班组创建活动发挥了很好的典型示范作用,并取得了较好效果。接着,此活动又在所在厂内进行了总结推广。后来,"J厂"党委书记带队到我所在厂进行了学习取经,使"信得过"活动在该厂得以成功传播并大力宣传。再后来,各厂所属公司有关部门对"J厂"开展"信得过"班组创建活动进行了总结并在全公司宣传推广。在此过程中,前期创造"免检"活动经验的"X厂"班组自我管理水平迅速提高,逐步对其原活动名称用"信得过"冠名替代,并得以扎实深入开展,取得优异成绩。对于在生产一线开展创建"信得过"班组活动,受到了时任中央领导视察"X厂"生产一线车间时的高度评价。

综上所述,学习是进取之要,借鉴为进取之法。为把学习借鉴事宜做实做好,一要树立以凝心聚力、促进发展为根本目的的学习借鉴观,日常学习实践应强化对客观事物认知能力的提升,确保正确目标方向;二要树立西方文明变异观,深刻认识西方金钱至上、个人至上的价值观,严防对西方文明内容的学习吸纳误入歧途;三要树立正确的"心灵鸡汤"学习借鉴观,心灵鸡汤是启示,是提醒,适度予以学习借鉴对于如何做人处事并无不好,应把其作为学习工作的良师益友正确对待。

5. "水土不服"思辨

在企业政工的学习借鉴过程中,"水土不服"是应注意的一个重大实践问题。这种"水土不服"既存在于中西方文化差异之中,也存在于不同地域不同行业不同单位不同时空之间。同时也应看到,相对于当事者政工本身而言,在这种"水土不服"的背后,有可能蕴含着或多或少具有积极意义的价值内容,有的可以从正面汲取经验,有的则可以从反面吸取教训。这也正是积极做好学习借鉴事宜的重要意义所在。

分析中西方企业管理文化的内涵,在西方的管理学视野中,企业就是一台赚钱的机器,除此之外,别无意义。而就我国企业而言,相关企业管理法规明确赋予了企业一定的经济责任、政治责任和社会责任,使中西方的企业管理内涵形成了极大差异。究其原因,从根本上就是由于中西方文化价值观的差异性所造成的。中国价值观是生命至上、以人民为中心;西方价值观是利益至上、个人至上。当遇到问题时,中国人思维是"我有什么问题";西方人思维是"你有什么问题"。

由此,西方企业管理思想对于我国企业管理存在"水土不服"是一种必然现象。那么,是否因为存在"水土不服"问题就要完全放弃对西方先进企业管理思想和文化内容的学习呢?答案应是否定的。在不断深化改革开放的新形势下,有许多西方乃至所有国外先进管理思想都值得学习借鉴为我所用。譬如,对于被尊为管理"大师中的大师"的彼得·德鲁克的"要事优先、有效决策、充分发挥人的长处"等管理思想,被称为日本经营之圣的稻盛和夫的"以心为本、止于至善"等管理理念,都值得我们在管人、管事、管思想的具体实践中结合实际学习深思。但是,对于这种学习借鉴,绝不意味着就可简单地拿来应用、照抄照搬。否则,很大程度上不会收到好的效果。

在如何对待和处理"水土不服"问题上,学习借鉴国内相关先进经验和经典思想相较于国外先进管理思想和文化内容来说,应严格区别对待。对于其前者的学习借鉴,重点是在坚持党建引领思想前提下,深刻分析双方客观环境、时代背景和人员结构等异同,以新时代企业政工制度规定为根本要求,务实改进"水土不服"内容,抓好相应学习借鉴的实施;对于其后者则要在坚定中国自信前提下,坚持批判性吸纳原则,剔除一切"水土不服"成分,通过积极学习借鉴有益内容,创新工作思路,助力推动企业健康发展。

关于国内不同地域不同行业不同单位不同时空之间实施学习借鉴的"水土不服"现象,是普遍存在而又易于忽视的重要问题。这是由不同的内外环境、传统文化、员工特点和生产经营管理特征等客观因素所造成的,应在学习借鉴实践中认真对待思考。对于如何克服这种"水土不服"现象,具体可本着灵活多样、务求实效原则,采用思路迁移、理念嫁接和分步筛选、方法完善等举措予以实施。

第七章
聚智精进　强效提能

第十章　深度貝氏網路

解放战争时期,刘伯承元帅因擅长"五行之术"(任务、敌情、我情、地形和时间)而连打胜仗,被誉为"军神"。这"五行之术"既是能力的体现,更是智慧凝练的结果。刘伯承有句名言,叫作"五行不定,输得干净"。

同样,政工工作要在贯彻新发展理念,推进企业高质量发展,加快建设世界一流企业的历史进程中较好发挥作用,既需要执着的事业追求,更需要高超的智慧能力。只有这样,才能适应新时期客观环境变化新要求,切实担负起引导和推进企业持续长远健康发展的重任。

1. 注重把握"企情民意"

对于能否准确把握"企情民意",经常性地及时真实了解掌握企业生产经营、改革发展管理相关事宜和干部员工的所思所想所盼所怨,是政工工作能否做到具有针对性和实效性,进而切实发挥应有作用的关键所在。现实工作中,要说政工人员不了解"企情民意",一般来讲是不存在的。但要深问细说是否能够真正做到经常性地及时准确并真实了解掌握,就会给不少人员打上一个大大的问号。由此,对于政工工作是否能够准确把握"企情民意",看似一个简单话题,实际却是人人事事必须面对的一个重要问题,尤其是在当今客观环境复杂多变的情况下更是如此,必须引起高度重视。

针对当今企业改革发展新形势和员工队伍思想新特点,结合做好新时代政工工作新要求,在具体了解掌握"企情民意"上应注重三个重要事项:一是吃透"上情";二是摸清"下情";三是全面真实掌握具体的"民风民意"。

吃透"上情",就是针对某种需要做好的事项,要明确上级机关、有关领导的工作意图和本真要求,关键是在"透"字上下好功夫。对于领导的讲话要求和言谈话语等善于领会把握其深层次含义,由此做到工作方向清、目标明,避免出现工作偏心偏向失误。

摸清"下情",就是针对某项即将部署安排的工作任务,要掌握清楚所要开展工作范围内的实际情况,关键是在"清"字上做好工作。要真正做到对下级工作现状了如指掌,对存在问题及其原因内心清晰,避免工作安排及其落实过程中出现盲目被动问题。

全面真实掌握具体的"民风民意",就是对所开展工作涉及人员的思想和工作作风状况能够了解掌握,对其日常工作中的愿望期待知晓明确,对其针对所开展工作的态度有一个客观实际的判断。以此做到对所采取的计划措施更具针对性和实效性。

为切实将把握"企情民意"事宜做好,除了正常的文件学习、参会摄取、工作调研外,还应特别注意做好网上信息采集和单个人员信息交流,注重集中研讨分析等方式方法的科学应用。

善于运用网络了解民意、开展工作,是新形势下政工人员做好工作的基本功。政工工作要强化网络平台思维,建立网络信息采集监管制度,经常性地借助网络平台了解员工群众所思所盼所怨所恨,及时捕捉员工群众好的想法建议。为了考证对所掌握"企情民意"的真实性,根据需要可对上级进行个别汇报交流,对同级进行个别工作交谈,对下级进行个别人员访谈和信息征询。

应当承认,对于在员工饭桌、直接生产经营一线工作现场和特殊工作场合所获信息,以及在未加扭曲的第三方正当渠道所获信息,有时可能更加准确可靠。作为集中研讨中的信息交流,既能做到对有关工作集思广益、互相启发,也可把"企情民意"掌握得更充分、更真实、更具体。

在把握"企情民意"的方式方法上,应注意把握以下三个环节:一是沟通,在双向交流中注重引导、把握主动,做到深度交流、真实描述;二是探寻,在专项寻求中主动征询、诚意索取,做到虚心探求、坦诚回馈;三是思考,通过综合分析思考,对"企情民意"进行归纳概括、去伪存真,做到清晰准确、条理分明。

联系了解掌握"企情民意"事宜对做好政工工作的重要性,必须做到及时、准确、全面、适用。针对现实工作需要,认真总结多年来了解掌握"企情民意"事宜的经验教训,应建立以下六项原则:

(1)兼听则明,偏信则暗。为了确保所要了解掌握的"企情民意",特别是基层工作状态和员工群众意愿的真实性,要充分利用企业内网络空间交流平台,经常性做好有关信息内容的浏览分析。同时,要通过网上网下多渠道了解,集体与个别多方面倾听,正面与反面多视角观察,以求做出客观真实的分析判断和存储运用。

(2)重视一线员工心声。广大一线员工是企业思想政治工作对象的主体。注重一线员工思想动态、倾听一线员工心声,是做好政工工作的重要前提。实际为避免一线员工心声"代理人"绑架,应多直接倾听、少间接吸纳,多分析思考、少闻声即信,努力避免因工作片面造成所了解掌握的"企情民意"出现扭曲失真现象。

(3)关注"企情民意"时效。要区分不同内容做好时效定位,对于"企情"而言,可能因为企业内局部不可预测因素,或受企业外部客观环境骤然变化影响,企业情形有可能随时发生变化;就"民意"来说,有的内容如员工思想动态等随时都会发生变化,有的内容如员工对管理现状的改变愿望等,会随着管理状况的变化而变化,而且有时还会因管理干部的任用变化等,其员工既有的管理改变愿望会暂时消失。以上作为采取政工措施的依据,必须确保其"新鲜"度。

(4)利用组织内部冲突获取真实信息。对于存在非正常极端现象的个别组织团体,可在其组织内部适当利用"鲇鱼效应",合理运用思想冲突暴露思想问题,以有效避免反映工作现状扭曲、报喜不报忧等问题发生。

(5)戒除无原则遵从上级领导意志。服从领导、令行禁止,是从事各项工作的基本法则。但对于"企情民意"的把握阐述不能把某领导在某场合的片言只语作为判断"企情民意"的根本依据,予以盲从认同。否则,既可能影响工作实效,也会对有关领导形象造成不利影响。

(6)建立务实有用信息网络。根据实际需要,全方位建立信息组织网络,通过正当渠道及时收集和分析评价汇总信息内容,为切实把握"企情民意"工作常态化提供保障。

2. 提升有效沟通水平

一般而言,沟通是指人与人之间、个体与群体之间思想与感情传递和反馈的过程,以求思想达成一致和感情互动通畅。日常政工实践中,加强政工人员与企业各类员工之间的思想沟通,是做好政工工作行之有效的方法,必须给予高度重视,特别应注重在提升有效沟通水平上多下功夫。

英国戏剧家萧伯纳曾经说:"倘若你有一个苹果,我也有一个苹果,而我们彼此交换苹果,那么,我们仍然各有一个苹果。但是,倘若你有一种思想,我也有一种思想,而我们彼此交流这些思想,那么,我们每人将各有两种思想。"此内容通俗易懂,对加深思想沟通交流的认识必然会产生积极影响。

国学应用大师翟鸿燊认为,在沟通表达方式上,书面表达传递的是信息,口头语言表达的是感情,形体语言表达的是态度。在学习运用沟通技巧上,要有好的思考力、行动力和表达力。这是由于思考力是万力之源,行动力是万力之本,表达力是万力之魂。这对于结合企业政工实际加深对沟通工作的理解认识,以及如何做好有效沟通工作具有重要意义。

现实工作中,要提升有效沟通水平,就应针对新时代企业政工特点,强化沟通要素意识,明确沟通应用原则,科学总结并综合运用好沟通法则。

对于沟通要素的表述,不同性质的工作各有不同。就企业政工而言,通过深入总结分析多年来的实践经验,认为其沟通要素主要有目标、场景、信息、技巧和人际关系五大要素。

目标。作为沟通的前提,任何沟通都应明确通过沟通要达到什么目的,预期取得什么成果,整个沟通过程则要围绕实现这些目标进行信息交流。

同时,具体沟通中也可根据实际沟通过程的难易程度,以随机应变方式进行目标扩大、缩小或者迁移,并即刻采取相应策略措施予以落实。

场景。场景即为沟通的场合与情景。根据沟通目标和人员范围,选择适当场合并按需设置必要情景,以更好提升有效沟通效果。场景的选择具有较强的针对性,应当及时做出抉择落实。

信息。在表现形式上,信息有语言信息和非语言信息。语言信息有口头语言(交谈、讲话、报告)和书面语言(宣传栏、报纸、书信、网络平台等)。非语言信息包括辅助语言(语音、语调、语速)、眼神、表情、手势、姿势、距离等。

技巧。沟通技巧是实施有效沟通的重要手段,主要包括场景选取、方法筛选创新和语言信息的优化采用、非语言信息的巧妙利用等。对于实际如何运用沟通技巧,与其他各要素具有高度关联性。

人际关系。主要指沟通者双方相互之间的关系,包括上下、平行、内外、长幼,以及直接、间接、亲疏等关系,是场景选用、方法选择的重要因素。人际关系如何有时可能会直接影响沟通成效。

在具体实施沟通过程中,为切实做到有效沟通、高效沟通,应注重把握换位思考、灵活施策、善于倾听、"布白"启发、尊重包容、求同存异6项法则。

换位思考。实践证明,换位思考能有效沟通。通过建立将心比心、设身处地的心理机制,站在沟通对象的角度去理解和分析思考问题,进而可以换位挖掘产生问题的根源,探寻提高思想认识和解决实际问题的思路办法。同时,强化沟通互信意识,引导对方也要学会换位思考。然后按照正常工作思维方式和程序办法,综合分析思考沟通双方能够形成共识的方法措施,在此基础上给予思想和工作交流,最终达成预期沟通效果。对于个别特殊情况,可从关心、理解、帮助对方的思路入手,先在情感上建立沟通基础,在不失原则的前提下站在沟通对象的角度与沟通对象进行沟通,往往具有较好的沟通效果。

灵活施策。为了提高认识、转变观念、化解矛盾、鼓舞士气,沟通要讲究策略方法,要因人、因事、因地、因时而变,不可教条应对。具体应用上,酌情可直奔主题,亦可借题发挥;可直言交流,亦可侧面迂回;可自主面对,亦可借力发挥。作为个别沟通,牢记沟通的目的在于实现沟通目标,不可过分较真无关大局的思想认识如何,只要最终能够实现沟通目标就是一次成功沟通。不可否认,从社会学角度来说,有很多事情的结论并不是唯一的,在特定情况下有些事情本无对错,只有合适不合适、是否更合适。

善于倾听。学会倾听是一种美德、一种修养、一种气度,也是一种境界。沟通过程当以谦虚心态面对,学会不当弹簧当棉毯,并善于用肢体语言予以反馈。只有让对方把想说应说的话讲完,才能了解清楚对方思想的困惑所在或对问题认识的来龙去脉,以达到深度沟通解决问题的目的。同时,倾听的过程也是增加大脑思维和信息加工的过程,可为更好沟通提供有利条件。

"布白"启发。针对解决员工思想疑难问题的个别人员沟通,借用学校教学"布白"艺术,开展讨论式沟通,追求启发思维实效。具体沟通中针对某一事项向对方设问"布白",引发对方思考,并在此后交流中提出解决问题的思路办法,从而引发对方新的思考,在反复引发思考中反馈强化以与对方达成共识,进而达到化解疑团、转变观念的沟通目的。

尊重包容。对任何人的完美要求,都是完全理想化思维的结果。现实中的员工思想包罗万象,做员工群众工作不能把距离拉得太远,把期望值定得太高。在沟通方法上,要针对不同层次人员,分别运用各自能接地气的语言,进行推心置腹的交流。沟通过程中,要做到情感尊重、人格尊重和信仰尊重,注意走出讲官话套话的误区。在非原则性问题上,正确树立理解、包容思想,允许不同人员对同一问题存在不同看法,做到与员工群众沟通不可简单化。

求同存异。正确对待员工因所处位置不同、观念不同则易产生思想认识和态度不同的普遍性。在沟通中把握主动,进退有度,围绕实现沟通目标进行深度沟通交流,着力形成共识,在是非分明的前提下,避免因部分观点看法不同而影响沟通目标实现。对于固执己见型的员工,有时可与其采用顺水推舟式的矫正式沟通交流。作为成功开导引导来说,这未必不是一个好的主意。

同时,要充分认识非言语因素在与员工思想沟通交流中所要达到预期效果的重要性。在与员工通过直面沟通交流所进行的思想工作中,要注重借鉴应用"梅拉宾法则",高度重视人际交往中非言语因素和情感的实际运用,以促使与员工思想的沟通交流达到更佳效果。具体既重视言语信息内容的传递交流,更重视声音和语调等辅助表达方式的正确传递,特别要高度重视对肢体语言等非言语因素传递的正确把握,在不断总结反思中进一步提高沟通成效,着力把有效沟通、高效沟通落到实处。

为切实发挥强化沟通助力政工效能提升的作用,在沟通应用上要注重把握目标导向、价值释放、与时俱进、善用善思4项原则。

目标导向。根据实际工作中需要解决问题的性质和种类,确定是否适合采取沟通方式来解决问题;如果采用沟通方式,则以目标问题的解决为导向,运用上述沟通法则选用适当的方法措施。

价值释放。由于沟通的重要性决定了其在政工实践中的工作价值。不同的沟通方式具有不同的适用性。不论采取什么方式,都应审慎对待各要素内涵,做到周密安排,精心落实,着力获取沟通效果最大化。

与时俱进。在沟通的方法措施、策略运用上要适应客观形势发展和员工思想变化需要,做到实事求是,与时俱进,在与时俱进中体现实事求是。

善用善思。进行沟通工作是扎实开展政工工作的一项重要举措,应据实际需要积极采用落实。同时,对于每次沟通的过程和结果都应深刻回顾反思,善于在总结思考中汲取经验、接受教训、增添智慧。

多年的工作实践表明,依据沟通法则落实善用善思沟通措施,对有效破解员工思想工作难题大有益处。2014年上半年,我所在工作单位针对当时机关工作如何提高标准、改进作风,更好树立形象、服务基层事宜,开展了一次"机关作风大家谈"活动,动员机关全体管理人员人人自找差距、自树目标、自定措施。当时我作为党委书记利用一个多月的时间,基本参加了机关所有部室组织的讨论,在听取大家发言的基础上,就机关现状、基层意见和企业长远健康发展计划及要求等与每个部室人员有针对性地进行了沟通交流，结果对当时改进机关作风、提高创优水平，促进各部室职能发挥起到了重要作用。同时，通过对机关人员工作状态、思维能力的进一步了解，也发现了一批机关可塑型的后备人才。

对于实际运用上述沟通法则及原则做好不同层次、不同类型员工思想沟通的案例不胜枚举。从普通员工到中层管理人员，再到高管领导，从帮助落后到激励一般，再到鼓励先进，只要在依据沟通目标做好选时机、重技巧、用法则等方面做好相关工作，就一定会收到好的成效。其中一条根本性的经验体会，就是在实际沟通交流中，只要与沟通对象以平等姿态，用与其相适宜的接地气语言和其交心交流，结果在看似非常平常的沟通中其思想工作难题就有可能得到迎刃而解。

思想沟通具有相关性。认真分析思考社会各界许多乐于沟通、善于沟通的典型案例，对于提高企业员工有效沟通水平必然具有启示作用。前几年，北京胡同一位70多岁在北京公交公司科级干部岗位退休的老同志，在接受记者采访时说，他退休金每月5500元，感到很满足。他说："袁隆平院士做出了突出成绩，也享受了很高的待遇，这很应该，我没做出这样的成绩就不能攀比。"对于爱攀比的员工，不能光讲大道理，可以类似上述内容的案例引导他们作为平常人要有平常心，只要以平常心态对待个人得失就会使许多难解心结可解。

2015年7月14日，在北京大学本科生毕业典礼上，教师代表饶毅教授以《做自己尊重的人》为题所作的致辞，含标点符号总共仅有535字，用时3分56秒，赢得了全场毕业生9次热烈掌声，堪称中国最高学府的最短毕业典礼致辞，获得网友转发评论数万次之多。这一现象充分表明了饶毅教授所具有的极其高超的演讲沟通能力。该致辞内容虽短，但内涵丰富，具有极强的针对性和启发性，在听众心中产生了强烈共鸣。认真查阅其致辞内容，虽为针对大学毕业生所讲，但就其阐述方法、语言艺术和渊博的学识表现等方面来说，却对在企业政工实践中如何提升有效沟通水平具有重要启示作用。

3. 强化责任思想引导

责任心是各级各类员工，不分个体差异，都应具备的一项基本素养。综合分析做好企业工作的动力之源，通常来说责任心如何是其重要因素之一。由此，对于尽职尽责、担当负责、守土有责等，也就成为日常工作中对不同员工所提出的最基本要求。这就使激发责任感、提高自觉性成为了政工工作的基本任务。员工一旦受到责任感的驱使，就会自觉用责任自励自律，用责任主动作为，用责任敬业实干，用责任奉献进取，用责任创造奇迹。强化责任思想引导已成为激发员工队伍工作热情，进而促进企业政工扎实有效开展的金钥匙。

现实工作中，针对不同岗位角色的员工，赋予了明确的工作职责，为企业的高效有序运转奠定了基础。但实际有的员工只讲收获，不讲付出，只讲待遇，不讲贡献，只讲职权，不讲义务，把自己应尽的工作责任抛到了九霄云外。这些问题不仅严重阻碍了员工个体工作积极性、主动性的发挥，更影响了团体组织工作效能的提升，甚至对企业的长远健康发展造成了威胁，必须采取有效措施予以解决。

不管从事什么工作，都应具有把工作干好的责任，这对每一名员工来说，都有一定的思想认识。这是一个不争的事实。既然这样，为什么还会在责任落实上出现问题呢？究其原因，就是对责任认识的深度不够，没有把工作责任和具体工作实际紧密联系在一起，没能把应有的责任心树立起来落到实处。因此，开展强化责任思想引导应在提高思想认识、增强工作责任心上狠下功夫。

提高对工作责任的思想认识和增强工作责任心是一个有机整体，员工对于工作责任的认识到位了，工作责任心自然就会增强了。对于如何做好强化员工责任、增强责任心的思想教育引导，一是应从树立正确的世界观、人生观、价值观教育引导入手，把正确"三观"含义的语言通俗化，逐步引申到树立正确的职业观和事业观，进而引导员工结合工作实际回答好自己是什么、做什么、为什么、怎么做好等现实问题。二是结合深化工作责任思想认识的引导,注重做好员工加强道德修养、遵守工作规范、树立职业理想的思想教育,努力让员工在其教育成果的潜移默化中自觉增强工作责任心,促使员工以责任催生自励自律、主动作为、敬业实干,用责任激发奉献进取、勇往直前、创造奇迹。三是通过强化正面典型宣传教育,引导员工自觉克服责任淡化的落后世俗偏见,积极营造强责任、重业绩的良好工作氛围,激励员工牢固树立全力把本职工作做好的责任心。

要使员工真正树立起良好的责任心思想并非一件易事,必须综合施策才能收到较好成效。企业全体员工是一个利益共同体,也是一个责任共同体。利益共享、责任共担是员工处事的一项基本法则。在广大员工中要做好建立责任共同体思想的教育引导,促使大家在各自工作岗位上以强烈的责任感既为自己负责,也为他人负责,在为他人负责中更加自觉地为自己负责,力求人人把责任心落到干好本职工作的实处。

为把建立责任共同体思想教育引导工作做好,要分区域按系统倡导建立"责任链"思想,运用组织的力量拧紧责任链条,强化系统工作整体和团队集体责任,从而反射刺激员工个体工作责任意识,以担责共保、互相监督、自省自励、强责互促为特征,努力营造形成广大员工普遍提升责任心的良好风气。

在责任链的具体打造上,一是以日常行政管理体系为主线,责权明晰,风险共担,建立管理提升责任链,以体系的力量推动相关人员人人自觉增强管理责任意识,把工作责任心落实到不断提升管理业绩之中。二是以党政管理支持为前提,以技术骨干队伍为主体,授权明责,激励强责,分层建立矩阵式技术支持责任链,以组织加团队的力量推动相关技术人员人人自觉增强技术支撑责任意识,把工作责任心落实到技术进步业绩之中。三是以经营管理体系为支撑,以经营服务团队为主体,职责清晰,互保互促,建立经营服务责任链,以体系加团队的力量推动有关人员人人自觉增强经营服务责任意识,把工作责任心落实到经营开发与服务业绩之中。四是以生产管理体系为支撑,以基层生产一线操作单元为主体,奖罚分明,互保共进,建立产品生产责任链,以体系加单元组织的力量推动有关人员人人自觉增强企业生产责任意识,把工作责任心落实到生产管理与操作业绩之中。五是以政工管理系统为主体,以组织建设为推手,统筹谋划,分级负责,建立政工疏导责任链,以政工系统组织建设的力量推动政工人员人人自觉增强履职尽责责任,把对员工责任的疏导引导责任落实到日常工作之中。

以上责任链"五位一体",以政工疏导责任链固牢落地为先导,进而分层次分系统按区域引导推动其他各责任链全员工作责任意识强化提升,切实树立起"干工作对企业负责就是对自己负责,对自己负责就是对大家负责"思想。面对实际工作,能始终做到政治上清醒,职责上清晰,任务上清楚,责任上明确,角色上到位。具体做工作讲真诚、有激情、有担当,创业绩讲极致、善执着、重实效。对于日常工作,善于进行自我加压,创新思维,不求别人求自己,先把自己的事情做好;关键性任务,能于发扬咬住不放的甲鱼精神、缠住不松的蟒蛇作风,善于多方增智提能,务求取得最佳业绩。

综合以上措施,其主要目的一是在于引导员工人人都要在珍惜今天、总结昨天、思虑明天中,勿为今天而失尊,勿为昨天而惋惜,勿为明天而消沉。二是教育员工正确对待利益和责任的平衡关系,充分认识没有付出就没有收获、没有责任就没有利益的重要性,进而激发员工干好本职的责任感和自觉性。三是促使员工清醒认识人生的意义在于尽责,在于自我价值实现,进而明确做工作的意义在于尽做工作之责,获尽责任之利,在于在极致工作中实现自我价值。

事业平凡但工作不可懈怠,责任虽重但意志不可消沉;员工要想获取利益最大化,只有尽职尽责创业绩做到贡献最大化。作为强化员工责任的思想引导工作,要使大家明白,穷尽智慧,穷尽力量,责任使然。在学校就要做好学生,在社会就要做好公民,在企业就应做好员工。虽然企业层级高低不等,员工特长各有不同,可尽职尽责却是大家工作的共同特征。要做一名好员工,就应情满志向,脚踏实地,放弃计较,躬身前行;就应高调做事,低调做人,路留芳香,不枉此行。

实际工作中要使大家明确,勤力奋进、躬身前行即为员工自然属性。为了企业的长远健康发展,每名员工都应以自己强烈的责任感,竭力把每一项工作做得漂亮如意,并获得组织认可、大家认同;全体员工均应在沐浴阳光的大道上用责任注入不竭动力,进而战胜各种困难,创出骄人业绩,在明责、尽责、负责的前行中做出各自不懈努力。一位年轻工程师在参加单位组织的生产经营预结算管理专业培训后所撰写的心得体会中写得好:"有责任心才能成就业绩。责任就是对自己工作使命的忠诚和信守,责任就是出色地完成任务,责任就是忘我的坚持,责任就是人性的升华。对待工作一定要负责才能成就业绩。如果一个人希望自己一直有杰出的表现,就必须在心中种下责任的种子,在工作中做到尽职尽责,让责任成为一种鞭策、激励、监督自己的力量。"

4. 在文化建设中提能

当你有幸步入北京航天城,"祖国利益高于一切"的巨幅标语让人眼前一亮,给人以心灵震撼。联想为我国航天事业快速发展拼搏奉献的航天英雄和专家们不禁令人肃然起敬,"特别能吃苦、特别能战斗、特别能攻关、特别能奉献"的航天精神,正引领和激励一代代航天工作者为发展我国航天事业不断"刷新中国高度,创造中国奇迹"。

若置身为我国航天事业发展攻关奋斗的大环境,畅想企业文化建设,既感慨万千,精神振奋,又深思不尽,启发良多。作为局外人虽然所了解的仅是以上点滴航天文化内容,但却明显映衬出了其文化的深厚底蕴和宏大力量。这给我们企业文化建设提供了很好的心灵启迪。

中国有句俗语:"江山易改,本性难移"。这里的本性,应该就是文化。作为企业文化来说,经过多年的熏陶实践,大家对其定义、功能,以及文化建设的方法途径并不陌生。对于加强企业文化建设的重要性,正如中国企业文化研究会理事长孟凡驰教授所言:"企业文化是企业发展的重要动力源,是企业无形的资产和财富,是推动企业持续发展、快速成长的强大精神力量。优秀的企业文化不仅能对员工产生潜移默化的影响,形成很好的企业凝聚力,提高企业活力,带动生产效率,还能培养人才、吸收人才、留住人才,给员工带来归属感。"孟理事长认为:"企业文化的终极价值功用在于人本至上。它强调解决人的信仰、价值观、伦理、思维、精神和哲学问题,解决人为什么生存,企业为什么发展和企业怎样发展问题。以人为本在企业体现为对内怎样对待员工,对外怎样对待客户和社会公众,怎样尽到社会责任。"这对于适应新形势,进一步发挥文化建设在做好企业政工工作中的重要作用具有重要意义。

文化建设是企业政工工作的重要组成部分,是新时代提高政工效能的重要途径。针对新时代落实企业党建与思想政治工作新要求,联系多年来开展企业文化建设工作的经验教训,探索破解文化建设成功密码的思想认识,对于如何做好新时期企业文化建设工作,深感在总体思路上,应坚持以成果思维、结果导向为根本原则,以目标导向和问题导向相结合为基本要求,不断完善方法措施,深抓细做行为改变,在强责践责中不断推进企业文化全面有效落地生根;在工作路径上,可明确为党建引领、思政铺路、制度固基、全员践行;在工作方法上,可施行总结提炼、策划浓缩、领导示范、共建同行。

对于如何提升企业文化建设成效,持续深入地搞好文化宣传和思想引领是前提;逐条对照文化内容狠抓问题整改和改进落实,坚持不懈把文化内容潜移默化为行为自觉是根本;各级领导严抓细管,以身示范,带头践行落实是关键;严格责任落实和考核评价兑现是保障。

在加强企业文化建设过程中,具体可实施以"一强五抓六忌一提升"为主要内容的"1561工程"。

"一强",即强党建文化。在企业党建作用发挥上,由于新时代赋予了其新的历史定位,党建工作在企业工作大局中愈来愈受到高度重视。党建文化作为党建工作的重要内容,必须在实践中予以加强。要坚决克服企业文化与党建文化相排斥的不良思想,注重把企业思想政治工作与文化建设有机结合,以党建文化引领企业文化,把党建思想、组织、行为、价值的观念通过企业文化建设具体化。现实工作中,要坚持以社会主义核心价值观助推企业文化建设,引领员工树立正确"三观",在传承红色基因、彰显"红船精神"中厚植家国情怀,大力提升产业兴国、实业报国的精气神;要实现企业文化与党建文化深度融合,聚焦鼓舞士气、提振精神、铸造灵魂,不断丰富企业文化内涵,为加快企业健康发展凝聚起强大的软实力;要加强党组织对企业文化建设的引领,紧密结合企业自身不同实际,着力构建党建文化、管理文化、生产经营文化和服务文化等为一体的大文化格局。

"五抓"内容包括一抓实际实用。企业文化建设具有极强的针对性,具体工作一定要结合员工思想和生产经营管理实际进行。在文化内容的文本描述和方法措施上,应高扬实际实用原则,切实避免追求神秘化、空幻化、奇特化和俗套化,始终做到与员工思想观念匹配符合、与企业管理提升协调一致、与改革发展同频共振。

二抓团队建设。团队不是简单的人数相加,而是人员的有机组合,既具有高度的融合性和组织性,又具有突出的相互促进与制约性。坚持针对不同特点,分系统、分区域、按层级抓好团队文化建设,细化措施要求,是搞好企业文化建设的活力所在,也是扎实有效推进企业文化落地生根的可靠保障。

三抓营造氛围。氛围是提振精神的重要因素。适时适度抓好营造文化建设的良好氛围,是促进企业文化建设的一种基本方法。值得注意的是,营造氛围须把握好度,缺之会制约文化落地成效,过之则催生员工逆反心理。

四抓行为改变。对员工提高综合能力、改变不良行为是实现企业文化建设目标的重要体现。没有抛弃就没有改变。"行为改变"源自思想认识,重在"真改真变",贵在自觉主动。要把抓"行为改变"作为抓文化落地生根的重要步骤,注重引导员工充分认识做出"行为改变"是避免工作落伍、寻求业绩提升的客观需要,促使员工在文化内容的潜移默化中自觉主动打破思维定式,抛弃不良行为,树立起与文化建设要求相适应的新思想新观念,展现出新行为新形象。

五抓应时应势而变。要从文化建设的功能作用发挥上充分认识企业文化建设内化于心、外化于行和与时俱进的重要性,在文化理念上切实做到应时应势而变化。否则,就会变成教条,变成禁锢员工思想的"枷锁",成为阻碍企业发展的绊脚石。从文化建设的初衷出发,文化基因不变,但文化"路径"可变。为持续有效发挥文化建设应有作用,应注重把文化建设向文化管理过度,根据企业发展不同阶段和内外环境变化情况,及时调整完善方式方法,适时增减变更理念内容。具体在全过程企业文化建设和管理上可做到:文化觉醒→文化建设→文化自觉→文化管理→文化自觉……

"六忌"内容包括一忌好高骛远,定位失衡。开展文化建设工作要把握好企业发展状况和所处行业位置的定位,在立足现实、尊重历史和客观展望发展前景的前提下,对企业愿景、使命和工作理念等文化内容做出客观实际的策划提炼,提倡应用阶梯式发展策略,切忌为了单纯追求员工一时精神振奋而脱离企业发展定位实际造成虚幻缥缈的结果。

二忌方法简单,盲目移植。常言道,企业成功的经验很复杂,失败的教训很简单。在企业文化建设上,切忌因为向往而狂热,因为羡慕而照搬。在先进文化建设经验的学习借鉴上,应提倡启发式学习、咀嚼式借鉴,严禁运用拿来主义盲目移植、照抄照搬。因为企业发展状况和人员构成特点等各有不同,文化建设内涵及方法措施亦应各有特色。否则,必定会使其结果误入歧途。

三忌空洞说教,不切实际。空洞说教是员工思想工作的大忌。在文化建设工作的宣传思想引导上,必须紧密联系企业管理和员工思想工作实际,运用员工听得懂、听得进、有实效的语言,切忌采取追求"语言包装"式风格,进行华而不实的宣传引导。如果文化宣传引导缺乏针对性,必定失去实效性。

四忌领导错位,言行不一。孔子曰:"己所不欲,勿施于人";孙子兵法曰:"上下同欲者胜"。领导既是文化建设、制度建设的推动者,也可能是其破坏者和绊脚石。企业各级主要领导和班子成员,均应遵循领导干部工作规则行事,勠力同心,言行一致,切实发挥好文化建设工作的表率示范作用。否则,将会对文化建设工作的顺利有效开展造成极大障碍。

五忌踌躇满志,急于求成。文化建设的核心要义在于思想观念转变,涉及新旧观念的碰撞斗争,实应统筹规划、有序推进,不可简单操作、跨越速成。那种满怀豪情、决心十足,只重视气氛热烈的宣传鼓动企求一夜成功,却不下功夫狠抓文化内涵落地深化,拒绝运用循序渐进方式促其潜移默化过程取得更大成效的做法,实不可取,应引以为戒。

六忌单打独斗,职责不清。文化建设具有全员性、无死角、全覆盖特点。针对部分单位抓文化建设仅靠各级主管领导和政工系统,其他班子成员、管理骨干和工作系统缺乏主动作为而只是被动接受的状况,应当明确,文化建设,人人有责。企业所有人员,特别是各级领导成员和各类管理骨干,均对企业文化建设负有文化推进和落地深化责任,并对企业自上而下文化建设正能量的传递和自身影响力发挥负有责任与义务。

"一提升",即持续改进提升。企业文化与基业长青相伴而生、相伴而成。应当谨记,企业文化建设重在认同,重在践行,重在各级领导和管理人员身体力行,重在持之以恒抓好内容创新和方法改进以求不断提升见效。由此,要充分认识文化管理工作的重要性,做到文化建设和文化管理并举。为适应时代变迁、企业发展和管理进步需要,在不断创新文化内容的同时,持续深入地抓好方法改进与措施完善,始终保持把文化理念落实到企业生产经营和内外服务全过程,落实到每名员工的岗位工作中;始终保持把引领激发广大员工根植于内心的文化修养、无需提醒的文化自觉落到干好本职工作的实处;始终保持以学习力、创新力提升文化力,以文化力提升执行力和竞争力。

应当特别强调,文化建设如同穿鞋,适合的才是更好的。在我们日常饮食生活中,对于吃饭是先喝汤还是后喝汤,南方人认为是先喝汤,而北方人认为是后喝汤。到底是哪种观点对人的健康有益?其实上述两种观点都对。因为南方气候湿气重人们出汗多,吃饭时先喝汤可以用来补充体液,否则,让他直接吃饭就有可能胃液不足,吃不下去。先把汤喝下去,使胃液得到补充,就能更好地消化食物。北方气候相对干燥不易出汗,后喝汤主要是为了所谓的"溜溜缝",稀释一下胃中食物,既增加胃中舒服感,又有利于食物消化。这种对于喝汤观点的不同主要是由于地域环境不同造成的,是一种典型的饮食文化表现。企业文化也是如此,不同的企业就应有不同的企业文化。

认真回顾总结我国企业发展历程,由20世纪60年代以发奋图强、自力更生,无所畏惧、勇挑重担,"三老四严"、脚踏实地等为内容的大庆精神,铸就了后来以大庆精神为核心的大庆文化,对于各类企业的健康发展广受影响。进入21世纪以来,联想的发动机文化、海尔的外圆内方文化、华为的奋斗者文化等在许多企业广为传播,为不少企业的文化建设提供了良好借鉴。

在众多的国企改制企业中,北京燕化正邦设备检修有限公司立足本企业实际,在文化建设中牢固树立"合作共赢、和谐发展"思想,积极倡导"胜任才是硬道理"等工作理念,大力践行以"为石化设备安全平稳工作保驾,为企业员工舒适体面生活护航"为内容的核心价值观,为有效发挥党群工作保障促进作用,确保改制企业持续健康发展提供了动力支撑,为同类型企业文化建设提供了有益经验。

20世纪80年代末我到基层生产车间工作时,开始遇到的一大难题是部分员工"令行禁止"差距较大,"执行文化"严重缺失。当时对于车间领导和管理人员安排的工作,因经常在操作层面出现"肠梗阻"现象,不能得到及时落实。对此,经过一段时间的调研思考,我提出了树立"说干就干、干就干好"员工作风的要求。这八个字简单易懂、直白好做,经过在一线员工中反复宣传引导,加之强化管理考核,很快使大家形成了共识,员工的思想和工作作风得到了较大改进,而且持续不断地得到了发扬光大。以至于其后车间领导班子换了一茬又一茬,新老员工也在不断地交替更换,但"说干就干、干就干好"这八个字的作风要求一直在传承发扬。

由此值得欣慰的是,在我调离这个车间20多年后的某一天,一直在这个车间工作的一位快要退休的老师傅见到我说:"您在车间时给我们说的'说干就干、干就干好'这八个字,我们一直记着,这几年已经写成标语挂到车间比较显眼的位置了。"由此我想,这应该就是一种文化理念的传承吧。分析这种文化理念的表述方法,虽然文字简单,但内涵很切合实际,符合工作需要,具有极强的针对性和实效性,所以它才有了很强的生命力。

5. 让"情商"落地增效

通常来说，情商是指情绪商数，简称 EQ。它是近些年来心理学家们提出的与智商相对应的概念，主要是靠后天的环境影响和自我培育而成。情商主要包括以下几方面内容：一是认识自身的情绪。因为只有认识自己，才能成为自己生活的主宰者。二是能妥善管理自己的情绪。即能调控自己。三是自我激励。它能够使人走出生命中的低潮，重新出发。四是认知他人的情绪。这是与他人正常交往，实现顺利沟通的基础。五是人际关系的管理。主要指领导和管理能力。

关于情商，经常有人把它等同于人际交往的能力来对待。实际上，人际交往偏重于关系的处理，而情商偏重于情绪的把握，这是两种有所重合但又不尽相同的能力。提高情商，可以更好控制自己的情绪，激励自我保持奋发向上心态，增加与他人相处的能力。

作为主要以员工为工作对象的企业政工工作者来说，情商高低对其工作成效具有特殊意义。开展政工工作的方法措施再好，也要靠人去落实，靠政工工作者去具体实施。因此，政工人员的情商如何直接影响其工作成效的高低。情商高，就会格局大，目标远，情绪控制好，人际关系佳，耐受压力强，能善于处理工作中遇到的各种复杂问题。情商低，则自我意识差，说话做事不考虑别人的感受，就会严重降低处理复杂问题的能力，同时也对智商的正常发挥具有明显的负面影响。

有心理学家认为，在人的成功的诸多主观上的因素里面，智商（IQ）因素大约占 20%，而情商（EQ）占 80% 左右。这对于企业政工工作者来说结论如何，我们暂且不作评价，但可以肯定的是，情商对于能否做好政工工作是一个非常重要的因素。

分析情商的相关因素，情商、情感、情绪三者之间既有区别，又有联系。情感指人的喜、怒、哀、乐等方面的心理表现，而情商是指以上心理表现的程度。作为情绪，是指人们从事某种活动产生的心理状态，亦可指不愉快的情感。亚里士多德曾经总结了沟通的三要素：情感、逻辑、信誉。其情感被放在了第一位，表明情感对做好沟通工作具有极其重要性。而沟通又是开展政工工作的一种重要方法，这也就进一步表明了情商对于做好企业政工工作的重要性。

对于如何发挥情商因素在做好政工工作中的重要作用，基础在于能够认知认同情商对于提升政工成效的重要作用，关键在于情商因素在政工过程中的适度表现，在于是否能够真正做到情商落地见效。

从事政工工作，要联系生产经营实际，贴近一线员工群众，聚焦工作热点难点，注重工作创新和实践升华；要知差而进，不等不靠，主动自我调整工作状态和方法措施；要学会控制自己的情绪，说话别太满，善于增强理解他人及与他人相处的能力；要有清醒的工作洞察力，对人、对事、对工作动向和事态发展要有清醒的认识和把握，等等。这些内容都需要较高的情商提供支撑才能较好完成。

实际工作中，要充分认识政工工作者和工作对象应是互动关系，是思想关联、情感相通、工作紧密的关系。所以做员工群众工作，要善于释放良好情商，保持心态平和，善于感受对方的感受。对于某些涉及思想观念的疑难问题，既要重视刚性约束的重要性，也要认识到柔性管理的必要性，善于通过加强沟通提升工作亲和力，以利于问题及时得到妥善解决。同时，要充分认识情商和格局的关系，格局越大越懂得宽容，情商越高越懂得谦虚忍让。应当承认，对于个别特殊情况，有时采取宽容态度也是一种不错的选择。

分析影响员工情绪的因素，应当包括企业发展前景、领导的情绪行为、同事间的人际关系，以及个人职位晋升、岗位调整、奖金发放，甚至家庭生活的和谐与否等。日常工作要关注员工情绪，分析员工行为，搞好价值观引领。对于某些特殊群体和个人，要针对情绪变化给予特别关注和特殊思想引导。

"良药苦口利于病，忠言逆耳利于行"。这是对受教育者而言的。但有好多时候，有的领导干部和政工人员没有把握好这句话的深刻内涵在自身工作实践中的应用方法。对于相关事宜的处理，做工作应严格区分敢抓敢管和控制情绪的关系,那种遇到问题就气性冲天,不分场合,不计后果,就乱批一通,甚至猛骂一顿、飘然自得的做法,名曰敢抓敢管,实则负面效应很大。对于这种做法,作为政工人员来说,实在不敢苟同。我们所提倡的应是敢抓敢管与敢抓善管相结合,奖罚分明,务求实效。试想,相关工作中如能较好发挥情商作用,做到忠言也能顺耳,不是应该更有利于行吗?

单就情商作用而言,做工作讲情商不是讨好,不是哀求,不是放弃原则,而是讲策略、讲艺术,是提升工作成效的重要方法途径。一个高情商的人,总是会顾及别人的感受,一般不会让别人陷入尴尬的局面,不能企求把每一名员工都培养成"圣人"。但在纪律作风问题上又必须态度鲜明,在大是大非问题上必须讲原则。这是值得注意的一个重要问题。

第八章 巧施良策 凝聚力量

思想政治工作作为企业政工的重要组成部分,对于教育引导员工明方向、顾大局、多贡献,更好凝聚起广大员工的智慧和力量,推动企业高质量健康发展具有不可替代的重要作用。

所谓企业凝聚力,就是企业机体的吸引力和员工群众的向心力的综合体现。最大限度地调动员工群众的积极性、主动性、创造性,激发他们的劳动热情和工作自觉,增强企业的凝聚力和竞争力,一直是企业思想政治工作的重要任务。

多年来企业发展的实践表明,如果企业没有凝聚力,员工群众的积极性就难以调动起来,各类业务技术骨干的聪明才智就发挥不出来,企业的创新创效工作也就必然会受到严重制约。企业缺乏凝聚力,员工就像一盘散沙,改革发展就必然停滞不前,就会缺乏企业健康发展的生命力。

综合分析新时期影响企业凝聚力的主要因素,至少应包括以下内容:一是受企业目标指向、价值导向、行为约束力低下等影响,员工工作志向与价值取向复杂多变;二是受思想文化素质影响,部分员工存在单纯的"给企业干活拿钱"和"为自己拿钱干活"思想,缺乏齐心协力争创一流业绩的自觉追求;三是受企业本身客观条件的制约,劳动强度大,工作环境差,经济效益低,员工收入不稳定,致使其积极性自然消退,工作信心不足,极易产生思想波动和消极情绪;四是受企业外部环境影响,特别是同地区同类企业员工个人工资收入、福利待遇相对较高的诱惑影响,容易造成员工思"走"心切;五是受干群关系的抑制,由于各种现实问题所造成的"信任危机",进而造成干群关系失衡,严重影响员工的向心力;六是受企业发展前景抑制,当企业发展潜力、发展目标不能满足员工愿望时,就会使员工感到悲观失望、信心不足,严重挫伤员工的工作积极性;七是受过往不良思想观念影响,对新时期企业管理体制转换与机制变革存在模糊认识,部分员工等待观望思想浓郁,工作主动性、创造性不能得到充分发挥;八是受社会不良风气传导效应影响,员工个人利益至上思想滋生膨胀,工作大局意识淡化,致使企业向心力与感召力大打折扣;九是受各种网络平台不良思想影响,部分员工的奉献精神和团结进取意识弱化,人心浮躁,集体荣誉感缺失。

凝心聚力是要求,是过程,不是口号。要充分认识思想政治工作对于强化党建整体功能发挥、提升企业凝聚力的重要作用,切实把统一思想、启发心智、凝聚力量的工作做实做好。针对以上影响企业凝聚力的不利因素,从充分发挥思想政治工作整体效能出发,深入研究思考有效化解各相关不利因素的方法措施,着力寻求增强企业凝聚力的良策妙方,对于加快推进企业健康发展具有重要作用。

1. 有效释放"导航"功能

过去开车如果怕问路,往往会迷路;当今开车假如无导航,经常会迷路。这已成为大家的共识。在当今时代员工思想虽然日趋稳定向好,但依然活跃复杂的情况下,如果缺乏明确的工作方向和目标要求,对于员工统一思想、统一行动来说,就会成为一句空话。

对此,政工工作在为员工创优创效和事业发展做好引导、指导、开导上要尽职尽责,主动作为,切记不可出现蜻蜓点水、浅尝辄止式的新型"稻草人"现象,而要切实自觉发挥好思想政治工作教育人、引导人、激励人、鼓舞人的作用,在适应新时代新要求加强员工队伍建设中,切实发挥好导航引路作用。

具体在"导航"功能发挥上,主要应做到以下几点:

(1)点亮思想之光。

人心齐,泰山移。企业能否做好,关键在人,在于广大员工的心理状况如何。而能否凝聚人心,关键在于能否点亮思想之光,通过思想引导疏导把广大员工真正凝聚在一起。过去讲,干工作不能每人心中都打自己的小算盘;现在应该说,应把每人心中的"小九九"都要附属于企业成长发展的"大九九"上。

聚焦企业健康发展和员工协力同行,应着力把员工注意力引导到安心做事、精心钻研业务上。引导员工坚持把安全、质量、效益时刻放在心上,把技能提升、技术进步、管理改进和业绩增加等作为事业进步的核心内容不断进取,把个人利益置于本职工作业绩和企业利益、国家利益之中不懈奋斗,把注意力从工作计较、患得患失中彻底解脱出来,进而点亮员工工作进取、事业进步和正确处理利益得失的灯塔,让广大员工的大局意识、奉献精神、家国情怀和公而忘私、大气洒脱作风在企业发展中大放异彩。

同时,在着力读懂人心、把握员工内心世界的过程中,要注重了解员工的心理欲望,积极寻求促使员工努力工作的动力,有效引导员工做出正确的思想和行为改变。要以诚心、关心、尊重和实际帮助赢得员工信任,激发员工对干好本职工作的实意真心,变行政管理上的"攻心"为思想工作的聚力凝心。要多渠道关心爱护员工身心健康,注意及时做好心理情绪的疏导纾解工作。

(2)注重价值导向。

分析本章前述影响企业凝聚力的各种不良现象,其根本原因就在于部分员工世界观、人生观、价值观出现扭曲,在于员工缺乏明确的理想信念追求,也是员工内心欲望的复杂性和多变性,以及自我身心内外不一的必然反映。对此,要坚持以党建思想为引领,以社会主义核心价值观为统领,有针对性地通过深入细致的思想政治工作,把员工思想引向光明之途。

具体方法上,要引导员工把个人价值实现与党的主张、国家意志和企业追求相吻合,在找准其前者与后三者之间的结合点上把握好引领点,明确应做什么、不应做什么和提倡什么、反对什么;要大力倡导立足本职本岗勤奋实干、奋发进取的工作作风,引导员工自觉克服把金钱和权力作为衡量人生价值唯一标准的思想,从内心深处根植以敬业爱岗、创优创效为荣的思想观念;要广泛宣传新时代增强大局观念、弘扬奉献精神的价值意义,引导员工自觉奉献进取、奋发有为,有效避免员工误入干工作只讲待遇、不讲奉献的歧途;要积极倡导贡献决定价值,没有贡献就没有价值的员工工作价值观,针对个别员工意志消沉、工作迷茫的现象,潜心做好振奋精神、憧憬未来的引导疏导工作,着力让其在正确把握人生真谛中自觉为企业创效发展积极贡献力量。

(3)搞好思想"清淤"。

思想支配行动,作风影响行为。多年来的政工实践表明,解决员工低标准、老毛病、坏习惯问题,既是企业管理永恒的主题,也是企业政工永恒的任务,是经常性思想政治工作的一项重要职责。如果真正能够把这种"低老坏"问题解决好,将对提高执行力、增强实效性形成极大的正面效应。分析存在这种"低老坏"问题的成因,表面看在于作风不扎实,根子则是工作态度差,是员工不良思想潜移默化造成"淤阻"的结果。由此,要把经常性的思想政治工作做实做好,就应坚持不懈地从抓好员工队伍思想建设入手,切实做好其不良思想的"清淤"工作。

毛泽东同志1943年6月1日在《关于领导方法的若干问题》中指出:"我们共产党人无论进行任何工作,有两个方法是必须采用的,一是一般和个别相结合,二是领导和群众相结合。"对员工进行不良思想"清淤",是一项复杂而又需要持续坚持的工作,在企业内外复杂环境的大背景下更是如此。实际工作要照顾一般,突出重点,注重领导干部带头示范,善于运用行为科学观点分析现象、追溯本源、研究对策,进而有针对性地做好思想引导疏导工作。

在思想"清淤"工作的具体落实上,结合不同企业管理状况,可建立应用以下法则:

①直言解说法。针对道理简单、问题明确的思想疑惑,直接运用通俗易懂的语言予以沟通交流,阐明存在不良思想观念的具体表现,分析危害之处及不利影响,直指问题要害和改进方向,在沟通引导中促使有关人员自觉做好思想转化。

②结合诱导法。针对某些涉及员工个人切身利益的思想困惑,结合员

工个人长远利益、事业成长需求和企业改革发展需要等客观现实,正确引导员工应以"小利益"服从"大利益",以提升企业"大利益"获增员工"小利益",并处理好暂时利益得失和长远事业进步的关系,促使员工自觉以工作和事业"抱负"取代个人利益得失"包袱"。

③外延内导法。针对尚未实施的计划方案和措施办法等存在的不同看法,运用"假设"方法予以延伸解读,透过延伸结果分析思想困惑的是非曲直,引导员工以正确的思想方法和思维方式对待工作和他人。

④梯次推进法。针对极端个人主义和"帮派"现象等产生的"顽固不化"型矛盾思想问题,做好症结分析判定,深挖问题根源,然后统筹思考解决问题的方法措施,根据实际情况进行分步实施、梯次推进、稳步化解。

⑤事例论证法。为更好消除员工思想障碍,根据实际需要,用员工听得懂、听得进,与员工关联密切的具体事例说明所述思想观点的正确性,在用具体事例引导疏导中破解疑惑顾虑,提升思想"清淤"成效。

(4)激发情感责任。

在中华民族五千年的文明发展史中,情感与责任是推动历史发展的重要力量。南宋爱国诗人陆游的"位卑未敢忘忧国",明末清初思想家顾炎武的"天下兴亡,匹夫有责"等箴言名句广为流传,正激励新时代企业广大员工在人类社会面临前所未有挑战的新形势下,立足本职,爱党爱国,发奋图强。这是实现民族复兴的洪流大势所在。作为企业思想政治工作,一定要强化思想教育引领,把激发广大员工的情感责任落到实处。

要把激发情感责任工作做好,就要把企业发展与民族复兴相统一,把爱党爱国与爱企爱岗相融合,把员工工作责任感、自觉性和高标准、高工效干好本职紧密结合,在情真意切、务实求进中争取更大成效。

观念引发情感,情感激发责任。如果员工对企业没有任何感情,就不可能存在发自内心的工作责任感;如果缺乏应有的责任心,就不可能把具体工作真正做好。领导心中有员工,员工心中有企业。日常工作要积极倡导关心人、理解人、尊重人、帮助人的工作理念,做到解决思想问题与解决实际问题相结合,通过思想引领明确工作方向,通过关心帮助强化情感互动,通过情感互动为责任落实注入动力,最终实现激发广大员工爱岗敬业、创优创效积极性的目的。对于企业发展特殊阶段,尤其是暂时困难时期,要对企业发展现状和员工思想动态进行深入调研掌握实情的基础上,切实以对员工思想关心理解的心态,有针对性地教育引导员工自觉克服消极悲观思想,做到增信心、强信念,以更加扎实有效的工作状态渡难关、赢未来。

(5)及时跟进引领。

在思想政治工作"导航"功能发挥上,做到及时跟进引领是其又一重要内容。一方面,对于党和国家有关方针政策和法律法规,以及企业自身生产经营管理等决策部署,要结合实际及时跟进宣传引导,着力使相关政策及规定要求落到实处;另一方面,对于日常生产经营管理,思想政治工作要主动发挥配合促进作用,及时跟进做好思想政治引导和宣传思想工作。

关于如何跟进做好生产经营过程中的思想政治引导工作,要通过切合实际、强化融合方式,更好施展功能、提升效能。实际工作要强化"角色"意识,做到思想引领到位、管理配合到位、政治支持到位。

对于生产经营一线如何结合行政管理中的任务部署配合开展思想政治工作,可采取的方法一是"聚中心",讲意义;二是"换角度",做阐释;三是"添动力",讲党性;四是"提站位",讲格局;五是"保落实",提要求。

2. 建立长效工作机制

长期以来,一些单位的思想政治工作经常处于临时应对的被动局面,需以很大精力忙于"灭火"、"堵漏"和"头痛医头,脚痛医脚"事宜。其中一个重要原因就是缺乏系统的工作思维和有序工作方式,致使有些应该发挥作用的人员没有发挥到位,有些应该提前预防的问题没有防住,有些本应有序推进的工作变得杂乱无章。这对扎实有效做好思想政治工作造成了严重负面影响。

对此,要加强思想政治工作的周密性,针对不同企业具体情况,积极探索新形势下建立长效工作机制的方法措施,为高效落实"3+N"工作模式创造条件。在总体工作指导思想上,应坚守"一个中心":始终以生产经营工作为中心;做到"三个服务":服务国家战略、服务企业发展、服务员工群众;坚持"四项原则":党建引领、人本管理、机动灵活、与时俱进;实施"两种策略":强化融合、铸魂共生;追逐"一个目标":凝心聚力,自强不息,促进企业持续高质量健康发展。

针对新时期员工思想政治工作的新特点新要求,在具体工作策略上,应注重做好以下工作:

(1)加大督导监督工作力度,构筑一岗双责有效运行机制。

对于如何改进和加强企业思想政治工作,多年来对行政管理干部实行"一岗双责"进行了积极尝试,而且随着有关文件规定的相继发布实施,这种"一岗双责"制得到了大力推进。现在的问题是,对思想政治工作实行"一岗双责"虽然叫得很响,但在真正落实上仍然存在较大差距,实际工作应通过持续完善相关措施,突出"有效"二字落实,切实构筑好"一岗双责"的有效运行机制。

具体措施落实上,一要进一步营造好"一岗双责"工作氛围,着力增强各级行政管理者履行"一岗双责"的责任感和自觉性,调动起他们主动做好思想政治工作的聪明才智;二要加强监督制约,结合建立自我总结评价报告制度,把各级行政管理者"一岗双责"履职情况列入党内民主生活会议题和阶段工作汇报内容予以落实;三要强化工作考核,把"一岗双责"履职情况列入日常工作考核和干部考察,实行真考核、硬兑现,促使行政管理者彻底改变"做思想政治工作是政工人员的事,履行'一岗双责'只是形式,应付应付即可"的不良思想。

(2)强化党政工团职能发挥,筑牢员工思想教育引导保证体系。

党政工团齐努力,围绕企业发展目标共同做好思想政治工作,是多年来开展思想政治工作的优良传统。面对新的形势任务,不但要把这一优良传统继承发扬好,更要在其方式方法的改进提高上多下功夫,以多措并举筑牢员工思想教育引导保证体系,让老传统焕发新活力,使党政工团作用发挥在新的协同配合机制中得到新的升华,促其工作取得更大成效。

具体方法上,一要转换思维提认识。深刻理解新时期体制变革、机制转换对思想政治工作领导方式和工作方法带来的重大影响,牢固树立人本观念,强化服务员工意识,按照新时期有关规定要求转换视角,调整思路,找准位置,自觉主动发挥作用,围绕全面履行思想政治工作各自职责积极贡献力量。二要改善方法重实效。充分发挥各自优势,做好对党员、干部、员工群众和团员青年的思想教育引导和管理服务工作。特别应注重一切从实际效果出发,处理好治标与治本的关系,既治标更治本,下更大气力抓好政治倾向、精神状态等根本性思想教育引导;突出重点人和事做工作,善于通过重点事教育引导重点人,针对重点人引导其做好重点事,严格区分不同特点,把一人一事的思想工作做活做实;积极发挥矛盾化解过程中的导向引领作用,强化抓纲带目意识,着力化解主要矛盾,做到遇有矛盾不回避,出现问题不退缩,透过现象看本质,以主要矛盾问题的妥善处理解决放大教育人、引导人、激励人的正面效应。三要统领协调织网络。切实发挥各级党组织对党政工团从事思想政治工作的统一领导作用,提升党对统筹协调各方的实际能力,严防出现党的基层组织从"不敢管、不能做"变为"不想管、不会做"的不良局面。同时,要强化党政工团各自工作系统的网络建设,织密员工思想教育引导工作网,真正做到横向到边、纵向到底,明确各级网格责任主体,促使党建引领和各尽其责相结合,把员工思想教育引导保证体系落到实处。

(3)实施定期工作制度,唱好"春夏秋冬之歌"。

员工思想政治工作是一项经常性工作,只有把经常性工作做好,才能促使思想政治工作常态化。实际工作中,能够较好落实"经常性"的有效办法,则是实施定期工作制。根据企业政工的特点,对于日常思想工作,在做到了解掌握员工思想动态"望闻问切"永不停歇的同时,可实行年计划,季安排,月讲评,周小结;对于思想政治教育,可实行每年一个主题,每季一个重点,每月解决一个难题,每周一次工作回顾反思;对于思想政治工作宏观管理,则可以"春播、夏管、秋收、冬强(藏)"的方式,做到每年春季结合企业年度生产经营计划安排等搞好形势任务教育,抓好政工各项活动部署安排,夏季抓好各项具体工作深入落实,秋季搞好先进经验总结推广和后进工作帮促,冬季强化工作分析研判,做好全年工作总结梳理和下一年度工作提升谋划安排,以及年度形势任务分析及其思想教育引导。

关于如何做好年末岁初的形势任务教育和宣传思想工作,综合多年来的实践经验,可有针对性地做好"三分析""四讲清"工作。

"三分析",即结合讲政治抓落实,分析国家快速美好发展的大环境,以及本企业及其所属行业的发展前景;结合总结全年工作,分析本单位、部门工作存在的问题差距,特别对于存在问题差距的深层次原因在哪里应分析透彻;针对新一年企业工作总体要求,分析本单位、本部门干部员工的思想观念、工作状态、管理意识存在哪些根本性问题?有哪些不适应现象?新一年究竟应该如何转变和提升?

"四讲清",即讲清新时代国家战略发展对本企业所属行业发展提出的新要求、新课题,包括安全、质量、效益和发展方式、科技进步等;讲清本单位、本部门干部员工在思想观念、管理素养、工作状态等方面,与行业发展方向、企业发展战略根本要求不相适应的问题差距,及其对干部员工个人利益受到的影响;讲清针对上述问题差距和企业要求,做好新一年工作的思路、措施,以及转变思想观念对于落实企业发展战略和具体措施的重要性、紧迫性;讲清企业经营发展取得的巨大进步,以及继续转变观念、支持改革、加快创新,对于激发活力、加快企业发展存在的巨大潜能。

通过以上"三分析""四讲清",把企业发展方向分析明确、工作现状分析透彻、存在问题差距的原因分析准确;把工作方向、利害关系、措施要求、工作潜能等讲清楚,切实做到讲明方向、讲清要求、讲出动力、讲出信心,以此增强广大干部员工更加高标准干好本职工作的责任感和自觉性。

(4)畅通信息沟通渠道,提升思想问题管控能力。

日常思想政治工作能否做好,很重要的一点就是能否针对具体问题采取有效措施。对此,只有经常性地做好员工思想动态分析,强化对员工思想问题的识别和管控能力,才能切实把思想政治工作落到实处。

为此,要畅通各类信息沟通渠道,不断完善员工思想问题分析报告制度,及时了解掌握员工思想状况,做到具体问题具体分析,并有针对性地采取具体有效措施;要加强生产经营一线员工思想状况的调研分析工作,密切关注影响一线干部员工积极性的不利因素,做到及时发现和解决问题;要重视异常工作事项背后的员工思想问题,善于透过现象看本质,通过抓主要矛盾带动化解各种不良思想问题。同时,还要注重某些企业自身工作性质对员工产生思想问题的现象分析,着力通过各种渠道消除或减少员工由此产生的具体思想问题。

另外,随着5G通信技术的发展应用,一定程度上实现了万物互联、永远在线的传播状态。作为全新的生产力和思维方式,5G对商业形态和社交方式等带来了重大变化,进而给思想政治工作带来了新的机遇和挑战。对此,思想政治工作必须在提升认知中打破传统思维方式,重新审视并改进自身的思想方法和工作方式,确保员工思想政治工作持续有效开展。

(5)营造工作务实创新氛围,推动政工业绩不断提升。

20世纪80年代末,社会上曾一度存在某些群众对做宣传搞政工的人员所持态度是:"有吃有喝不靠你,不批不斗不怕你,有了问题再找你,解决不了就骂你。"这种现象对当时有效开展员工思想政治工作造成了严重负面影响。当然,造成这种现象的原因既有工作方法问题,也有企业管理体制机制的问题。随着新时代的发展变化,要彻底消除这种现象,并做到思想政治工作持续有效深入开展。对于其管理体制机制的问题已得到根本性解决,作为工作方法,还应在实践中加大务实创新力度,以求取得更大成效。

要把务实创新工作做好,就要以强烈的进取心形成良好的工作进取状态。日常工作应做到善于进行实践总结、理性思考、时代升华和方法借鉴、精耕细作,在善思善做、不断进取中实现工作创新。要以适应时代进步发展的思维方式创新思路方法,以科学实施自巡航(灯塔)策略、新能源(动力源)策略、差异化策略、数字经济策略等,引领工作不断创新。要处理好政工之"术"和政工之"道"的关系,让政工之"术"在政工之"道"引领下不断探索创新出新方法新途径。

要把务实创新工作做好,就要立足社会发展实际抓创新求实效。在进行重点员工的思想帮助引导方法上,总体而言,20世纪80年代是采取家访求助、90年代采取座谈交心,21世纪00年代是采取吃饭交流、10年代采取电脑网上恳谈、20年代采取手机网络思想沟通。可以预期,在数字经济作为社会经济发展的一个新的重要经济形态快速发展的大背景下,牢固树立人本管理思想,突出加强数字化应用创新,充分利用在线服务、共享经济、智能管理在企业政工中的应用实践,对于及时有效消除员工思想困惑、创新加强员工思想政治工作具有特别重要的意义。

要把务实创新工作做好,就要做到创新工作方法与继承优良传统相结合,尤其提倡做好一人一事的思想工作。分析当下员工思想实际,对于在工作实践中所创出的"三必谈、三交心、三帮助"经验做法值得发扬光大。其具体内容为:员工受到特别嘉奖、荣获特殊荣誉或受到严厉处罚时必谈,员工出现不良情绪、传播不良信息时必谈,发现员工个人或家庭出现重大变故时必谈;每次谈心都要交心,真正交流出组织对员工的贴心感情;通过谈心交流及其后续相关事宜落实,根据需要给予思想上帮助、工作上帮促、生活上帮扶。

3. 借势、造势、蓄势

势有多种含义。这里的势,意为情势,如大势所趋。《孟子·公孙丑上》曰:"虽有智慧,不如乘势。"势,亦可理解为形势、气势,如山势、地势、居高临下之势。《孙子兵法·势篇》中说:"故善战人之势,如转圆石于千仞之山者,势也。"

多年的政工实践表明,借势、造势、蓄势是做好企业政工的一大法宝,对做好新时期员工思想政治工作具有重要作用。

在2015年12月某企业组织的中层正职读书会学习交流中,一位资深的中层管理人员在交流发言中道出了关于时刻对照检查、自我约束的10句话(①每一个员工都要立足本职,有所作为;②要敢于讲真话,敢于自我批评;③无法改变环境的时候,只能先改变自己;④认定优秀员工与合格管理者的标准是在大是大非问题的处理上,是否顾全大局;⑤让奉献的人不吃亏,奉献精神才能继承和发扬;⑥不能只注重考核结果,更重要的是要注重改进的过程;⑦人是有差距的,相互之间可以比长处,不能攀不足;⑧不要把简单的问题复杂化,而要把复杂的东西简单化;⑨要提拔重用认同企业价值观,又能产生效益的干部;⑩任何一个人不被时代所淘汰的唯一办法就是:学习、学习、再学习,实践、实践、再实践。)等内容后,在与会者中产生了强烈共鸣,大家把赞佩的目光共同投向了这位发言者,并受到了与会领导的高度评价,倡导大家以该同志为榜样,在日常学习和工作中紧密结合实际用心思考做好管理工作的观点方法。

　　分析这一现象产生的过程,就这位发言者而言,是借单位组织学习交流畅谈认识体会之势,阐明自己对于如何做人做事的哲学思考和鲜明观点,在用心学习思考中以求相互启发、共同进步。对于与会领导来说,是利用与会人员对该发言内容产生共鸣的良好时机,通过对该发言内容及其发言者多方面的充分肯定,进行有关大兴学习进取之风的工作造势,以求扩大通过读书学习促管理提升的影响力。同时,该发言者能有如此精彩高超的发言内容,是其前期通过深度学习思考给予蓄势待发的结果。这对于实际工作中如何抓好借势、造势、蓄势事宜,具有重要启示。

　　关于如何抓好借势。"好风凭借力,送我上青云。"乘势而上、因势利导,是开展思想政治工作的重要方法,是实施借势的内在表现。实际工作中,要做好借势工作,就要深入探讨借什么、怎么借的问题。

　　具体借什么势? 一般而言,就是对于日常工作中因种种原因有的工作难以深度落实或效果不佳的情况,可以统筹思考择机安排,适时借助上级组织开展某项活动和做出严明要求之势,结合实际有重点有针对性地深抓工作落实和问题解决,通过轰动效应等使其达到事半功倍的效果;对于安全、环保、治安、维护稳定等涉及员工相关纪律观念和法规意识淡薄、常态化落实难度较大的情况,在做好日常法纪思想教育引导的同时,可借助地方政府检查、考评和相关法规修订完善宣贯落实之机,强化思想教育引导和自检自查,促其常态化工作保持上水平;对于某些非常时期的特殊任务,亦可以借助讲党性、讲政治之势,通过强有力的思想政治工作提高执行力,促其圆满完成。

怎么借势？借势要把握好相关性原则，实事求是，注重实际，进行"同性"链接，但不可搞"拉郎配"、乱联系，为了借势而借势；借势要把握好度，突出重点，适度延伸，防止顾此失彼、本末倒置、重心偏移；借势要坚持正面引导，情真意切，以理服人，不可搞强权政治，以势压人。

关于如何抓好造势。这里所说的"造势"，主要是指营造开展思想政治工作所需要的气场。在日常思想教育活动过程中，为了更好启发大家自觉参与的积极性和主动性，往往需要在一定人员范围内做好思想动员，营造氛围，此即为造势。造势可大可小。包括为解决某些思想问题进行个别人员思想沟通交流等许多工作，也需要分析所存在问题可能导致的不良后果，引述名人名言，阐明将要解决问题的依据。这种分析、引述和阐明的过程，严格来说也是一种造势。

对于具体如何造势，总结多年来的经验做法，可以利用企业发展节点造势，如利用岁末年初、厂庆日等时间深度总结差距不足，分析未来严峻形势和发展要求，号召广大员工齐心协力再创历史辉煌；利用企业内外重大事件造势，如利用企业自身获得重大荣誉称号、发生严重问题事件，以及外部企业出现具有重大影响力的关联事件，深刻总结经验教训，分析其事件的极度效应，明确努力方向；利用文化建设造势，通过大力宣传文化建设内容，把目标导向与问题导向相结合，充分发挥价值观引领作用，着力形成人人自觉践行文化理念的宏大声势；利用正当民意造势，针对需要解决的实际问题，以适当方式征询汇集员工群众的意见建议，运用群众呼声唤醒群众勇于克服困难解决问题的自觉性；在借势中造势，对于仅靠借势无法解决的突出问题，可据实际情况在借势中外延内扩，运用所借组织或领导之势的影响力，解决好需要解决的有关具体问题。

值得注意的是，造势要强化务实设定、言语认同，不可虚张声势，言而无信；造势要强化针对性与实效性，只有针对性强，才能真正激发出勤奋实干、奋发有为的工作激情；造势要情理交融、简单明了，严防形式主义滋生膨胀，让有限的时间资源发挥出最大思想工作效能。

关于如何做好蓄势。蓄势主要是指纪律作风整顿、问题严查整改、治安环境治理等具有特殊性质的阶段性重点工作的准备过程，既近似于某些重点工作的策划准备内涵，又高于其具体要求。通过如此的前期努力，可在正式工作开展前做到蓄势待发，正式工作展开后能对问题的解决做到势如破竹。

对于具体如何蓄势，主要包括在思想上提高认识、统一思想，进而达到树立不达目的不罢休的坚定意志；措施上高点起步、周密安排，力求做到聚力攻坚、以强制胜、以变应变；组织上健全网络、领导到位，务求信息畅通、真抓实做、处置果断。

当然，作为经常性的强有力思想政治工作，则应始终处于重学习、增才干和在实践中不断总结提高的蓄势状态，随时准备在各类突发问题的处理中高水平发挥作用。

实际工作中，借势、造势、蓄势高度关联，且互为辅助，应予以正确理解和运用。对于有的思想教育活动自上而下层层加码，名曰工作重视，实则转移视线，本来领导干部是重点，却把精力放在了普通群众身上。以至于有的员工说，搞活动、抓教育，是领导有病、群众吃药。这听起来好像是在发牢骚、讲怪话，其实也是一种苦语，确实也反映了群众心声。也有的借党内教育活动之机，无原则地与本单位员工思想教育生拉硬扯在一起，致使党内教育党外化，造成了党员思想认识上的混乱现象。这些做法实不可取。

4. 关键时期发挥特别作用

历史是最好的教科书。

据有关资料介绍，在多年前央视一个访谈节目中，一位唐山市开滦矿务局赵各庄煤矿的女同志曾经讲述说：1976年唐山大地震时，她作为科室人员正在井下劳动。所幸的是，矿井跟着大地晃，除了所有出口被震塌，井下2000多名工人安然无恙。这个矿从新中国成立初期就形成了科室人员下井劳动和矿长代班制度（每个班至少有一名副矿长或副书记代班）。大地震使大家惊恐万状。这时,代班的副矿长振臂高呼:大家不要乱,听我指挥。共产党员站出来,共青团员站出来。(这时,副矿长和党团员就是大家的主心骨)副矿长把年轻的党团员分成几个小组,让他们去找"生命通道",其他的党团员安抚群众,维持秩序。当时情况下,由于1975年井下搞战备,在矿井里用粉笔画了许多标记,一个小组顺标记找到一个直径0.7米,高70多米的通风口,上面有钢筋棍的简易梯子。"生命通道"发现后,副矿长宣布:大家听我的命令,女同志先走,然后是五十岁以上的老工人。再往后是四十岁的,三十岁的,二十岁的。再往后是共青团员,共产党员,科室人员,最后是领导干部。

讲述以上事项的这位女同志虽然不是党团员,因为是科室人员,也在最后撤离之列。撤离工作从凌晨五点到下午四点多才结束。这位女同志爬出通风口,惊讶地发现:外面是瓢泼大雨,先出来的人谁也没走。大家聚精会神地望着通风口,每出来一个人,大家都报以热烈的掌声。最后出来的是副矿长。他看大家都聚集在通风口周围,只说了一句:"出了这么大的事,大家都回家看看吧。"几天后,这位女同志向党组织递交了"入党申请书"。

深刻分析这件事发生的原因,那时的共产党员、共青团员、员工群众为何能有如此的觉悟、素质,应该说有着极其丰富的内涵,成因十分深厚,从根本上讲就是日常工作对党建与员工思想政治工作的高度重视,关键时刻组织有力,方法得当,善作必成。其现象则是日常员工思想政治工作效能的集中体现。

新形势下,以加强党建引领为前提搞好员工思想政治工作,其成效必须落实到关键时刻能够发挥特别作用的具体实践中,着力以担当尽责、主动作为、善作善成的优异成绩,展现新时代员工思想政治工作的特别功能。越是在特殊时期和关键时刻越要彰显思想政治工作的重要作用,进而更加促进员工思想政治工作持续深入开展。

在企业改革发展、创新创效工作实践中,不但重大改革举措的落地实施需要思想政治工作强有力的引导、推动和动力支持,对于日常管理工作的非常时期,同样离不开思想政治工作的强有力支撑。针对不同企业工作实际,

应注重发挥以下作用:

(1)"启动机"作用。当企业推行重大管理举措、实施重大技术革新,以及生产经营应急处置等相关事宜,应以思想"启动"带动行为落地,大力做好思想引导发动工作,充分调动一切积极因素,为圆满完成各项目标任务贡献力量。值得注意的是,所做工作要从实际出发,其动员过程宜简则简、宜繁则繁;其"启动"时间宜短则短、宜长则长。

(2)"打气筒"作用。当生产经营及其管理工作因工作人员情绪波动和思想消极受到影响,或某些工作人员因种种原因情绪低落影响正常工作开展时,思想政治工作要善于主动作为,及时化解不利因素,及时消除消极思想影响,在提气、鼓劲、催人奋进上多做工作。

(3)"聚合釜"作用。日常工作实践中,因管理措施实施和制度改进等造成局部员工队伍思想不稳、工作向心力下降的现象时有发生。对此,思想政治工作要在调查研究的基础上,及时采取有效措施,在讲管理、讲发展、讲大局上多加引导,在深层疏导、情理交融、聚力图强上多下功夫。同时,应在树正气、压歪风上刚正不阿,以求保持管理秩序和工作大局长期稳定向好。这里所做的"聚合"工作,主要是指促使员工在思想升华中凝聚共识,增强管理认同,为管理措施实施和改进等提供可靠思想保障。

(4)"千斤顶"作用。当生产管理遇有特殊状况,需要攻坚克难,譬如有的按照正常工作安排很难完成根据员工本职要求所应完成的工作,有的仅用物质刺激无法实现既定目标的工作任务时,思想政治工作就应充分利用自身优势,主动参与担当,在强化党组织功能中搞好政治思想引导,在提升员工思想境界中化平常工作为政治任务,务求在关键时期切实发挥出关键作用。

(5)"助推器"作用。树立思想政治工作无处不在、无处不行思想,针对生产经营管理过程中的各项重要工作,及时介入行事,善于跟进融合,强化"一岗双责"落地见效,形成抓管理从抓思想入手、抓生产经营创优从抓骨干带头示范入手,在更高标准、更快速度、更大成效上发挥重要作用。

(6)"松动剂"作用。对于某些业务水平突出、身处重要岗位,但思想僵化明显、自我意识强烈的员工,在思想管理上给予"特别关照",可通过直接相关思想政治工作人员有针对性地进行思想开窍转化方法,着力以锲而不舍精神创造积微成著业绩,务求使其以良好的"社会人""企业人"心态化解开不利于企业发展和个人进步的固执己见思想。

(7)"调压阀"作用。在落实员工思想状态分析中,对于工作压力过大和过小两类员工给予高度重视,善于通过一人一事的思想方法和管理建议进行"调压"平衡。特别在遇有重大工作责任事项时更需把相关工作做好。对于压力过大者,通过思想方法提升承压能力,辅以酌定是否通过管理建议给予适当工作减压;对于压力过小者,通过思想方法引导自我加压,辅以酌定是否通过管理建议给予适当工作加压。

(8)"矫正器"作用。以时刻把握正确的政治方向、善于纠偏员工政治取向和工作行为为己任,高度关注员工思想领域的具体表现,做到早预防、早发现、早纠偏,确保员工政治清醒、思想健康,并使企业沿着正确的政治方向健康发展。实践证明,"如果发现问题不及时制止纠偏做工作,就是一种无形的默认"。应当铭记这一警示内容。

(9)"催化剂"作用。针对员工思想多变趋稳和企业发展提质增效新形势,自觉发挥引领员工正向观念转化、思想统一、责任强化和营造氛围、情感激励功能,适时适度采取具体有效措施,积极研究探索新时期加快促进生产经营管理提升与企业健康发展的新方法新途径。就落实情感激励而言,应注重了解员工的所思所虑所盼,引导员工的所思所虑所盼,解决员工的所思所虑所盼。

2020年2月23日,全国"统筹推进新冠肺炎疫情防控和经济社会发展工作部署会议",以中央电视电话会形式直接开到全国县团级以上干部收听收看,中共中央总书记亲自发表重要讲话,开创了新中国成立以来国家最高领导直接讲话到县团级的先河,为全面及时准确贯彻落实中央要求,引领相关工作在全国高效开展发挥了极其重要的作用。这对特别关键时期如何采取特别措施及时高效做好员工思想政治工作来说,发挥了特别示范作用,应予特别深入学习,做到深刻领悟,触类旁通,关键时期应以非常之策,下非常之力,务求取得关键性非常效果。

5. 聚焦基层一线"提气"

回顾分析20世纪80年代至90年代初的青工队伍,属于改革开放初期参加工作人员,整体来说比较珍惜工作岗位;90年代中后期至21世纪初的00年代,基本属于独生子女一代,部分员工孤傲思想严重,合作意识欠缺;21世纪初的00年代中后期至10年代中期,互联网事业迅猛发展,员工思想活跃程度明显增加,其思想、追求、发展倾向的多向性等明显增强;进入21世纪10年代中期以来,随着全面深化改革措施的逐步推进落实,员工思想和发展倾向的选择性明显增强,敬业精神和责任意识明显改善,但在追求的多向性方面依然有增无减,在自我价值实现上呈现出多变性倾向,员工思想更具独立性和差异性。

能否聚焦基层一线提升广大员工的积极性,是新时代企业思想政治工作的重要任务。具体方法上,不能刻板沿用老一套做法,甚至用20世纪的钥匙去开21世纪的"锁",亦不能用过去时代的钥匙去开新时代的"锁"。

作为基层一线员工思想政治工作的最大特点是直接、具体、实在,在日复一日服务员工群众中接受考验,在极具经常性中富有挑战性。就其日常工作而言,可建立"紧法兰""把螺栓"式的工作方法,使思想引领和措施落实,以及严抓细管与关爱员工"四法"同行、合力推进,均衡施策、步步为营,共同促使各项工作成效大幅提升。

常言道,做政工要尊重现实,不要被夸夸其谈所迷惑。特别对于基层一线工作更是如此。2019年5月31日,习近平总书记在"不忘初心、牢记使命"主题教育工作会议上的讲话中指出:"'一语不能践,万卷徒空虚。'要教育引导广大党员干部了解民情、掌握实情,搞清楚问题是什么、症结在哪里,拿出破解难题的实招、硬招。"这对如何做好基层一线员工思想政治工作提出了明确方向。

针对新时代基层一线员工思想状况新特点,其思想政治工作要牢固树立与时代要求和形势发展"同频共振"思想观,着力以以变应变、以实对实、以虚化实的工作理念,坚持紧贴生产经营、紧贴员工思想脉搏调动员工积极性的工作原则。在思想方法上,提倡自找压力、自找苦吃、自强不息;三思而后行、三人行必有我师、吾日三省吾身。这是做好工作的前提和基础。

员工思想的个性化,必然导致有效工作差异化。要牢固树立员工思想工作个性化原则。任何试图采用一个模式、一种思路的方法措施,用于解决全员思想问题的做法,均不会达到预期效果。实际工作中,要强化员工队伍的差异化思想帮助引导。具体既重视员工思想统一引领,更重视"量体裁衣""对症下药",把"一人一事"思想政治工作做细做活,让一把钥匙开一把锁的工作方法落到实处。对于只抱怨员工思想工作难做,而不去研究思考更具适合有效方法的做法实不可取。

要善于发现员工长处,树好一线工作"风向标"。分析多年来所涌现出的全党全国先进事例,有许多典型事迹值得企业广大干部员工学习和发扬光大。如"共和国勋章"获得者张富清不改本色、不忘初心的典型事迹,县委书记的好榜样焦裕禄心中有民、一心为民的典型事迹,为保护试验平台壮烈牺牲的中船重工第七六〇所黄群、宋月才、姜开斌3位勇士忠诚履职尽责的典型事迹,等等。同时应当注意到,作为企业基层一线思想工作,既要紧密结合自身实际积极营造崇尚英雄、敬重先模氛围,善于运用外部典型引领新风正气,又要培养好自己的先进典型,以更好激发内部员工的工作动力。在内部典型培养选树上,应自觉克服"求全责备"思想,善于发现员工思想和工作闪光点,在内外结合上培养选树好单位内部先模典型,进而做到学有方向,赶有目标,把学赶先进落地做实,避免"空中楼阁"式学习现象出现。

要用心发挥一线员工主体作用。众所周知,对于能否充分调动员工工作积极性,关键在于员工的主观能动性如何。具体方法上应牢固树立充分依靠员工的思想,发挥好广大员工在思想政治工作中的主体作用,在引导、启发员工自我教育、自我提高、自主管理增强主观能动性上多下功夫。作为基层一线政工,应针对一线员工特点做工作,其工作方法越直接越简单越好,有时过多的空洞说教反而会适得其反。如前所述,运用手机支付的绑定思维做工作就不失为一种有效方法。通过对运用手机支付绑定原理的思想教育，引导员工充分认识那种只讲爱岗爱企，只说拥护支持领导工作，却不去付诸立足本职勤奋工作、团结实干，进而为企业整体创效发展尽职尽责多贡献的实际行动，还总是期待个人高收入、高待遇、好前途的现象，就如同只想使用手机支付，就是不愿绑定银行卡并及时足额充值一样，必定是不能如愿实现的。与此同时，为保持一线员工干好本职工作的长足动力，应建立有利于发挥一线员工主体作用的思想政治工作运行机制。具体要时刻关注员工的根本利益所在，教育引导员工把个人的价值追求与企业和所在基层单位的目标追求挂起钩来，在实现企业、基层单位发展目标的同时，实现好员工个人的工作愿望与人生价值。

要重视发挥班组思想工作能动性。班组是基层一线生产经营工作的基本单元，同样也是其思想政治工作的基本单元。做好班组相关工作对于提升基层一线整体思想政治工作具有极其重要的作用。通常情况下，班组思想工作存在的主要问题是：班组长履职不力，具体工作应付现象严重；班组骨干匮乏，实际工作不能持续有效开展；各级组织对班组思想政治工作重视程度不够，存在重业务轻思想工作现象。其难点在于员工思想受社会不良现象影响严重；部分员工重物质奖励，轻精神鼓励；老师傅的传、帮、带优良作风不能得到有效发挥。对此，要高度重视对班组长和班组骨干人员政治思想素养的培养提高，以思想引领促进其作用发挥，把班组自我管理落到实处；要积极营造讲奉献、比贡献和团结实干、创优争先的工作氛围，引导班组员工树立正确的个人利益得失观；要重视发挥老师傅的传、帮、带作用，师傅"老黄牛"，徒弟"小黄牛"；要在企业管理激励政策上适度采取有利于班组思想政治工作广泛提升的具体有效措施。

要重视排除空想主义思想干扰。在人类的远古时代，"精卫填海""女娲补天"等神话故事，是古代人民对当时的社会现实认识的反映，体现了古代人民征服自然、支配自然的强烈愿望、顽强意志和奋斗不息精神，但实际却是一种非现实的浪漫主义与空想主义思想。譬如"精卫填海"故事讲的是古代有一座名叫发鸠的山上，长有很多黄桑树，还有一种头花脚红、状如乌鸦的精卫鸟。这种鸟就是炎帝(传说中神农氏)的女儿,名曰女娃。女娃在东海中游泳,被水淹没而从此再也没有回来,所以变成了精卫鸟,不断地从西山上衔来木头石子,填在东海里。这正如毛泽东同志在《矛盾论》中所指出的那样,对于神话中所反映的那些变化,"乃是无数复杂的现实矛盾的相互变化对于人民所引起的一种幼稚的、想象的、主观幻想的变化,并不是具体的矛盾所表现出来的具体的变化"。根据多年的工作调研观察,部分员工经常道出"假如……""要是……""就会……"等想法,与上述故事内容不乏存在类似空想思想。这种空想主义思想与员工发牢骚、泄私愤具有极大的关联性,对于一线员工不良情绪发泄具有重要影响,同时对于干群团结和正常的思想教育引导具有极大的干扰作用,而且有时还存在较大的负面鼓动性,必须及时采取措施予以正面引导加以消除。

要让身教重于言教大放光彩。身教重于言教是党的思想政治工作的优良传统,但由于受各种不良思想影响,其实际表现曾一度在不少单位受到严重制约。作为新形势下的身教重于言教方法,对于提升基层一线思想政治工作成效具有特殊意义,应当大力提倡并督促落实。实践证明,作为基层一线政工人员,关键时刻只要真心实意地落实这一方法,就一定会收到持续有效的奇特效果。例如:2014年11月的一天下午,在某化工生产装置维护施工作业现场,该装置突发安全生产危险异常,因该装置物料具有剧毒性质,生产单位立即要求全部施工人员撤出装置区。当时在现场组织施工的某单位基层党支部书记、年过半百的高某某迅速按要求组织施工人员撤离。在这位支部书记最后一个撤离过程中,看到一位年轻员工由于身体不适缓步慢撤非常危险,便马上把手中的自行车推让给该年轻同志骑行撤离,而自己却拖着劳累的身躯徒步外撤。这件事看似很平常,尽管生产单位由于及时采取有效措施避免了装置安全事故发生,但在员工中却引起了强烈反响,树立了特殊时刻舍己为人、关爱员工的高大形象,为做好党支部日常教育管理工作增添了无形的感召力。直到这件事过去几个月以后,该同志身边人员还历历在目地向外述说这位党支部书记的感人做法。

综合多年来基层一线员工思想政治工作的经验做法,为切实加强基层一线"提气"工作,可具体通过"十抓实做"提升实际效果。

(1)抓导向,积极营造健康向上的工作氛围。牢牢把握正确舆论导向,对于提倡什么、支持什么、反对什么,应态度鲜明,立场坚定。

(2)抓融合,紧密围绕一线生产经营实际开展思想政治工作。在思想方法上,始终把搞好生产经营业务作为具体工作的出发点和落脚点来把握;在工作内容上贴近员工、贴近管理、贴近生产经营重点难点,做到思想工作与各项管理落实"同频共振"。

(3)抓作风,引导员工在创优创效上狠下功夫。思想在育,作风在养。在培养严细实作风的同时,高度重视对"恒""献""创"作风的培养,并按照打牢基础、注重引导、统一要求、分类指导的原则抓实做好。

(4)抓创新,以创新保提高。适应新时代新要求,重点以思维创新促思想政治工作方法创新,以思想方法创新推动管理创新和生产技术创新。

(5)抓典型,强化带动示范作用发挥。善于及时捕捉工作过程中的闪光点,并给予及时指导帮助培养和宣传倡导,切忌忽视典型培养和为了培养典型而培养典型的做法出现。

(6)抓突破,及时解决热点、难点问题。基层思想政治工作者位居工作"前线",直接面对员工群众,经常会遇到难点、热点问题。一旦遇到此类问题,就应积极对待,全面分析,突出重点,逐步解决。具体要选好突破口,全力"出击",一抓到底。

(7)抓疏导,改进方法,力求实效。从实际效果出发,实行传统教育和现代教育相结合、直接教育和迂回教育相结合、集中教育和个别教育相结合、思想引导和案例教育相结合,进而保持一线整体工作稳定和顺利开展。

(8)抓督察,在工作落实上真抓实做下真功。经常性地了解掌握员工群众心声和重点工作状态,在其过程中突出及时化解员工思想疑惑,督促工作安全、优质、高效开展,对具体事项做到紧盯不放,跟踪问效,直至落实。同时,注重从员工群众中汲取营养,以更好改进工作思路,完善工作措施。

(9)抓制约,严格要求,严明纪律,教管结合。教育是根本,制度是保证。在深入搞好思想教育引导的同时,勤于思考,善于管理,敢于负责,强化制度约束,严抓各项纪律落实,促进员工队伍思想作风建设不断加强。

(10)抓自律,充分发挥基层政工人员的人格魅力作用。作为基层思想政治工作者,一定要严格自律,清正廉洁,言行一致,扎实工作,成绩面前不骄傲,困难面前不低头,群策群力,只争朝夕,不断争创奋发进取新业绩。

实际工作中,基层一线单位创新务实"提气"的有效方法举不胜举,应紧密结合本单位实际,注重在相互学习借鉴中不断提升自我。譬如,中国石化齐鲁分公司烯烃厂仪表车间党支部结合自身实际,在生产班组中曾经开展的"班组寄语"和"工作警语"活动,触动心灵,简单实用,对提升一线员工干好本职的责任感和自觉性发挥了重要作用。

"班组寄语"活动,即要求每个班组员工互赠一句有利于工作和学习的心里话,以致互相鞭策鼓励。如:"龙头班组各项工作当龙头""班组工作很关键,就看党员怎么干""自信是我们战胜困难的秘方,自强使我们走向成功的殿堂",等等。

"工作警语"活动,即在员工中广泛征集既通俗易懂、朗朗上口,又体现本行业本专业特点,具有强大感染力的安全生产警示语句。如:"巡检多摸看,事故减一半""岗上一支烟,难见亲人面""熟知强度和压力,仪表自控创效益",等等。在此基础上,经车间精选后要求每个员工抄一遍熟记。由此,安全巡检、劳动纪律"顺口溜"成了大家工作、休息时的"口头禅",使许多规章制度悄无声息地在员工群众中扎下了根。

第九章 顺应变革 常做常新

陈惠湘在《中国企业批判》一书中有句话印象比较深刻:"企业是什么?是一群有优点的人搭帮干活儿,是一群有缺点的人搭帮做事儿。既然如此,多数时候个性就得服从共性,个人就得服从组织。"从道理上讲的确如此,但要真正做好做到位,就需要多方面的协同支撑共同发挥作用才能奏效。特别是对于如何提高广大员工对深化企业改革的认识,切实做到从思想上行动上拥护改革、支持改革,就需要在搞好日常管理工作的同时,以强有力思想政治工作提供有效支撑。

因此,政工人员必须立足本企业改革发展和员工思想实际,准确把握新时代经济发展脉搏,不断深化对企业改革发展内在要求的认识,以牢固树立与时俱进和人本管理思想的高度自觉,持续深入做好深化改革过程中的思想政治工作,着力以联"上气"、接"地气"、涨"人气"的优异表现推动企业持续健康发展。

关于如何看待对于人们思想认识自身的认识,马克思主义认识论揭示了认识的本质,强调实践是认识的基础,是认识发展的动力,认识与实践具有统一性。作为辩证唯物主义认识论,把辩证法应用于认识论,强调人的认识是一个不断深化的能动的辩证发展过程,明确在其认识的过程中,人对世界的认识不是一次完成的,而是一个多次反复、无限深化的过程。由此,对于员工思想认识的提高和观念转变具有客观上的复杂性和多变性,做好深化企业改革中的思想政治工作也就具有客观上的艰巨性和复杂性。

有医学专家介绍,一个完整的医学链条,应包括预防、保健、诊断、治疗、康复5个环节。联想深化企业改革中思想政治工作的全过程链条亦应如此,日常工作不但要注重解决实际问题,更要注重抓好问题预防和巩固提升等相关工作,进而为企业的改革发展提供好思想政治保障。

联系多年来针对企业改革发展所做的实际工作,结合企业政工"七要素"管理原则,要把深化企业改革中的员工思想政治工作这一艰巨任务完成好,就应在强化企业自身改革重要性紧迫性思想认同教育引导的同时,还应兼顾对广大员工个人利益高度关切的思想引导,在与时俱进营造氛围、重点突破上多做工作,在思维创新、务实有效上狠下功夫,努力通过广大员工的观念变革来实现其自觉顺应和支持企业改革健康发展。

1. 树立正确员工利益观

常言道:"磨破嘴皮,还不如真心实意地为群众办件实事效果来得快,来得好,管得久。"虽然这种说法具有一定的片面性,但其现象确实存在于现实工作中,非常值得认真思考。分析这种现象产生的原因,直接来说就是有时员工更重现实、重实际,根本在于员工的现实利益观占据主导地位。其表现在于部分员工的"功利性"思想较为突出,很难做到"小道理"服从"大道理"。事实上,正是由于这种现象的存在,更加表明了思想政治工作的重要性和必要性。

随着企业改革的不断深化,各种深层次矛盾更加凸显,员工的利益得失调整难以避免。面对艰巨而又现实的思想工作任务,应牢固树立正确的员工个人利益观,既不能回避改革过程中涉及员工利益调整的客观实际,也不能扭曲正当的员工利益价值观,而应以马克思主义辩证唯物思想为指导,深入分析改革前后员工个人实际利益得失可能存在变化的状况,以及由其变化可能引起的各种思想认识问题。在此基础上,采取具体有效措施,确保改革顺利开展。

何谓正确的员工个人利益观?从根本上说就是应当承认改革中员工个人利益思考的客观性和必然性,以及通过正当渠道反映个人诉求的合理性。这是做好企业改革过程中员工思想政治工作的重要前提之一。只有这样,才能真正为有效做好其思想政治工作奠定基础。

第九章　顺应变革　常做常新

据调查分析,企业工作对员工个人最重要的三个因素是:能否得到体现个人价值的工作报酬;是否受到尊重和公平待遇;工作的稳定性、可进取性和有保障的福利待遇。员工在企业工作最感苦恼的三个问题是:工资收入低;工作压力大;个人志向无法实现。就企业改革而言,预期改革结果对以上诸因素诸问题的影响程度,即为引发员工思想问题,进而影响员工日常工作积极性的关键所在。

对此,在深化改革过程中广泛开展常规思想教育引导的同时,应区分不同类别,注重针对员工利益可能发生的变化做好思想引导疏导工作。具体应从政治上讲清深化改革是推进企业持续创效健康发展的必由之路,是实现广大员工长远根本利益的必由之路,是践行国家大政方针政策的必然所在,广大干部员工应自觉在政治上服从改革发展大局需要,思想上行动上与深化企业改革总体要求相统一;从改革属性上讲清改革的目的、意义和改革中因消除积弊进行利益关系调整的必然性,所有相关员工都应加深理解,提高认识,正确对待;从利益关系处理上讲清个人与企业、当前与长远、现实与根本各利益之间的关系,明确改革政策的落地实施对于企业长远发展的重要性,突出阐明改革方案的公正合理合规性和对员工个体的非针对性,引导大家共同支持改革举措,以实际行动参与落实好改革方案;从做人处事的内在要求上讲清员工精神面貌和社会形象的重要性,引导个人利益暂时受损相关员工自我解脱心理压力,并自觉维护企业改革大局,自觉保持积极向上状态,自觉增强工作进取动力。

针对深化改革中个人利益暂时受损的员工做工作,情况复杂,难度异常,需要建立和把握好以下三个法则:

心理平衡法则。现实工作中,有许多思想问题都是由于心理不平衡引起的。凡事达不到平衡,就会有想法;只有达到平衡才会自我消除矛盾心理,进而做到心平气顺,进入正常工作和生活状态。就思想工作引导来讲,其目的正是在于心理平衡。虽然通过做思想工作真正解决好改革中利益受损员工的心理平衡问题并非易事,但可作为解决问题的一种办法给予过程努力。具体过程可采取的方法一是强化思想支撑,千方百计施策增强有关员工对实际问题的承受能力;二是发挥心理"补偿"作用,通过情感激励、精神鼓励和改革措施配套完善等方法撬动有关员工心理失衡问题的解决。

心灵相通法则。做思想工作需要的是心灵沟通,只有打动内心的言语才能真正触动人的心灵,其思想工作才能真正发挥作用。这就要求开展员工思想政治工作,特别是对于解决深化改革中因利益受损员工心理失衡问题的思想工作,既要讲究语言艺术,更要避免空洞说教,以求做到沟通双方心灵相通,启发引导切实奏效。实际工作中,牢记只按大道理讲,就是讲大话,就是空话,真正起作用的是一把钥匙开一把锁,做到具体情况具体分析,针对具体问题采取相应策略具体对待。具体工作过程中,要把党性观念、法纪意识、工作要求寓于通俗易懂言语之中;要分清是非,体现积极向上引领,发现不良思考方法及时纠偏指正,既不能出现迎合现象,又要避免出现思想问题激化;要贴近员工,理解员工,尊重员工,把讲话变成平等对话。通常来说,只要把话讲透了,员工也就基本理解了。

时机优选法则。选择时机对于做好改革中的员工思想政治工作十分重要。其效果如何的关键就在于如何选择上。实际在全面把握改革方案、吃透方案内容、厘清所受负面影响员工的基础上,可在改革方案实施前,利用工作计划或特意安排包括有关重点人员在场的集体场合,进行全面深入教育引导;改革方案实施中,针对重点人员进行重点关注疏导引导;改革方案实施后,对重点难点人员通过多渠道进行跟踪沟通引导。实践证明,这是一种较为有效的选择方法。

2. 突出"与时俱进"落地

与时俱进是中国特色社会主义思想的鲜明特征,是企业思想政治工作持续有效开展的一条重要经验。新时代的企业改革发展,其内外环境和员工思想观念较之前发生了重大变化,而且随着时间的推移,这种变化会持续不断地进行。因此,要把新时期深化企业改革中的思想政治工作做好,必须做到与时俱进,务实进取。

对于上述应当树立与时俱进的思想,其关键不仅是认识问题,更重要的是实践问题。回顾分析过往情况,对于如何具体落实改革进程中的思想政治工作,不少单位政工人员口头上表示应当与时俱进,计划安排也包含与时俱进内容,但在实际工作落实上仅仅只是分析一下新时期存在的新问题,引用一下上级组织和领导的新要求,真正做起工作来还是思维方法简单化、应对措施老一套,从而使工作效果大打折扣。而且有的针对效果不佳的情况,还总是抱怨现在的员工思想工作不好做,就是不反思自身的思维方式、工作方法等是否能够适合新时期员工思想实际。这和与时俱进的工作要求形成了强烈反差。

基于以上情况,思想政治工作一定要强化与时俱进意识,落实与时俱进行动,结合实际及时调整工作思路,针对不同员工群体和个体做好"加减乘除"大文章,切实做到与时俱进落地见效。在其具体措施的落实上应注意把握以下"六进法则":

(1)思想观念上与时俱进。要想让受教育者解放思想、转变观念,必须做到教育者先解放思想、转变观念。一种思想僵化、观念陈旧,跟不上时代前进步伐的教育者,很难想象能把受教育者的思想观念很好地引导到适应新时代企业改革发展的正轨上来。比如在日常照明的光源上,现早已发展到LED和OLED阶段,但有的却仍停留在荧光灯甚至白炽灯的使用上,其理由是原来的灯具还能用,如更换新型灯具,总认为对旧灯具是暂时浪费,就是不考虑新旧灯具的耗电与照明效果上的差距。作为抱有这种思想的人员怎么能够跟得上光源发展的步伐呢?

(2)思维方式上与时俱进。有研究表明,人不是抗拒改变,而是抗拒被改变;除非人们自己愿意接受,很难做到一个人直接能改变另一人;真正的改变之门是从自己的内心开始的。在新时期人们接受信息广而复杂的新情况下,开展深化改革中的思想政治工作不能寄希望于仅用简单一些话就能如愿把工作做好,必须以深刻剖析有关员工的内心世界为前提,变单向思维为多向思维,变单纯思维为复杂思维,一切从实际出发,思员工"心动"而思,为员工"强心"而为,树立以有效打动员工内心的思维方式做好相关工作。

（3）环境创设上与时俱进。针对员工思想观念的不断变化，充分发挥新时期思想政治工作在选贤任能、机制构建等方面优势，变工作被动施策为主动协调服务，变影响员工担心改革为向往改革，积极创设有利于深化改革的企业内部小环境。

（4）工作方法上与时俱进。适应新时期不同行业不同单位员工思想特点和对改革的承受能力需要，充分发挥直接相关政工人员与领导干部作用，做到集中教育引导和针对重点人员分别做工作相结合、原则性思想教育和具体问题具体分析对待引导处理相结合。具体工作应突出务实有效，力戒形式主义，把理解包容思想寓于解决实际问题之中。

（5）工作途径上与时俱进。在注重细化整体宣传思想引导工作的同时，开辟一人一事思想工作新途径。对于重点人员的思想教育，可依据人员特点，建立"旁路链接"，运用"丛林法则"做好正面思想引导；重视挖渠放水落实，做到正面引导与负面激励相结合。针对逆反心理严重者，运用榜样示范和"隔空喊话"相结合引导方式，可能会取得较好效果。

（6）情感意识上与时俱进。牢固树立人本管理思想，强化换位思考意识，让教育人、引导人、关心人、理解人、帮助人，贯穿于改革思想政治工作始终，以大局观念引领改革思想，以群众观念引领大局思想，以践行党的理想信念宗旨引领目标方向。具体应把握原则，辨明是非，正确区分不同性质人员且有针对性开展工作，严禁将一时思想认识模糊、参与改革行动迟缓等人员推向正面思想引导工作的对立面来对待。

3. 强化正面宣传思想引领

改革开放以来，企业各项改革发展工作之所以能够不断顺利推进，其中宣传思想工作发挥了不可替代的作用。新时代不断深化改革的新形势，对宣传思想工作提出了更高要求。具体工作要针对深化改革实际需要应势而动，顺势而为，借势发力，以势造势，以优异成绩展示改革发展正能量。在牢牢把握正确政治方向的同时,加强策划,正确引导;在引导舆论、凝聚人心、化解矛盾等方面,强化具体措施落实,牢牢把握思想工作主动权和话语权;在敢于善于做好员工思想工作中,注重人文关怀和心理疏导,力求做到大道理管住小道理,小道理服从大道理。

海尔集团前董事局主席张瑞敏当年砸冰箱的故事,既震撼了当初的"海尔人",更激励了海尔发展的"后来者"。他那公开场合用铁锤砸冰箱的方式,所传递的不仅是对不合格产品的抛弃,更是对过去工厂管理能力和员工思想观念的宣战。这对我们思想政治工作者带来了诸多思考,对做好新时期员工思想政治工作具有重要启示作用。

一般而言,做宣传思想干工作首先要搞明白员工在想什么,组织需要什么,只有这样才能真正具有针对性和实效性。结合新时期深化企业改革实际,做好宣传思想工作应注重把握以下方法:

(1) 加强引导,注重"两头",积极发挥宣传思想工作在深化改革中的"指南针"作用。

分析新时期影响企业深化改革成效的思想障碍,主要在于一些基层领导干部和员工群众对持续深化改革存在"四怕两忧"思想,即实施深改怕丢位子、怕降收入、怕不稳定、怕降福利;参与深改基层干部对能上能下忧虑、员工群众对持续保持个人收入增长担忧。对此,为增强宣传思想工作的实效性,特别应注重做好基层领导班子和一线员工群众这"两头"的宣传思想工作,认真解决领导班子的能动性和员工群众的顺从性问题,进而解决好在深化改革过程中的"领头羊"和"随同者"问题,以形成确保深化改革顺利推进的强大合力。

为使教育引导收到较好效果,宣传思想工作应做到"三个到位":

一是形势分析到位。通过对上级改革要求的分析把握,帮助基层领导干部和一线员工群众认清深化改革大趋势。重点应加强对党的全面深化改革方针政策和各级政府对企业改革发展目标任务的分析把握。同时,应认真分析国内外同行业发展的现状,分析本单位管理体制、工作机制和发展前景等方面的具体情况,把思想统一到上级组织对深化改革发展的具体要求上来,统一到通过深化改革谋求新发展、实现新跨越上来。

二是政策宣传到位。对于国家为支持推动深化企业改革顺利实施,逐步完善制定的相关制度规定,以及各企业内部采取的具体措施,应利用集中宣讲、重点解释和全面引导、个别交流等方式,耐心细致、不厌其烦地尽力做好全员、全方位的政策宣传工作。

三是教育引导到位。联系企业发展现状和员工队伍思想与工作实际,有针对性地进行教育引导,切莫绕圈子、空对空。针对干部员工关注的热点、理解的难点和改革中的利益调整将使员工个人利益受到的"影响点",加强正面思想引导,全力克服传统思想的"惯性表现"对改革可能产生的负面影响。具体可用生动的事例和鲜活的语言深入浅出地解析政策,分析利弊,指明方向,做到道理讲清楚,问题不回避,以理服人,以事实引导人,着力以"零距离"的思想交流打开员工观念更新的"口子",从而激活他们参与支持深化改革的内在动力。

(2)鼓劲顺气,"重心"下移,尽力发挥宣传思想工作在深化改革中的"催化剂"作用。

实践表明,总体上虽然广大干部员工对继续深化改革的大趋势已形成共识,但因改革事关员工的切身利益,过往"易改阵痛"的"凑合"思想和新时期"深改震疼"的内在要求加剧了思想认识反差;引导员工全面准确理解和把握新时代企业改革发展的方向任务繁重;单纯靠资历、靠学历、靠工作平庸表现,而不靠艰苦努力和工作业绩即可求得安逸、平稳工作环境的思想,仍使部分员工在传统的思想观念中难以自拔。宣传思想工作对于促使员工队伍特别是一线干部员工,在提高真心参与支持持续深化改革的成效性上依然任务艰巨。

对此,宣传思想工作应注重"重心"下移,充分调动基层干部员工参与支持改革的积极性和主动性。具体应做到"四个下功夫":

一是紧密联系实际,在常抓不懈,搞好"结合"上下功夫。要把深化改革中的宣传思想工作做好,不仅要把宣传思想工作的目标任务融入党的建设、领导班子建设和群众工作之中,还应审时度势,结合各项管理工作一道去做,提高宣传思想工作的影响力,从而达到借外力、聚内力、壮实力、增实效的目的。在结合方法上,既要注意紧密联系,同频共振,相得益彰,又要注意从实际出发,常做常新,易于员工群众所接受,切忌强拉硬拽,顾此失彼。

二是抓好信息反馈,在严格有序,协同有关领导加强过程控制上下功夫。由于深化改革的复杂性,必须高度重视改革过程中出现的新情况新问题对于落实预定改革措施的影响,做到及时发现问题和解决问题,确保既定目标顺利实现。对此,应做到对所掌握的动态及时向企业领导或有关部门反馈有价值的信息,积极协助领导及时纠正改革过程中的偏差,发挥好宣传思想工作的鉴别、抑制、弘扬和引导促进作用。

三是善于总结经验,在协调一致,搞好重点帮促上下功夫。在实践中不断总结推广改革经验,是推动企业改革健康发展的有效措施。具体工作应努力把改革政策和具体实践结合起来,深入实际调查研究,及时发现改革亮点,注重培养先进典型,认真总结成功经验,有针对性地做好典型宣传和帮助指导工作,切实把重点帮促工作落到实处。

四是正视存在问题,在积极建议,促使改革不断深化提高上下功夫。改革就是打破常规。改革中难免存在一些不完善、不到位,甚至不适当的方法和措施。对此,应坚持实事求是的思想方法,结合实际客观分析改革措施上的偏差和不足,积极向单位领导建言献策,促使改革工作在实践中不断改进提高。

(3)抓住关键,解疑释惑,努力发挥宣传思想工作在深化改革中的"起动机"作用。

美国学者威廉·詹姆斯曾经说过:"人的思想是万物之因。你播种一种观念,就收获一种行为;你播种一种行为,就收获一种习惯;你播种一种习惯,就收获一种性格;你播种一种性格,就收获一种命运。总之,一切都始于你的观念。"这一观点表明,人们对于企业改革的认识和态度源于思想观念如何。分析部分员工对于正确理解支持深化改革存在较大差距的原因,根本上还是传统的"国企恋"思想浓厚。他们对深化改革的现实成效视而不见,对普遍性的宣传思想教育"听而不进",在对深化改革的认识上固执己见,态度上消极对待,行动上止步不前。如果这种问题不解决,势必会对企业的深改进程造成重要影响,必须进一步采取有效措施加以解决。

由此,宣传思想工作者应经常性地做好员工思想动态分析,准确把握员工思想脉搏,抓住关键环节进行启发引导,有针对性地做好解疑释惑与情绪疏导工作。具体应注重把握好"四个环节":

一是推行精细工作方法,结合进行一人一事的思想引导,切实做好某些"利益群体"的宣传思想工作。改革就是利益格局的调整。受此影响,在改革中难免出现部分员工易于"扎堆""抱团"排斥改革的现象。细节决定成败。应高度重视了解研究这部分人的具体诉求和真实思想,善于从员工表现出的有悖于深化改革的言谈举止中窥视分析员工的心理状况,把具体工作做细做实。实际应以原则性和灵活性相结合的方法,集中精力搞好对关键人员的思想引导,做到循循善诱,以诚待人,使他们尽快改变看法。关键人员的思想问题解决了,再做其他员工的工作就可水到渠成。

二是善于换位思考和双向沟通,增强宣传思想工作的包容性。开展深化改革的教育引导工作,应首先站在对方的角度观察思考问题,然后根据实际情况做出客观判断和选择适当的方式方法。同时,引导对方站在企业全局的角度分析思考问题,端正对深化改革的态度。为提高教育效果,还应注重有重点地加强彼此间的思想交流,做到有情沟通,用"心"沟通,用沟通消除疑虑、引发共鸣、建立信任,进而使员工克服心理失衡现象,实现对改革现实和发展方向的认同。

三是坚持以人为本,在营造环境和帮助员工解决实际问题中提升员工关心支持深化改革的主动性。"成事在理不在势,服人以诚不以言"。实际工作应牢固树立起人性化教育思想,克服空洞乏味的说教方式和以"势"压人的思想方法。要善于带着感情和诚意做工作,把解决思想困惑和解决具体困难结合起来,着力解决员工最关心、最直接、最现实的实际困难。对改革中可能出现的思想问题应超前预防,跟踪服务,因势利导,全力引导他们主动保持积极向上的心态。

四是发挥企业文化建设的载体作用,在培育企业精神和塑造企业形象中增强员工参与支持改革的自觉性。具体应注重深化改革中企业文化的持续变革和再造,重视以党建文化引领企业文化落地,注重以企业文化引领改革深化,把社会主义核心价值观紧密结合企业实际进行培育实践,务求通过全体员工的共同认知和实践升华,唤起员工对深化改革的信心和期待,并化为积极参与支持深化改革的自觉行动。

(4)统筹兼顾,务求实效,充分发挥宣传思想工作在深化改革中的"助推器"作用。

面对持续深化改革中诸多利益格局深入调整的新形势,要把其宣传思想工作做好,只有在通过持续性系统思考采取综合措施的同时,妥善处理好各方面关系,才能收到较好效果。新形势下,应注重处理好"五种关系":

首先,正确处理传统观念与现代理念的关系。面对不断深化改革的新任务新特点,宣传思想工作也就必然面临着许多新课题新探索。对此,其实际工作应根据新时期企业发展内在需要,自觉坚持以习近平新时代中国特色社会主义思想为指引,坚决克服因循守旧、故步自封思想,善于对深化改革进行深度分析和前瞻思考,勇于用未来思考今天和用今天创造明天。要强力打破那些已经过时的传统观念,善于以新时代的现代企业理念,引导干部员工树立以"坚毅、超越、尝试、整合、实践、发现"等求生存、求发展的新观念,努力打造推动新时代现代企业发展的思想平台。

其次,正确处理继承、借鉴与守正创新的关系。创新是一个政党永葆生机的源泉。实际工作应紧跟时代步伐,顺应时代要求,坚守正确政治方向,在思想方法、工作方式和工作机制等方面紧密结合实际大胆创新。同时,也要深刻认识创新与继承的融合性以及与借鉴的非排斥性。创造性地开展新时期宣传思想工作,既要在继承中创新,在创新中守正,还要注意吸收和借鉴国外先进管理思想,包括行为科学和其他相关学科的有益成果"为我所用",针对新时代企业改革发展实际,不断研究新情况,解决新问题,探索新路子。

第三,正确处理"小"政工与"大"政工的关系。随着新时代深化企业改革相关制度规定的深入贯彻落实,在政工资源的配置上发生了根本性变化,政工队伍由"小"政工向"大"政工转变已成为现实。作为专职宣传思想工作者,要正确对待政工格局的发展变化,既要重视通过行政组织"双重"职能作用发挥等一起开展宣传思想工作,又不能因为工作格局的变化就放松对自身工作的要求,而是更应增强做好自身工作的责任感和使命感,主动发挥好对单位整体宣传思想工作的主导作用。

第四,正确处理"软"任务与"硬"功夫的关系。把开展宣传思想工作称之为"软"任务,是部分同志存在思想偏见的表现。实际在其"软"任务的背后,隐含着十分严格明确的"硬"要求。在不断深化改革中新旧事物极度碰撞、员工的价值观念多向发散的新情况下,其工作人员必须在实践中不断提高自身实力,着力以自身业务的"硬"功夫来应对完成好宣传思想工作的所谓"软"任务。

第五,正确处理促进改革、发展与保持稳定的关系。在深化企业改革中实现发展、保持稳定、构建和谐,始终是保持企业长远健康发展的内在要求。宣传思想工作既要旗帜鲜明地宣传改革,推动改革,也要注重干部员工对深化改革的承受能力,高度重视对员工思想动态的排查分析、信息反馈和矛盾问题预防,通过行之有效的方法,引导员工自觉顺应改革,维护改革,做到促进企业改革发展和保持员工队伍和谐稳定两者兼顾,努力以改革求发展保稳定,以稳定保改革促发展。

4. 以非常措施解决非常难题

实践证明,经营企业最大的障碍,往往是以平面思维去处理活在立体世界的经营发展问题;做企业,不是仅靠一个点子、一个单一的方法就能成功的,而应是一整套的系统思维以及与之相应的管理方法。同样,面对新时期复杂多变的员工思想观念,要把深化企业改革中的思想政治工作扎实深入做好,也要深刻认识其工作自身存在的平面思维问题,针对实际工作中可能遇到的各种非常规复杂疑难问题,善于打破思维定式,创新工作方法,着力以系统思考、立体思维方式,以攻城不怕坚、攻坚莫畏难的勇气,以严密细致的思想方法,采取非常规的务实有效措施,努力把问题解决得更加卓有成效。

新形势下,不断深化改革的新体制、新机制、新模式,加之受各种不良社会思想的影响等,使员工思想政治工作面临着新的挑战和困难,甚至产生了一些非常规的复杂疑难问题。综合分析其问题的突出表现,可谓是部分员工对深化改革牢骚多、怨气多、消极情绪大,逆反心理严重,奉献精神缺失,追求个人利益失常,工作责任心和使命感与岗位要求严重不符。这对日常工作特别是对深化改革措施的顺利实施形成了严重影响。着眼于把其突出难题能够较好破解消除,结合上述工作思路,可采取以下措施:

(1)加强直面答疑释惑工作。

对于深化改革中出现的许多热点难点问题,往往都和员工的困惑疑虑联系在一起。这种困惑疑虑正是员工思想政治工作难点的根源所在。因此,要解决好实际工作中存在的异常困难问题,就一定要正确对待员工中的热点难点问题。具体对其不但不能回避,而且应在日常工作中积极主动应对,勇于及时抓住员工关注的焦点问题,有针对性地对员工存在的思想困惑和疑虑给予直接交流解答,做出正面直接回应。

对于如何做好直接交流解答回应事宜,应在专注根本问题的探求交流中清晰了解员工相关欲望,明确员工特别关注的改革事项,着力在破除误解中提高认识,统一思想。要以高超的专业素养和能力答其所需,解其所惑,善作善成,绝不能言之无物,应付了事。否则,就会使有意解答变为苍白说教,不但不能解决实际问题,还有可能给进一步采取措施解决问题增加新的难度。

(2)深挖思想动力本源。

传言有这样一个故事:两个人吵架吵了一天,一人说 $3 \times 8 = 24$,另一个人说 $3 \times 8 = 21$,最后相争不下告到县衙。县官听罢说:"把说三八二十四的那个人拖出去打二十板!"结果那位说二十四的人就不满:"明明是他蠢,为何打我?"县官答:"跟说三八二十一的人能吵上一天,还说你不蠢?不打你打谁?"由此感悟:不要和不讲理的人较劲,因为最后受伤的可能是你,因为你的十张嘴也说不过一张胡说的嘴!

联系深化改革中的思想政治工作,如果遇到既不顺应支持改革,又不讲正理的员工,一定不要陷入个别不当思想观点的纠缠之中,耽误有效交流做工作的大好时机,而应及时转换思路方法,在与工作对象探讨交流正确对待深化改革所应持有的思想观点和工作态度上进行说服引导。具体可针对员工家庭背景、岗位特点、工作现状和环境制约等,在如何对待改革、顺应改革、支持改革方面,深挖思想动力本源,把讲求工作艺术性与实效性紧密结合起来,从个人事业发展、人生旅途轨迹、精神面貌塑造及影响等方面,与企业深化改革的内在要求结合起来进行正面深刻阐述引导,逐步把相关人员的思想和行动统一到思想工作的目标内涵上来。

(3)引导员工保持良好心态。

过去曾听到过这样一个故事:一只蜗牛正在路上行驶,结果后面来了一只乌龟从它身上碾了过去,后来蜗牛被送医急救。当蜗牛神志恢复清醒后,警察人员问它当时情况,蜗牛回答道:"我不记得了,当时它的速度太快了……"该故事感悟:自己受到伤害不能只抱怨他人,首先应查找自己本身的原因。如果像该故事中的蜗牛一样,当走路被碾压时不考虑自己走得慢的原因,而只是抱怨乌龟走得速度太快,如果不改变所抱有的这种心态,结果只能是以后继续被碾压。

对于深化改革中的利益调整,虽然大小有别,但却是一个必然事件。在如何对待改革中涉及员工切身利益的调整问题,个人心态很重要。这是一个不争的事实。对于改革中思想工作难点的处理上,应注重从调整员工心态入手,通过类似蜗牛被碾压等具体事例的启发引导,做好相关员工的思想教育疏导。人生没有永久的成功与失败;人生就是由成功和失败串联而成的。面对深化改革中的一时受挫员工,要帮助引导他们顺应大势,振作精神,勇往直前。

有人说,"你改变不了环境,但可以改变自己;你改变不了事实,但可以改变态度;你改变不了过去,但可以改变现在;你不能预知明天,但可以把握今天;今天的播种,将是明天的收获"。这话不无道理。要结合改革实际引导员工走出思想低沉的阴霾,以昂扬向上的姿态迈向奋发进取的坦途。

(4)做好"两面人"防范。

哈佛寓言中有这样一个故事:一只狐狸被猎人追赶,它看到樵夫,赶紧向他求救。樵夫让它躲在自己的小茅屋里。不久,猎人追到,问樵夫有没有看到一只狐狸经过?樵夫虽然说没有看到,手却指向狐狸躲藏的地方,可是猎人没有看到樵夫的手势,就离开了。狐狸看到猎人走了,立刻跑出来,没有向樵夫道谢就要离开。樵夫责备它不知感恩,狐狸回答说:"如果你心口如一,我就会向你道谢了。"

该故事寓意口蜜腹剑的人不可不防。故事中樵夫嘴里想讨好甲,又想讨好乙,想两面都得到好处,是一个典型的笑里藏刀、言行不一的"两面人"。在不断深化改革的过程中,企业内确实存有这种"两面人",表面上积极支持拥护改革,大讲改革的好处,背地里却与改革持不同意见者情投意合,甚至帮其在实施改革中搞对立、出难题、找理由等方面出谋划策。这对有效做好重点人员的思想工作造成了极大障碍,必须采取切实措施防范此类现象的发生。实际工作中应注重对此类人员洞察排查,一旦发现存有上述"两面人"现象,要及时采取果断措施做出相应处理。

(5)正确对待发牢骚。

深入分析深化改革中员工发牢骚的原因,可能存在对改革政策不满或对具体改革落实过程的方法措施存有不同意见,或者是因日常工作对领导有意见而借改革之机所进行的一种随意发泄等。面对这种牢骚现象,作为各级领导和思想政治工作者,一定要保持头脑清醒,建立逆向思维,做到冷静、理智地对待处理。具体方法是倾听、沟通和启发转化,在沟通中做好引导疏导,并善于利用有积极因素的牢骚,深度分析思考和挖掘牢骚背后的深层次原因,进而通过寻求适当方法解决牢骚反映的实质性问题,转变员工对推进改革实施的认识与态度。同时,要注意加强与员工群众的经常性沟通联系,有效预防因牢骚现象引发逆改革思想泛滥。

在这方面,毛泽东同志给我们树立了很好的榜样,对如何正确对待牢骚现象发生,并有效破解深化改革中的深层次矛盾和思想问题,具有重要启示作用。当年毛泽东同志在陕北边区工作时,一次天降大雨,雷鸣电闪,劈死了当地老乡的一头毛驴。一个老乡借机发牢骚说:"咋不劈死毛泽东!"边区公安局认为这真是反动之极,就把这个老乡抓了起来。毛泽东同志闻讯后却让放人,说这个老乡这样说必有其中的道理。一问之下,原来是边区农民负担过重,于是毛泽东同志就批示将公粮从20万担减至16万担。在认真反省了征粮过多、群众负担太重的问题后,边区中央政府及时抓了开展大生产运动和实行精兵简政两件大事,从而密切了边区干群关系、军民关系,巩固了抗日根据地。

(6)高度重视"重使用轻培养"问题的解决。

教育人、引导人、培养人,是员工思想政治工作的优良传统,也是培养造就新时代优秀员工队伍的一条重要经验。但也不可否认,在企业改革发展过程中,有些单位受急功近利、金钱至上等不良思想影响,在培养人,这里主要是指对员工队伍思想道德素质的培养上出现了严重削弱现象。这种现象一旦发展到某种程度,就会对员工队伍的思想政治建设形成重大挑战。特别是一些性格偏执人员,当遇有一些深化改革举措与自己主观意志不相符时,就有可能出现冲动发泄,甚至顶撞反对现象。这是对思想政治工作造成特别困难的一个重要因素。

对此,要彻底扭转对员工队伍重使用轻培养的现象,高度重视对员工队伍思想政治素质的日常培养提高工作。要充分发挥新时代加强企业党建与思想政治工作的政治优势,坚持搞好教育人、引导人与培养人并举,努力以过硬的员工队伍思想政治素养保障各项改革深入开展。

(7)切实发挥领导干部带头示范作用。

纵观企业改革发展历程,各级领导干部始终是推进改革发展的中坚力量。但在某些单位的特定阶段,由于个别领导干部大局观念和开拓意识不强,本位主义或个人私心杂念严重,对部分员工支持改革、顺应改革的思想与行动造成了严重的负面影响。这对做好重点人员的改革思想教育引导工作形成了极大障碍。新形势下,在面对各种深层次矛盾凸显的深化改革实践中,更需要领导干部具有强烈的改革创新意识,在推进改革政策措施实践中发挥示范带头作用。领导干部的言行举止对于员工群众具有强烈暗示作用。有些情况下,要把特殊难做人员的思想工作做通,应先把有关领导人员的思想工作做好成为关键。

诚然,做好领导干部相关思想工作不是一般政工人员所能完成的,但可通过党建引领与领导干部思想作风建设予以落实。这是政工工作的应有之责,是破解普通员工思想难题中应当注意的一个重要方面。

(8)牢固树立奋发有为思想。

针对深化改革中员工思想难题开展思想工作,既需要灵活务实的方法,也需要思想政治工作者自身坚定的意志和攻坚克难思想,特别应以奋发有为思想引领自身把工作做实做优。

实际工作中,对于解决改革中思想工作的难题,要树立既是自身职责所在,更是自身能力体现的观念,决不能遇到难题就退缩、走完过场就了结。要发扬钉钉子精神,善于打破常规,情真意切,创新思路,潜心思考解决问题的有效方法,针对具体情况采取适当策略,甚至以颠覆性思维把问题解决落到实处;要强化担当意识,执着追求,现身说法,做到原则性与灵活性相结合,不把问题解决不罢休。同时,针对改革举措持续深入落实中的热点难点问题,要坚持以动制动,常抓常新,不断针对新情况,调整新思路,采取新措施,攻克新难题。

值得注意的是,在解决改革中的热点难点问题中,一定要避免出现"塔西佗陷阱"。实际工作既要着眼于解决现实具体难题,也要考虑不能影响单位改革大局和整体形象,绝不能作茧自缚,顾此失彼,以"隔绝关联"方式解决员工思想难题,以丢失企业公信力为代价赢得个别员工一时的信赖。

5. 注重群体效应

维护稳定是思想政治工作的一项重要任务。网络时代,热点很多,燃点很低,要高度重视群体效应对于保持企业稳定的重要性。一旦因某种因素引发负面的员工群体效应,对企业的改革发展将会造成严重负面影响。

根据法国社会心理学家、群体心理学创始人古斯塔夫·勒庞的观点,群体总是无意识的,无意识所发挥的作用是非常巨大的。当个体被带入组织化群体的情景中时,往往会完全失去个人意识,听命于使其丧失人格的操纵者的一切建议,并表现出可能与其性格和爱好完全矛盾的行为。正是这种无意识,就是他们的秘密力量之一。无意识就像是一种不为所知的力量,而理性所发挥的作用是非常小的。

古斯塔夫·勒庞认为,群体在智力方面总是劣于其独立个体,但是从群体所引发的个体感受和行为来看,根据不同的环境,群体可能优于或劣于其个体。所有这一切都取决于群体所暴露出来的暗藏的性质。由此而得,犯罪性群体是确实存在的,但英雄群体也是同样存在的。

这里我们所要阐述的是,在尽力造就团结进取、奋发向上员工群体的同时,如何避免形成影响大局工作稳定的员工群体,以及针对该群体如何做好维护稳定工作。

企业有人则企,无人则止。具体维护稳定工作要充分认识群体效应的两面性,牢固树立人本管理思想,高度重视员工群众的心理需求,注重员工群众急、难、愁、盼事项的问题解决。要树立企业员工大家庭理念,对员工群众多关爱,让弱势群体有温暖,祛除非此即彼思想观。要学习心理学,讲求工作艺术,强化群体意识,善于把握底线,确保大局稳定,落实维稳责任。维稳工作不能不作为,更不能乱作为,乱作为还不如不作为。

综合分析多年来的经验教训,开展员工稳定工作,应坚持以问题预防和矛盾化解为主线,以相关法规制度内容为依据,以基层基础建设为支撑,以"平安建设""和谐共建"为载体,突出薄弱环节订措施,灵活多样抓落实。实际工作要把主观愿望和现实可能、工作决心和有效方法、工作思路和实际效果结合起来,发挥好信访主渠道作用,切实把维稳工作落到实处。同时,注重进行规律性研究思考,以把工作做得更加扎实而富有成效。具体可建立以下法则:

(1)宏观把握法则。

日常维护稳定工作要点面结合,突出重点,注重在"严、细、实、恒、保、创"

上狠下功夫。根据职责分工,要上下协同齐努力,坚持做到"十抓"不放松:基层网络建设抓严密;信息收集工作抓精准;矛盾排查分析抓苗头;日常矛盾化解抓经常;分类施教方法抓灵活;重点督察督导抓及时;特殊事项攻关抓时效;应急处置事项抓果断;违纪违法处理抓惩戒;履职尽责落地抓考核。

(2)长效机制运行法则。

在长效工作机制运行上,要抓好具体措施的细化强化,确保把经常性的信访稳定工作落到实处。实际针对不同单位实际,可做到"六个强化""六个到位":强化长效思想教育,对员工进行正面教育引导要到位;强化员工思想动态排查,及时化解不稳定因素要到位;强化矛盾问题预防,正确处理稳定与其他工作的关系要到位;强化工作网络预警和信息平台管控,把不稳定因素及时消除在萌芽状态要到位;强化制度建设管理,落实维稳工作责任制要到位;强化特情特办意识,落实应急方案具体措施要到位。

(3)常态化管控法则。

员工的心,企业的根。分析社会现实,人们的生活压力在增大。深化改革要考虑员工承受能力,对于员工稳定工作要注重有效超前预防,把"有效"二字做细做实。对此,要加强对改革政策和员工思想状况的分析研判,对改革政策措施的出台实施和宣传引导做到适度适当适时;要善于运用类似狗鼻子的灵敏嗅觉、狼眼睛的火眼金睛,及时识别和淹没暗流涌动,及时发现并消除不稳定因素;对于事关员工群众切身利益的事情,要真心倾听,精心梳理,善于听明白话外之音,把主动寻找矛盾、及时解决问题落到实处;要充分认识矛盾问题转化的必然性,根据改革不同阶段员工思想矛盾特点,及时调整落实维稳思路措施,高度重视由做好因显性原因造成的不稳定现象的维稳工作,及时向做好因显性原因和隐性原因造成的不稳定现象"两者并举"的维稳方向转变;要联系实际加深对"积羽沉舟""群轻折轴"道理的理解,工作过程中建立起多米诺思维,关键事项上能够及时发现和消除可能成为引发大局变动的触发点。

(4)异常管理法则。

异常管理是稳定工作的重点。抓异常管理就要建立问题思维,重视

"墨菲定理"在维稳工作中的应用,善于透过异常现象纠察问题所在,在工作现状中及时揭示问题倾向,然后及时采取措施排除问题隐患。要树牢追根求源抓根本思想,建立健全异常问题分析排查制度。有的单位表面上看一片平静,实则是暗流涌动;有的问题表现在基层,其实不少情况根源在高层。对此,要给出实事求是的分析判断和解决办法。对于"黑天鹅""灰犀牛"等应急事件的处置,要提前制订应急预案,一旦发生应急事件,立即结合实际抓好具体落实。同时,作为上级组织和职能部门,对于基层工作要关注工作执行"疲劳症"是否出现,一旦发现问题要及时跟进采取改进方法措施。另外,还要警惕"只要你过得比我好,我就不断把你找"等异常现象的发生。

(5)民主管理法则。

民主管理是工会组织的核心职能,对于做好维稳工作具有特别重要的作用。一方面,对即将出台的改革措施办法,要适时通过工会组织按照相关法规制度,落实好民主管理程序,通过履行应有的民主管理程序来维护员工的合法权益,广泛吸收员工群众的意见建议,为做好维稳工作提供合法依据;另一方面,要强化民主管理内涵要求的落实,防止民主管理简单化和形式化,切实避免由于与广大员工沟通的广度深度不够、代表面不够,甚至是模糊沟通,不能允分吸收员工群众的意见建议,以致在改革政策落实过程中诱发基层员工群众思想不稳现象的发生。对于涉及员工切身利益的事项,要尽量多地征求意见建议,针对具体情况分层次适度召开不同类型的座谈会,在落实关心、尊重、依靠员工的工作中,做到征求意见、沟通思想与正面引导、形成共识相结合。

(6)应急处置法则。

能否搞好应急处置是做好维稳工作的关键事项。在突发群体上访事件的应急处置过程中,可遵照"急则治标、缓则治本"原则,积极主动不回避,讲究方法不激化,突出重点抓突破。对于群体人员做工作,要高度重视非正式组织的影响力,如老乡、校友、战友、师徒,以及大型企业中的亲友裙带链等。对于重点个体人员做工作,应一人一策,"土洋"结合。对于明显违法违规上访事件,要主动借助政府公安力量发挥震慑止访作用。处理上访应急事件,各级领导重视是关键,具体采取措施靠基层,能否负责看行动。对于非常特别情况下的应急维稳事项,可考虑暂时采取重结果不重过程策略迅速抓落实。

(7)惩防并举法则。

惩防并举是做好维稳工作的重要环节。"未晚先投宿,鸡鸣早看天",是古人未雨绸缪的宝贵经验。抓稳定要强化治本意识,善于针对影响稳定的源头有效施策,并通过不稳定事件的对待处理发挥导向预防作用。对具有重要影响力的不稳定事件,要坚持树立"冷管理、热关怀"思想,抓住关键事项,深入追查问题发生根源,严格依照维稳制度规定做出惩罚处理,着力发挥以儆效尤作用。同时,要深入总结维稳处理过程中的经验教训,明确严防类似问题再次发生的措施办法;要强化员工和企业共同发展、成果共享意识,对不断深化改革新举措的制订中所涉及员工切身利益的内容,及时提出必要意见建议;要注重发挥工会组织的帮扶救助作用,对于生活困难的员工,及时提供生活帮助;要重视强化调动维稳一线人员积极性措施的落实,为筑牢维护稳定第一道防线创造有利条件。

(8)遗留问题处理法则。

历史遗留问题是引发不稳定问题的重要因素。面对领导班子换届或企业重整变化等新情况,在如何对待遗留问题处理的各种诉求上,应自觉克服新官不理旧账、新企业不解决过往老问题的思想,做到积极接纳不推脱,慎重处理不盲办;在解决遗留问题的思维方式上,要树立"换位思考、精心办理、依据政策、尽力而为"思想;在具体实施遗留问题的处理上,要在多方调研讨论的基础上制订解决措施办法,结合实际平衡好各种利益关系,做到慎重决策,周密处理,不留隐患。

实践证明,按照以上法则开展维稳工作,均可收到较好效果。深入总结分析多年来开展不同性质维稳工作的成功经验,可为持续深入做好相关维稳工作带来许多有益启示。

譬如,通过综合分析总结各类企业对过往处理历史遗留问题的一系列

成功做法,对于如何持续稳妥处理企业历史遗留问题可得到以下启示:

①作为存续、改制,以及各类持续经营单位,都应自觉克服现企业不解决过往老问题的思想,积极接纳原企业人员所提诉求,并深入思考解决其诉求的有效办法,为避免矛盾激化并最终使遗留问题得到妥善处理奠定基础;

②对诉求事项适当予以冷处理,以暴露矛盾焦点和相关诉求核心目的,然后做出综合分析,针对一揽子诉求内容,统筹制订解决方案,并把事态保持在有效管控范围之内;

③通过与所提诉求者代表进行深入沟通,传递积极信息,充分体现诉求处理"换位思考、精心办理、依据政策、尽力而为"指导思想,共同寻求解决所提诉求问题的方法措施;

④在权衡各方利益的基础上,周密思考,慎重决策,原则制订出能够彻底解决遗留问题的综合措施办法,严防本问题处理后再留后遗症;

⑤把问题解决办法通过所提诉求者代表传递信息,观察思想动态,务求最大限度统一共识;

⑥对于特殊事项的处理,可选用特别适合工作人员与所提诉求者代表进行沟通联络做工作,以便更有利于问题的有效沟通解决;

⑦不管是正常存续运营企业,还是国有改制或混改企业等,都必须充分认识保持稳定对于保障企业持续健康发展的极端重要性,只有真正把历史遗留问题解决好才能轻装前进。

另外,企业稳定和社会现象紧密相连。通过窥视社会现象一角就可以联想到做好企业稳定工作依然任重道远。2022年8月的一天上午,当我驾车行驶到北京市某一城区道路上时,在一辆SUV小汽车后车窗上,看到用非常正规的彩色字写着"我拼命顾家,家没顾好;我拼命挣钱,钱没挣到;总想着对别人好,却没有一个人说你好,到最后却落得一无是处,还活得一塌糊涂"。并配有一幅用小手臂抹眼泪的人像图片。

由此,让人们有何感想呢?当我第一眼看到此情景时,就感到这辆车和车主有点特别。仔细一想,虽然这车主可能代表不了当下多少人,但也的确是一种社会现象的表现。至于这车的司机是男是女、是老是少,由于我在该车的后面是跟车,没有看清。由于引起我的注意,对其内容就利用路口红灯等待期间,顺手用手机拍了下来。

以上该车后部窗面的内容,值得我们深入思考。它反映的虽是个别人员的思想情绪,但由此可以联想,本企业员工队伍中是否也有类似这样的情绪存在?针对这种情绪,政工工作应如何采取措施?

毛泽东同志在《论十大关系》一文中指出:"世界是由矛盾组成的。没有矛盾就没有世界。我们的任务,是要正确处理这些矛盾。这些矛盾在实践中是否能完全处理好,也要准备两种可能性,而且在处理这些矛盾的过程中,一定还会遇到新的矛盾,新的问题。但是,像我们常说的那样,道路总是曲折的,前途总是光明的。"对此,我们应结合实际很好地深入学习领会并付诸行动。

第十章 精业笃行 深耕细作

据有关资料介绍,1949年,正当人民解放军百万大军横渡长江之时,柳亚子问毛泽东主席:"渡江很快成功,请问主席,用的什么妙计?"毛泽东同志回答:"打仗没有什么妙计,人民的支持就是最大的妙计。"

赢得革命战争胜利需要人民群众支持,办好企业同样需要员工群众支持。新时代新征程上,要把现代企业工作做好,就要坚持为员工谋幸福、为股东谋利益、为国家做贡献不动摇,把牢固树立人本管理思想的工作理念,落实到充分动员员工、广泛依靠员工、全力服务员工的实际工作中,落实到广泛汇聚干部员工的智慧和力量上,以实际行动赢得广大员工的信赖和支持。

作为员工思想政治工作,既要把握大局了解掌握员工队伍整体思想状况,也要关注微观个体员工的行为特点;既要宣传倡导不断加快改革发展的重要性,也要强化思想政治工作与改革发展举措的协同性;既要注重把普遍性工作做实做好,也要注意区分不同类型,根据不同特点把具体工作做细做实。

在前述做好经常性员工思想政治工作的同时,还应精心做好员工的分类识别与教育引导,针对不同类型不同特点,抓住关键,有效施策,进一步在教育人、引导人、激励人和帮助人、培养人上多下功夫,以利于在充分调动广大员工积极性上取得更好成效。

1. 员工队伍"画像"探析

为增强思想政治工作的针对性与实效性,在通常区分领导干部、党团员、一般管理人员、班组长和普通员工,以及机关与基层等不同情况开展实际工作的基础上,从员工性格、思想观念和工作状况分析入手,做好员工队伍分类比较和措施应对的探讨实践是十分必要的。

按照心理学观点,人们的性格可分为正常性格和非正常性格。根据美国戴尔·阿什博士"怪异心理学"的观点,对于人们认为是"负面"的多动型、强迫型、焦虑型和表演型、自我型、幻想型等人的多种性格,只要用对了都是才能。阿什博士认为,每个人的性格都是独一无二的。人们一旦认识了真正的自我,就能让这种独一无二迸发出光彩。同时,人们只有真正认识了自己,才有可能充分利用自己的个性优势,做出更大的成绩。为更好分析利用这些才能和优势,阿什博士对这些所谓的"负面"性格建立了临界线概念,认为具有上述任何一种性格的人只要位于临界线之前,就可谓是正常优势,可一旦越过临界线,就会成为病态。

据此要充分认识到,每个具有不同性格的员工都预示着会具有不同的个性优势。我们开展员工思想工作,一定要常怀包容之心,不能以政工人员自身对某些性格好恶的思想对待员工的性格特点,而应正确引导每名员工都要拥抱好真正的自己,接受真实的自己,强化自我激励意识,围绕干好本职尽力发挥好自身优势,用自己切实的努力去创出自己优异的工作成绩和美好生活。

当今社会是鼓励个性张扬的时代。正确认识并发挥好每个员工的个性特点,对于做好员工思想政治工作大有益处。特别对于如何认知性格迥异的员工、如何做好其员工的日常思想工作将有较大帮助。

每个员工不同的性格,就预示着会有不同的个性。对于员工性格上所表现出的与众不同的东西,要给予正确认知,而不应歧视和放任自流;要通过一人一事的思想工作,鼓励这些员工学会把自己的个性视为特点和优势而非不利因素,进而在实际工作中最大限度地发挥好自己的特点和优势,按照岗位工作的统一目标要求创出骄人的业绩。同时,要密切关注这部分员工的思想动态和工作表现,尽力以客观积极的思想引导疏导,抑制好这部分员工的个性不能走向极端。

因人而异、分类施教,是开展员工思想工作的基本原则。现实工作中,除因特殊性格原因需要按照上述观点做好有关人员的思想工作之外,为把经常性的员工思想工作做得更加扎实而富有成效,还可针对员工队伍实际状况,特别是基层一线干部员工的实际情况,分别不同类型采取相应措施把相关工作做好。

根据多年来与各种不同类型员工的直接沟通交流和多方面观察思考,单从如何凝聚人心、鼓舞士气和帮促结合、激发热情,充分调动员工工作积极性的视角观察分析而言,具体可把员工分为以下十八种类型,并分别做好相应工作策略应对。

(1)积极进取型。员工思想进步,心无旁骛,工作积极主动、专心致志、尽职尽责,事业心、进取心和执行力强,善于创新思维,勇于克服困难,自我要求严格,岗位业绩优良。策略:工作上支持,思想上引领,政治上激励;综合鼓励与全面教育帮助相结合。

(2)荣耀示范型。综合素质高,工作责任感、荣誉感突出,开拓创新意识强,善于发挥自身工作优势,能于在某些或某个方面的工作中走在前列,树立榜样。策略:培养帮助,发挥示范带动作用;精神鼓励,政策激励;提供平台,拓展发展空间。

(3)进取跟随型。政治方向坚定,工作责任感、执行力和创优意识强,大局意识突出,具有较好的奉献进取精神,但在自主工作上存在明显的随从和依赖性。策略:表扬鼓励,关心帮助,择机激励,防止工作滑坡。

(4)纽带联络型。政治思想觉悟高,个人情商表现好,工作资历和群众威信相对较高,联络帮助同事意愿突出、能力较强。策略:察其所优,用其所长,重视正面思想引领,日常工作可注重用其在助涨士气、帮助落后方面发挥作用。

(5)聪慧自立型。眼光老辣、思维敏捷,谋略有方,城府较深,自我感觉已经看破红尘,自主管理能力较强,实际工作有实力但不完全尽力,完成任务尽责任但奉献精神不足。策略:引导鼓励发挥自身优势,对于其优势适时借智提效。

(6)蓄势待发型。精神状态好,对企业忠诚度高,事业心强,善于学习思考,能于"自燃"上进,虽然工作水平或管理能力暂时达不到一定高度,但具有较强的工作可塑性,关键时刻能够经受住组织考验。策略:培养帮助,提供平台锻炼提高。

(7)固执单纯型。爱岗敬业,作风正派,思想单纯,处事直率,工作积极向上,处理复杂问题理想化、空想化倾向严重,遇有不同观点事宜易认"死理"、爱钻"牛角尖"。策略:日常工作进行正面鼓励引导,特殊事宜可适度进行思想疏导和举例刺激引导。

(8)孤傲自保型。自我感觉工作水平高,业务能力强,性格孤僻高傲;实际表现力求做好分内工作,不愿让他人提出挑剔意见;潜意识存在对同事和上级等不服气或不认同心理。策略:充分肯定既有工作成效,加强对拓展思维方法的教育引导帮助。

(9)自卑压抑型。个体综合素质好,且内心具有良好的工作与事业理想追求,但因个人一时过失或受外在因素制约对本人造成一定不利影响,自尊心受到伤害。策略:及时主动进行思想开导,适当创造条件改善工作环境,促其放下包袱,轻装前进,发挥应有作用。

(10)站桩度日型。管理人员创新创优意识淡薄,日常工作应付走形式、执行力差,关键事项推诿扯皮、不负责任,"稻草人"现象严重;一线员工具体工作在岗不"上岗",有名无实不尽责。策略:警示教育疏导、员工管理政策引导与实施组织调整措施相结合。

(11)明哲保身型。对待常规性工作能够尽职尽责,积极进取;在涉及矛盾性问题的处理上,缺乏应有的工作与处事原则,奉行你好我好大家好,"和事佬"作风表现突出。策略:强化规则处事、风清气正等思想教育引导。

(12)角色异位型。缺乏工作定位意识,说话随心所欲,处事方法僵化,管理工作顾此失彼或自我封闭,在正确履职尽责与强化大局意识的工作处理上,以及在对工作越位或缺位内涵的理解上缺乏应有的把握。策略:加强组织行为学思想教育引导和工作规范约束指导。

(13)反复无常型。业务水平较高,攀比心态严重,自我定位失当,个人利益第一,价值观扭曲,归属感缺失。思想状况随着工作环境的变化而变化,在反复变化中趋好,但一遇有涉及个人利益暂时不能满足情况就迅速转回原点。策略:尽力争取,适时放弃。

(14)自私自利型。个人私心杂念严重,公私关系处理失当,在职责划分、任务分配、奖金发放和工具配发领用等方面斤斤计较,爱占便宜,缺乏应有的"大气"与"大度",大局观念与奉献意识淡薄。策略:正面思想教育引导与管理制约相结合。

(15)消极落后型。对待工作应付了事,完成任务"慢拍"执行,思想消极,工作消沉,精神状态萎靡不振。有的甚至干工作劲头不足,但说"风凉话"却不断。策略:通过针对具体人员状况寻找突破口,努力做好情感激励、氛围感染和思想教育转化工作。

(16)迂腐不化型。思想僵化不前,能力平常一般,牢骚满腹不断,自我评价认知严重失真,接受思想帮助持排斥心态明显。虽然其工作表现不前不后,但其不良思想对周围同事负面影响严重。策略:深挖不良思想根源,持续深入进行思想教育引导与孤立刺激相结合。

(17)自满骄横型。具有较强工作能力,且工作资历相对较长,但总认为自己没有得到应有的工作报酬或职级待遇等,工作不服管和"借故挑事"现象严重,说话做事自以为是。策略:情理交融,刚柔相济,抓住思想和工作软肋深做工作,借助其典型不良行为表现进行严肃处置和思想教育。

(18)棱角对抗。组织纪律观念淡薄,自我约束能力低下,处事敏感挑剔,日常工作挑肥拣瘦,当上级人员安排工作或处置公务事宜时稍不顺心就出言不逊,直面对抗。策略:以柔克刚、刚柔相济;以情训化,以规教化;以智而纵,以谋而擒。

以上分类方法是就员工群体而言,对于存有极个别行为表现的员工不在其内。诚然,由于作者工作阅历和思想认识上存在的局限性,以上这种分类方法可能存在一定局限性。

对于如何针对以上各种类型员工具体有效地开展思想工作,依据本书前述企业政工"七要素"管理原则,由于员工所属行业、单位内外环境和企业性质等不同情况,所采取的具体方法措施也应有所差异,这里仅就工作策略给予简要概述,其目的在于针对不同类型员工所需工作的多样性,强化宏观驾驭能力描述的适用性。

作为特殊时期对特殊人员如何做工作,在苏联早期曾流传这样一个故事:一次,有一个上将军人向斯大林汇报工作,斯大林表示非常满意。汇报完后,这位上将仍然不走,面露窘态。斯大林问他还有什么事,上将说,是的,我有一个请求,我在德国搜罗了一些自己感兴趣的东西,回国时被边检站扣住了,我想有可能的话,请求把这些东西退还给我。"可以,你写一份申请我批下来。"上将马上掏出早就准备好的申请,斯大林在上面批示道:把破烂交还上校……斯大林。该上将看后马上示意说:"您有个笔误,我不是上校,是上将。"斯大林冷冷地说道:"我没写错,上校同志。"

这个上将大概觉得从国外带点私货回国并不要紧,很稀松平常,居然求情求到斯大林头上了,死到临头都不知怎么回事。

对于有些事情有的员工总觉得没什么大不了的,但在"老板"眼里就是关乎性质的大事情,不经意间就可以决定这种员工的未来。深入品味以上这个故事的内涵,对于我们如何针对说话做事自以为是、毫不在乎的员工做思想工作,具有重要教育启示作用。

回顾多年来所经历的政工实践,在针对不同类型员工开展思想政治工作方面,既有成功实现预期目标的经验,也有未达预期目标的遗憾,在深入反思中其启发感想良多,值得总结参考。其中,对于积极进取型员工,一定要善于发现,大力培养,及时给予工作上支持、思想上引领和政治上激励,促使他们始终保持积极向上的心态,自觉在立足本职、创优创效的征途上做出不懈努力。同时,对于他们自身存在的问题不足要及时发现,直面解决,不可袒护遮掩,视而不见,力求做到综合鼓励与全面教育帮助相结合。否则,就有可能会助长他们不良思想膨胀心理,将对他们的持续健康成长进步造成负面影响。

譬如:在车间内部先进典型班长对技术管理人员因工作矛盾发生过激行为造成较大负面影响的情况下,车间领导应该如何处理?由于此问题的双方一方是车间管理人员,一方是班组优秀管理骨干,势必会在不少人员中出现主张私下运用"大事化小、小事化了"的方法处理完了事的想法。但从教育人、引导人、激励人的思想工作原则和落实规则管理出发,就应态度鲜明地严格按照有关制度规定,对主要问题方的班长做出相应处理。

当然,对于以上问题的处理并不能简单处理完一了百了,而要针对受处理方如何态度诚恳地接受批评教育,如何从内心真正接受处罚意见,如何切实以此深刻接受教训改进作风提升形象,针对该技术人员如何提升技术管理水平等相关事项,在其问题处理前后做好大量深入细致的思想帮助和教育引导工作。只有这样,才能既可维护车间管理工作的严肃性,也可使主要问题方的班长真正受得一次特殊的思想教育帮助,进而促使该员工的积极进取作风在自觉克服自我不足中得到新的升华。同时,还可对车间广大员工起到一次较好的警示教育作用,着力以此避免该单位再无以上类似问题发生。

2. 识人、用人、培养人

企业发展要靠人,靠人才,靠有用之人。从以上员工类型的多样性可以看到识人、用人、培养人的重要性。对于如何识人、用人、培养人,一直是企业政工高度关注并落地践行的重要内容。进入新时代以来,更加明确了企业政工特别是国有企业党建工作对各类人才管理使用所赋予的重要责任。由此,作为政工人员尤其是各级政工领导同志,务必深入研究思考新形势下如何正确把握识人、用人、培养人的方法要领,以利于更好地把人才管理工作做好。

"九型人格"是一门让大家了解人类不同的个性与特质,探索人与人相处之道的学问。在近年来的学说发展过程中,针对不同研究方向形成了不少重要研究成果。清华大学卓越企业CEO高级研修班特聘教授黄瑞生博士,通过"九型人格与用人之道"的管理心理学课程教学实践,在分别解析九型人格心灵密码的基础上,对不同类型人员的渴望、恐惧内容等进行了深入分析，对九型人格在企业管理中的运用给出了独到见解，对如何根据性格定岗位、如何管理不同性格的员工给予了深刻阐述。启示大家对于不同性格员工的认识应为只有特点、没有优缺点之分；强调用人应把合适的人放在适合的岗位上，处事要行善如流、为善快乐；认为生命是一场感召的游戏，要么我搞定别人，要么我被别人搞定，要么自己搞定自己。

目前这一学问已广泛应用于企业管理、销售技巧、心理辅导，以及员工职业规划与人才培养等领域，不少企业开始通过这门学问挖掘员工的潜能，提升员工的团队合作能力和与客户的沟通交流能力，有些则把其应用于员工的使用安排，甚至领导干部的选拔使用上。这为新时期企业政工如何更好履行识人、用人、培养人的重要职责提供了重要参考。

在具体如何识人用人上，汉高祖刘邦用韩信带兵、张良出谋、萧何保后的良策建立了西汉大业，其用人之道被世人传为佳话。晚清重臣左宗棠所独创的"九验九术"识才法，为朝廷选用了大批杰出人才，为西征平叛大业的顺利进行提供了保障。其"九验之道"为：远使之，以观其忠；近使之，以观其恭；繁使之，以观其能；卒然使之，以观其智；急与之期，以观其信；委之货财，以观其仁；告之以危，以观其节；醉之以酒，以观其态；杂之以处，以观其色。另外，以识人以明、驭人以术、制人以奸、防人以严、容人以度、待人以礼、养人以信、驱人以威、服人以德为内容的"用人之法在于九道"，被视为经典金句；以在一起"吃一次饭、出一趟差、打一次扑克"为内容的"三个一"人员考察方法，近年来被民间戏称"识人三佳"之法。这些都为如何做好新时期企业识人、用人、培养人工作拓展了思路。

在如何通过正确识人用人选用各级优秀管理者，通过培养人为关键岗位人员提供后备人才支撑，进而如何让企业像军舰一样扬帆远航，让员工像水兵一样士气高昂，看了曾担任美国海军军舰舰长的迈克尔·阿伯拉肖夫所著的《这是你的船》一书后深受启发。

迈克尔作为一舰之长有一项比较艰巨的任务就是帮助水兵树立团队意识。要让他们意识到，除非大家同舟共济，相互支持，否则整个舰艇就会陷入麻烦，谁也无法逃脱。而要想做到真正的同舟共济，首先人们必须意识到彼此之间的共同利益。作为一名领导者,如果你要求周围的人都跟你一样的话,你就会陷入同质性思维的误区,就很难产生真正具有创意的想法。一个团队的目标并不是要让每个人的想法都相同。相反,团队作业的时候应该注重发挥每个人的特点,然后让所有的人都向着一个共同的目标努力。

迈克尔在后来担任国防部长军事助理一年后,鼓起勇气问国防部长说:"到底是什么使您当初从众多候选人中挑选我呢?"当时担任国防部长的佩里博士回答道:"迈克尔,我在政府部门和企业中有过四十多年的工作经验,我本来可以挑选一名最聪明的助手。可问题是,我发现最优秀的队员往往都不是最聪明的,而是那些最能与人合作的。从这个角度来说,你是最合适的候选人。"

纵观国内外企业成功的案例,不乏在识人用人方面显示了各自独有的特征。

20世纪80年代,当时被誉为"发明当厂长秘诀的人"的沈阳薄板厂厂长刘相荣,在工作实践中总结出了用干部的三条"秘诀":第一,你以前功劳再大,干得再好,而现在不干,我就不欣赏你,不使用你。第二,即使你以前成绩不大,表现不好,现在能重打鼓另开张,不管是谁,只要不是"三种人"或者犯有严重错误的人,我都重用你。第三,作为一个干部,要想事、找事、干事、干实事。"千人之诺诺,不如一士之谔谔"。我宁可用十个有缺点但有作为的干部,也不会用一个只会唯唯诺诺但却无所作为的"好人","好人"并非是好干部,好干部也并非是完整的"好人",有瑕之玉总比无瑕之石价值大得多。

海尔集团的"人人是人才,赛马不相马",是海尔人力资源战略成功的一个重要标志。长期以来,海尔所有岗位都在参与日常竞争,岗岗是擂台,人人可升迁,而且向社会开放。海尔"赛马不相马"的用人机制,改革了传统的用人方法,坚持用竞争上岗的办法选人才,在赛马场上挑骏马,开辟了能者上、庸者下、平者让和人尽其才、才尽其用的现代用人新境界。

日本松下电器公司之所以能从两三个人的手工作坊发展成为曾一度是日本最大的电器公司,成为资本主义世界的"经营之王",有人总结其秘密就在于人才的搭配使用。松下幸之助认为,从长远观点来看,在一个企业里,应该兼有各种性格和特长的人才好。松下自20世纪70年代起,对于人才的录用就确定了标准,除了首先要有好的品德以外,根据其性格作风,大体分为三种类型:第一种是较有头脑的文人型,所谓"较有头脑",当然不是说只要聪明就行了,而是说作为这个人的特长,在分析和处理问题时,善于运用他的脑子去思考。第二种是武士型,即那种豪放、磊落,富有进取精神的人。第三种是运动员型。这三种类型的人大约各占三分之一。

随着社会时代的不断发展,企业的识人用人观念较前发生了质的变化。面对新时期探讨如何进行识人、用人、培养人的时代课题,认真翻阅思考以上案例内容,并正确把握过往成功经验的时代内涵,以及国内外客观环境的极大差异,或许能对现实工作带来新的启发。

针对新时代人才队伍建设的新特点新要求,在坚持以德为先、德才兼备总体原则的前提下,从加强人才队伍建设的现实与长远需要出发,对于如何做好识人、用人、培养人工作,考虑不同行业、不同单位及其不同发展阶段等不同情况,着眼于更加精准有效,更能贴合实际,深入总结思考多年来的经验教训,应在客观把握人性的本质上观察辨识员工的言行举止,善于运用辩证思维和哲学观点分析研究事情的本源,在抓好经常性工作落实的同时,着力把相关关键事项做好。

用人必先知人,培养人必先了解人。正确识人既是做好一人一事员工思想工作的重要前提,也是把用人和培养人事宜做好的必要事项。具体做法上应把握好"识人五要":

一要观其内。做人要养于内,识人要观其内。要善于运用冰山理论观察员工、认识员工,不但观察其外在表现,更要审视其内在的思想、态度、思维方式等基本素养。通常情况下,对员工的认知应是基于外在表现和内在素养的综合考量。

二要看其能。员工的工作能力是衡量其优劣的重要标志,关键是要考察其在完成关键任务和处理关键事项中的工作表现如何。考察原则既重过程,更重结果;既看客观制约因素,更看主观施策水平。

三要察其微,察其微在于识其伪、求其真。有的员工在领导面前表态铿锵有力,但其内心却很不情愿;有的员工看似勤奋努力,实则确属表面作秀;有的员工表面大干苦干,实非自发主动,而属被逼无奈。这些类似情况不乏存在,有时通过仔细观察一个眼神、一个举动或闻知一句暗语便可认清真伪。

四要重其信。"诚信"两字,应是员工最基本的道德操守,是辨识员工忠诚与否,以及是否值得信赖的重要标志。实际可通过具体事例综合做出评价。

五要窥其志。人无志不立,员工无志则处理大事要事难成。同时,志不在彼,彼事难求。实际可通过处事风格、工作作风、奉献精神等窥视出员工的工作志气与志向如何。

在用人上,要把握关键,量才适用,从容包容,倾情呵护,切实做到知人善任,但不可追求统一的模式。实际应注重"用人六忌":

一忌重才轻德。思想进步,忠诚企业,是人才使用的首选条件。但有的单位以企业不是政府为由,严重忽视关键岗位人才选用的思想道德状况,极易对此后的思想管理混乱埋下祸根;也有的把对企业忠诚条件偷梁换柱为对领导个人的忠诚,使人才选用的"以德为先"原则误入歧途。

二忌求全责备。善用物者无弃物,善用人者无废人。用人要择适而非择优,做到科学匹配人岗。用人不能求全责备,而要扬长避短,善用长板理论,让合适的人做合适的事、特殊的人做特别的事。正如曾国藩关于用人所说:"不苟求乎全才,宜因量以器使"。其意思就是不要苛求找全才,而要根据实际工作需求寻找相关专业较为突出的人。

三忌随意引才。搞好内部人才开发使用是用人管理的一大原则。企业用人应立足现实,眼光向内,做到不拘一格,因时因地制宜,切忌主观武断,忽视对企业内部人才的培养开发使用。特别作为夹杂以人划线的名其曰"为企业引进人才",实际则为强化领导个体"管理控制"的引进人才现象,应作为禁忌对待。值得注意的是,此禁忌不在于个别急用人才的引进,而是"成群式"引入;其负面影响不在于所引人群自身能力如何,而是其外溢负面效应难以弥合。

四忌静态思维。以发展的眼光对待人才、使用人才,可谓人才使用的一个法则。用人要充分挖掘员工的内在潜能,既要看现实,更要看长远,既要看不足,更要看优势。同时,要克服人才单纯使用观点,加大对可塑人才的培养使用与提高工作,为企业长远发展储备好更高层次人才。

五忌导向失明。用人敏感性的关键在于导向性。要坚持用一名干部树一面旗帜,调一次岗位挂一次风标思想,明确导向鲜明的选人用人导向,大力营造见贤思齐、奋发上进的工作氛围,重用那些既真想干事、肯干事、能干事,又能干成事的人员,切忌用人失察、导向失明现象发生。

六忌监管失衡。正视人性弱点,恪守规则底线,是做好员工监管的基本法则。就人才使用而言,不可忽视自私、懒惰、贪婪等人性弱点对其正常履职尽责造成的不利影响,要把强化监督制约作为做好此项工作的重要保障认真对待。具体既要明责授权,又要适度约束。失之于宽、失之于严,都有可能会对所用人才最大限度发挥潜能造成不利影响。

在培养人上,要客观实用,真抓实做,常抓不懈,注重实效,倾力让各类人才尽展才华实现好自我价值。具体要做到"培养人三强化":

一是强化人才培养意识。培养人才是企业管理各系统各级组织共同的职责所在。单从企业教育经费数额的制度设置就可看出员工教育培训工作的极其重要性,更何况对于人才的培养其重要性应是更高一筹。但实际工作并非如此,有些企业不能正确处理培养与使用的关系,拿来主义现象严重,人才培养意识极度欠缺。具体有的单位整体重使用轻培养,对人才队伍成长只有期望而无培养,对管理素养欠缺的骨干人员只指责不指导,只埋怨不帮助;有的搞员工培养教育只是面向一线员工操作层,而对管理层面的培养提高置之度外;还有的对人才队伍综合素质的培养缺乏足够重视,甚至造成各类办班培训的思想政治教育流于形式。这与新时代的企业人才培养需求背道而驰,应予彻底改变。特别对于有关领导责任主要负责人员和组织人事部门,应从强化人才培养意识做起,把实际工作落到实处。

二是强化培养要领把握。人才培养形式、方法和途径繁多,但需唯适而选,唯实而用。在做好理论与实践结合培养提高的过程中,要认知身教重于言教是永恒真理,切实注重领导示范带动,对于上级人员以任何借口对于影响自身能力与形象原因的托词,在下级员工心目中都会无以摆脱效仿结局;关于对有意培养人员的帮助提高工作,具体方法可细致入微,但管理思想指导应适可而止,否则就有可能因联想误判适得其反;工作繁忙不应成为影响培养员工的借口,实际应当建立工作越忙碌越能培养人才的育人理念;培养员工既要求新求特,更要务实求实,严防有效方法脱轨变道;培养人才一靠外力、二靠内力,真实成效重在自我培养提升的内驱力,在于自愿自觉在工作磨砺中成长成才。

三是强化育人环境营造。环境育人是有效促进人才培养工作广泛深入开展的重要方法。具体工作要实施育人策略引导,通过不断完善人才竞争管理机制,切实让"能者上、庸者下、平者让"机制常态化落地,进而更大激发员工自我培养提升的内动力,让各类人才在危机感和期望感中百花齐放、奋发进取;要通过明确职责要求,正确处理人才培养与使用的关系,促使各级各类管理干部和专业技术优秀人员在育人工作中负重前行,推动各类人才在"教学相长"中快速成长;要通过建立"当下师为无上师,崇敬英才才能成为英才"的育人文化,大力营造自我奋发向上、学无止境永恒的浓厚氛围,让想干事的人能够脱颖而出,赢得尊重,进而形成良好的健康育人导向,促使各类人才不断涌现。

3. 提升员工队伍建设功能

抓班子、带队伍,是企业党建工作的优良传统。新形势下,这项工作被赋予了新的内涵,对搞好企业政工提出了新的更高要求。特别作为具有中国特色的现代企业,着眼于建设能力强、素质高,具有高度学习力、创新力和执行力,以及高度适应企业深改发展要求的员工队伍,政工工作要牢牢把握新时代企业党建工作的本质要求,充分发挥自身优势,在智慧抓、务实带上狠下功夫,努力把队伍建设功能提升到新的高度。

具体到功能如何发挥上，要坚持以党建引领全员队伍建设，以抓班子建设影响带动普通员工队伍建设，以强化思想作风建设推动促进员工队伍综合素质提升。

实际工作中，从"党管干部、党管人才"的现实需要出发，政工工作在抓好各级领导班子组织建设和员工队伍思想作风建设的同时，应按职责要求突出抓好管理干部、专业技术和技能操作这"三支队伍"建设的相关工作，深入研究并正确把握新时期员工队伍建设的规则特点，把员工队伍建设上升到人才队伍建设的高度认真对待，适时制订落实对各类人才的培养、使用、管理等各环节的具体措施。同时，注重处理好政工管理与经营管理工作的关系，把嵌入、培养、推荐、选用和教育引导、监督制约等制度规定做细做实，严格把好用人导向和人才使用关，以此促进各类人才持续健康成长，进而增强对员工队伍思想观念与工作能力正向发展的影响力。

在功能提升途径上，适应新时期现代企业发展需要，重点应强化"一树三抓"工作：牢固树立强化员工队伍建设职能发挥思想；重视抓好提升员工队伍自我认知能力，务实抓好基层党支部书记、机关政工管理人员和共产党员的影响带动作用发挥，深入抓好员工素质提升驱动效应释放。

关于牢固树立强化员工队伍建设职能发挥思想。在企业管理体制发生重大变革，政工管理职能作用得以充实完善的新情况下，党建工作对于企业的经营发展和关键岗位人员管理等方面被赋予了重要责任。面对新的形势，政工工作决不能以职责增加、任务繁重为由，就放松对员工队伍建设相关工作，而应更加注重发挥员工队伍建设对企业生产经营管理所提供的重要支撑作用。要牢固树立"重责轻权"观念，更好利用自身优势，根据职责要求把员工队伍建设抓实抓好。特别要深刻认识放松队伍建设对企业改革发展稳定存在的潜在风险，高度警惕因工作地位改变可能发生的工作漂浮对员工队伍建设产生不利影响，切实以具体有效举措把加强员工队伍建设落到实处。

关于重视抓好提升员工队伍自我认知能力。通常情况下，员工个人的自我认知能力如何对于其工作业绩的获取具有直接影响作用。由此，经常性的区分不同情况,通过一定方式帮助员工提高自我认知能力,建立良好思维方式,对于加强员工队伍建设具有重要意义。

根据多年来对影响员工个人工作成果各因素的研究思考,可得出如下"五力"进取方程式:

个人工作成果＝能力×动力×执行力×创新力×自控力

式中,能力是指从事本职本岗工作的专有业务素养和实操水平;自控力是指员工自我定位与评价准确度。

该方程式表明了与员工个人工作成果直接相关的5个主要因素及其关联关系。其中,能力和创新力为客观因素,执行力为主观因素,动力和自控力则为不确定因素。

从该方程式的表达方式可以看出,要实现员工个人工作的满意成果,需要"五力"并用进取,缺一不可。在满足平常所说具有较强业务工作能力和高度执行力、创新力条件的同时,动力和自控力同样对于个人工作成果具有非常重要的影响。其中,动力不仅与员工个人理想目标有关,更与工作环境和心态直接相关;自控力则与员工个人的自我认知能力直接关联,但在其内涵"准确度"的把握上,对于员工个人而言往往是一难点。

由此,作为政工工作,要提升员工队伍建设功能,就应深入了解员工队伍从事本职工作的业务能力、执行力、创新力和动力、自控力现状,特别应不可忽视影响员工自控力因素的个人自我认知能力等实际情况,有针对性地通过教育引导、培养帮助、环境营造等方法,着力在提升综合素养、客观把握现实和深度理性思考问题上多做工作,在引导帮助员工化消极因素为积极因素,通过施加外在影响力引发内因问题的解决上多下功夫。对于如何把握好上述"准确度"事宜,则应在强化规则意识、改进思维方式,有重点有针对性地做好一人一事的帮助引导上抓好落实。

关于务实抓好基层党支部书记、机关政工管理人员和共产党员的影响带动作用发挥。这对于搞好员工队伍建设至关重要。实际工作应把握关键,常抓不懈,努力以此带动和影响促进管理干部、专业技术和技能操作这"三支队伍"健康成长。

具体做法上，一要选好配强党支部书记队伍。适应新时期企业发展和基层党建工作需要，在基层党支部书记的选用上，注重由过去一度以配合辅助型为主转变为以主导协同型为主，能够把综合素质好、工作号召力强，在员工队伍建设上善于发挥积极主导作用的骨干人员选配到党支部书记岗位上。在此基础上，进一步搞好对党支部书记队伍的思想政治建设和作风建设，努力把对基层员工队伍建设的引领带动作用落到实处。二要选好管好机关政工管理人员队伍。严把政工管理人员入口关，是企业用人工作的优良传统。但在某些特定的历史条件下，不少单位在这方面出现了一些偏差，面对新的形势应予彻底纠正。同时，要把机关政工管理人员的思想作风建设纳入议事日程，彻底扭转对其重使用、轻管理的不良现象，切实发挥好机关人员业务素养好、思想作风硬对企业广大员工的影响促进作用。三要做到发挥党员的先锋模范作用常态化。党员队伍建设与员工群众密切相关，越是在特殊时期或急难险重任务面前，越要发挥好党员作用，要使党员队伍始终成为员工群众言行举止的一面镜子。

作为以上述"三支队伍"为重点的员工队伍建设，要取得较好成效，就应结合实际明确好目标方向。

通常情况下，可努力促使管理干部做到"四有四强"。"四有"即：有理想、有素养、有自律、有形象。"四强"即：严抓细管作风强、踔厉奋发能力强、奉献进取精神强、创新创优意识强。

对于专业技术和技能操作人员，可尽力促使其做到"四坚四专"。"四坚"即：坚守艰苦创业、奋发有为的精神状态；坚持刻苦钻研、精益求精的工作作风；坚信一分耕耘、一分收获，有志者、事竟成；坚定做好企业"安全、质量、效益"和长远健康发展的守护者。"四专"即：专心把精力集中在搞好本专业或本工种及其相关业务的工作上；具有专门的学问或技能，在解决本专业或本工种相关的难题上具备自己的专有特长；具备专家型人才的业务技术能力，对本专业或本工种的某一业务有专门研究并取得重要成果；具有较高的专业素养和业务水平，在搞好员工队伍的传帮带上能发挥重要作用。

关于深入抓好员工素质提升的驱动效应释放。按照日本管理大师稻盛和夫的观点,"适者生存"的本质在于自我精进。这是对员工自身而言所讲的。现在我们转换一下角度,要搞好员工队伍建设,就应在如何激发员工内在动力、强化员工自我精进意识,如何帮助促使员工在自觉高标准干好本职工作上增强内驱力等方面多做工作。

具体在做好经常性驱动帮促工作的过程中,重点一是应高度重视先模人员的培养示范。针对员工队伍建设工作的目标要求和实际工作遇到的具体问题,注意发现各类先进典型"胚芽",在实践中通过精心培植培养促其快速成长,然后通过其典型人员的示范效应,发挥好对广大员工的正面影响作用,从而驱动员工队伍整体健康成长。二是应严格把好人才使用导向关。如前所述,对于人才的培养使用至关重要,选用一个人才就是树立一个标杆,提拔一个干部就是树立一面旗帜。要切实从员工队伍建设工作的大局出发,把培养人、使用人和引导人、帮促人结合起来,严格把好人才使用关,着力发挥好用人导向的"正面"反射驱动作用,减少"负面"反射抑制作用。虽然这种引导驱动作用看起来是无形的,但在员工队伍建设实践中往往却又发挥着很重要的有形作用。三是以"三基"工作为依托,持续强化基层建设工作。基层建设作为"三基"管理的一项重要内容,与基层员工队伍建设状况如何直接相关。适应政工管理职责的变化要求,对其应予高度重视。自2018年10月28日起施行的《中国共产党支部工作条例(试行)》,对党支部工作作出了全面规范,是新时代党支部建设的基本遵循。新形势下,应通过分类指导和差别化管理,做到切实改善加强以基层党支部建设为核心的基层建设工作,发挥好党支部在基层员工队伍建设中的组织领导和协调促进作用,更好促使广大员工提升综合素质和专业素养,努力把企业政工对于员工队伍建设的职能发挥提高到一个新水平。

回顾员工队伍建设中所涌现出的各类先进典型事例,有许多值得总结思考。其中,青岛港全国劳动模范、金牌工人,新时代"最美奋斗者",原青岛港桥吊队长许振超,靠着刻苦钻研、永不满足的拼劲和一丝不苟、追求卓越的工匠精神,经过几十年的努力从一名普通码头工人成长为当代产业工人的杰出代表。他不但个人创出了许多绝活儿,还带领团队先后7次刷新集装箱装卸世界纪录,创造了享誉全球的"振超效率",带出了一支既会干绝活又能创新的团队。其事迹令人敬佩,广为传播,为广大员工走好"岗位成才"之路树立了楷模,为探索思考新时期的员工队伍建设方法措施提供了良好借鉴。

4. 为青年人才健康成长引航

青年员工既是做好企业现实工作的生力军,也是企业长远发展的希望所在。他们普遍憧憬美好,渴望未来。突出做好他们的工作,当好他们的引路人,尤其是加大对青年人才的培养帮助力度,注重为青年人才的健康成长铺路引航,是政工工作始终不渝的重要任务。

习近平总书记在党的二十大报告中强调指出:"当代中国青年生逢其时,施展才干的舞台无比广阔,实现梦想的前景无比光明。全党要把青年工作作为战略性工作来抓,用党的科学理论武装青年,用党的初心使命感召青年,做青年朋友的知心人、青年工作的热心人、青年群众的引路人。"结合企业实际深入学习领会这一论述,深感其为做好新时期青年员工工作提供了根本遵循。

应当看到,在不断深化企业改革和加快建设现代化产业体系的新征程上,青工队伍对于企业的高质量健康发展承载着极其重要的任务。对于促进青工队伍,尤其是青年人才的健康成长,既要思想上重视,更要行动上落实。分析新时期青工队伍的整体状况,虽然他们文化素质好、工作热情高、业务水平提高快,但他们中部分人员志向的多变性和价值追求的多样性,以及经受困难挑战和工作挫折的脆弱性等现实状况,往往与时代发展要求相背离,应针对具体情况,在加大力度促进青年人才的健康成长上采取有效措施,抓好具体落实。

对于其具体方法措施,要突破传统思维定式,深刻认识新形势新环境对青年人才队伍建设提出的新要求,以换位思考、因人而异的新视角,在帮助青年人才搞好职业规划设计,适时提供平台进行工作锻炼提高的同时,更加注重实际,精心培育,发挥好共青团组织的独特沟通引领作用,进一步把思想引导疏导工作做深做细,务求实效。

20世纪80年代的新雷锋朱伯儒认为,年轻人,不怕别人看不起,就怕自己不争气。实际工作中,要教育引导青年员工在坚定理想信念前提下练就过硬本领,勇于创新创造,矢志艰苦奋斗,锤炼高尚品格,以实际行动正确对待成绩和差距,正确处理个人前途与企业发展的关系,深刻理解"积土成山、积水成渊""行百步者半九十"等人生哲理,切实夯实事业进步发展的基础,在生产经营一线实践中经受磨炼,用自己的聪明才智和吃苦耐劳作风,提升自己的青春年华和个人形象。要注重统筹思考,着力发挥青年党员、共青团员和各类年轻骨干人员的骨干带头作用,引导帮助他们既要思想境界高、工作热情高,又要业务学习好、勤奋实干好、攻坚克难好、生力军作用发挥好,争做有理想、敢担当、能吃苦、肯奋斗的新时代好青工,进而广泛影响带动青年人才快速成长。

针对新时期青年员工思想观念的新变化,根据基层一线青年人才成长的现实需要,可教育引导帮助青年员工做到以下"五要":

一要正确处理理想与现实的关系。自我加压,奋发向上,客观把握个人的职业理想、事业进步和企业发展观,自觉把个人事业进步融入企业发展征程,努力以"立足本岗、建功立业"的优异成绩书写好自己的职业人生。

二要把树立个人远大理想和干好现实的本职工作相结合。千里之行,始于足下。凡事都要从点滴做起,从具体事情做起。要正确理解"苦尽甘来"的道理,只有先苦,才能后甜;要处理好知识储备、能力增长和收入回报、价值实现的关系,只有能力强、贡献大,才能实现高收入、快成长。人生苦短,生命有限,全力拓展生命的宽度是每个青工自己的本分。

三要严格要求,敬业实干,以实际行动争当优秀青工。要正确认识和把握从新员工到优秀青工,再到骨干人才,再到企业发展栋梁的人才成长轨迹,自觉树立良好心态,学好真本事,为自己更好安身立业奠定基础;坚持勤学苦练,多学习、多思考、多钻研、多总结,努力提升工作才干;自树目标、自我要求、脚踏实地、比学赶超,自觉做到忠诚、敬业、负责,全力创取骄人业绩。

四要坚定信心,奋发有为,以优异成绩争做人才队伍快速成长的先行者。日常工作中,对于如何对待自我价值、如何评价自我价值、如何提升自我价值,要有清醒的认识。实际应以良好的工作表现和学习态度取信于师傅、同事和组织领导;以优异的工作业绩和学习成果赢得师傅和组织领导的支持与帮助;以不断进步、奋发有为的具体表现,持续提升自我人生价值。

五要积极进取,持之以恒,在书写美好人生的旅途中不断实现自我超越。"古之立大事者,不惟有超世之才,亦必有坚忍不拔之志。"当今时代,对于成就事业靠能力、提升能力靠知识、丰富知识靠毅力,应成为青年员工共识。日常工作中,应学会工作、学会学习、学会生活、学会包容、学会合作、学会感恩、学会珍惜、学会为自己鼓掌加油,时刻提醒自己严以律己,宽以待人,戒骄戒躁,自强不息。

针对青工实践中遇到的实际问题,在思想教育引导过程中应注重建立以下3个法则:

(1)"三观"教育持续深化法则。

进行辩证唯物主义和历史唯物主义世界观、人生观、价值观的"三观"教育,既是学校德育工作的重要组成部分,也是企业对青年员工进行思想政治教育引导工作不可或缺的重要内容。针对新时期企业改革发展面临的新情况新问题,对青年员工的"三观"教育提出了新的更高要求。

要把"三观"教育搞好,就要坚持贴合实际、动态施策、持续深化原则,注重强化对青年员工人生坐标、创新思维、自我调控和利益取舍等方面的思想教育引导,促使他们在业务提升、工作进步的职业生涯中,能够始终正确把握自我,做到分析思考问题客观、理性、务实,既不好高骛远,也不妄自菲薄。

在教育方法上,一要强化超越意识。在教育思路上把握现时,面向未来,以发展眼光分析思考青工个体思想与工作状况,做到现实性与未来性相统一,引导他们自辨是非,自我超越,始终坚持正确的人生方向和价值取向。二要强化整体意识。就"三观"教育自身特点而言,具有明显的有关因素相互促进和抑制性。作为企业对青年员工的"三观"教育,要充分考虑社会、家庭对其产生的重要影响,可根据不同企业青工思想教育的各自特点和实际需要,进行有重点有针对性的思想教育引导工作。三要强化系统观念。要把"三观"教育寓于日常思想教育引导和员工管理过程之中,加强统筹引导,提升协同效能,发挥好党政工团各系统对"三观"内容的教育影响作用,共同促进青年员工牢固树立正确的世界观、人生观、价值观。

(2)目标引领自我驱动法则。

目标管理是企业管理的一个重要方法,也是加快青年员工成才进步的一大法宝。根据哈佛大学曾经做过的一个非常著名的跟踪调查,在一群智力、学历、生活环境等都差不多的600份被调查的青少年中发现,27%的人没有目标,60%的人目标模糊,10%的人有清晰但比较短暂的目标,3%的人有清晰且长期的目标。

通过20年的跟踪研究结果显示,以上3%有清晰且长期目标的人,20年中他们都是朝着同一方向不懈地努力,20年后,他们几乎都成了社会各界的顶尖成功人士。对于10%有清晰但比较短暂的目标者,大都处在社会中上层。他们的共同特点为短期目标不断被达成,状态稳步上升,最终成为各行各业不可或缺的专业人士,如医生、律师、工程师、高级主管,等等。而60%的目标模糊者,几乎都在社会的中下层,他们能安稳地工作,但都没有什么特别的成绩。剩下的27%是那些20年中都没有目标的人群,他们几乎都在社会的最底层,他们都过得不如意,常常失业,靠社会救济,并且常常抱怨他人,抱怨社会,抱怨世界。

虽然西方社会性质与我们国家具有本质的差别,但就人的成长成才相关因素而言,具有一定的相似性。通过以上这个调查使我们明白,如果一个人没有明确而坚定的目标,那么他就很难实现个人成功。

现实工作中,有不少员工,特别是青年员工宁愿选择随波逐流,名其曰"顺其自然",也不愿给自己设定一个目标,所以他们一直迷茫地走在没有目的地的道路上。因为迷茫,他们时而就会感到思想空虚,甚至意识到工作没奔头,由此也就责备老天不公平、领导不公平,等等。这就要求政工工作应从对青年员工职业理想和企业工作大局双向负责相结合出发,针对青工个人各自优势特点,引导帮助他们设定符合自身实际的工作目标,并能坚持按照既定的方向奋力前行。

(3)鼓励引导克服挫折法则。

毛泽东同志所创作的《矛盾论》,深刻揭示了矛盾的普遍性与特殊性的本质特征。深入学习领会这一经典著作,对引导帮助青年员工正确认识和对待工作挫折大有益处。

作为企业员工,工作、生活的矛盾交织现象经常发生,并时而可能激化,且在人生旅途中遭遇挫折是一种正常的客观现象。对于如何应对挫折,曾有人十分风趣地说:"挫折是一条欺软怕硬的狗,你越是畏惧它,它就越威吓你;你越不把它放在眼里,它就会对你表示恭顺。"仔细琢磨一下,这话不无道理。实际要引导帮助青年员工充分认识到,遇到困境要懂得忍耐,注重积累,做到不畏挫折,客观面对,而且还可利用挫折更好地修炼提升自己。要充分认识"不畏崎岖路,才能攀高峰"的深刻道理,树立自己强大的内心世界,对工作中暂时遇到的挫折,不但不气馁、不消沉、不哀叹,还要振作精神,善于化阻力为动力,在工作能力和处事方法上注重强弱项、补短板,始终坚定自己的职业目标不动摇。

值得注意的是,有的青工自认不凡,思想叛逆,抱怨多多,实则能力欠缺很大,确属自不量力。对类似这种青年员工,应及时采取措施做好思想纠偏引导帮助工作,以免其最终误入歧途。

记得20世纪80年代,有一部电影《赤橙黄绿青蓝紫》,塑造了某钢厂汽车队女青年副队长谢静不畏艰难、勇于进取,虚心好学、临危不惧的高大形象,描述了青年司机刘思佳落后变先进的思想转化过程,表现了他精通业务、肯动脑筋、乐于助人,直至为党和人民的利益勇于献身的精神品质。这部电影的插曲内容是"赤橙黄绿青蓝紫,生活就像万花筒,为人应该怎么办?主意就在我心中,宏伟的目标就在我心中"。该电影给人们留下了感人至深致远的故事,其插曲既是歌声,也是誓言,可谓唱出了一代代优秀青年员工的心声。

另外,"共和国勋章"获得者钟南山院士于 2022 年 4 月,以"线上方式"为南开大学青年学子上大课时,就如何在自己的学习和工作岗位实现人生价值这一课题,特意为南开学子总结了十个字——肯干、能干、善干、恒干、敢干,这既是对青年学生的期望,也是对青年工作者的教诲。这对我们更好引领青年员工健康成长具有重要启示作用。

第十一章 刚柔并用 软硬兼施

企业政工工作的目标任务,很大程度上在于牢牢把握企业发展正确方向,培养塑造企业健康发展的优秀人才,引领激发广大干部员工干好本职工作的积极性、主动性和自觉性。假如政工工作自身都难以落实,还谈何什么目标实现或政工成效?这就对如何做好政工工作的管控落实提出了重要课题。

深入分析改革开放以来企业政工工作的经验教训,曾一度存在无力无为的根本原因在于无效,其无效的根本原因在于无约束力,无约束力必然会导致工作无效或效果不佳。这对如何做好新时代企业政工工作带来了诸多思考。

控制论之父诺伯特·维纳认为,从控制系统的主要特征出发来考察管理系统,可以得出这样的结论:管理系统是一种典型的控制系统。就政工管理而言,要确保企业政工有效运行,实现既定目标,就必须采取一系列具体方法措施给予有效管控。这既是企业管理工作的应有之举,也是扎实有效开展企业政工工作的内在要求。

政工管理控制类似于室内空调的恒温恒湿控制。其空调主要是通过传感器感应室内的温度和湿度,当高于或低于所设定的温湿度时,就会通过制冷、制热、除湿、加湿等方法进行强制控制。企业中的许多政工工作也需要类似的控制,就是应当根据动态计划对实际工作进展情况和存在问题通过特定方法途径给予感知分析,然后可根据实际需要采取强制纠正措施,以更好取得预期结果。

由此,要把新时代企业政工工作做好,就要深入研究探讨促使此项工作更加有力高效的方法措施,深入思考不但要强化教育人、引导人和培养人、使用人的有效举措，同时还要建立逆向思维，深入分析常规工作无效或效果不佳的关键因素在哪，着力在采取综合举措、加大工作管控上动脑筋，在刚柔并用、软硬兼施上下功夫，进而推动工作取得应有效果。具体到如何落实"把方向、管大局、保落实"要求，对于各项制度规定要求不落实怎么办，各项教育引导内容不接受怎么办，等等，要运用智慧管理，实施行之有效的制约管控措施。这也是建立底线思维、落实避空就实工作的一项重要内容。

1. 强化规则意识

员工不主动、不积极、不服管，对于思想教育、工作要求和制度规定听不进、不落实，甚至消极对抗，一直是企业政工开展过程中不同程度存在的实际问题，也是深感焦虑并需特别关注的重要问题。分析造成这种现象的原因，既有政工自身工作方法、思维方式方面的因素，也有工作环境和员工基本素养等方面的因素。随着时代变迁，对于工作环境中存在的一些不利因素已逐步得到根本消除，余之就应从自身工作上采取措施，努力使以上现象得以根本扭转。

实际工作可在不断提升自身能力的同时，运用系统思考和发散思维，努力消除各种深层次的不确定干扰因素影响，特别应在强化员工规则意识上多做工作，明确企业政工的管理属性，通过持续深入的相关思想教育引导，唤醒员工的从业规则意识，逐步培养形成广大员工自觉维护政工管理、践行政工要求的良好风气。具体做法上，可建立以下4项法则：

（1）强化组织观念教育。

牢固树立组织观念是对每名员工从事本职工作、听从政工安排的基本要求，也是强化规则意识、加强自我约束的重要前提。深挖部分员工对于企业政工，特别是日常思想政治教育消极应付的深层次原因，可谓是组织观念淡薄，对企业政工组织缺乏正确的认识，把落实政工要求与干好本职业务相分离。因此，对政工组织安排的工作在认识上存在误区，行动上表里不一，真正落实上大打折扣。实际要把政工工作做好，就应把强化组织观念的思想教育抓实做好,努力从员工思想认识的源头上解决好组织服从意识差、工作自我约束弱的现实问题。

企业是经济组织,但企业也必须讲政治,政治为经济服务。政工人员应自觉主动地担负起这种政治责任,员工群众亦应自觉自愿地维护好这种政治责任,落实好各项政工要求。对于强化员工组织观念的思想教育引导,既可运用特殊事项特别任务单独强调做工作,也可结合日常党建和思想政治工作实际一并抓落实。

(2)深化诚实守信教育。

诚实守信即诚信,《论语·为政》篇有言:"人而无信,不知其可也。大车无輗,小车无軏,其何以行之哉?"其意思就是如果人缺少了诚实守信的品德,就如同车子缺少了輗軏,在社会上将寸步难行。诚信作为社会主义核心价值观的基本内容,是人类社会千百年来传承下来的道德传统,所强调的主要是诚实劳动、信守承诺和诚恳待人,应结合新时期员工思想与工作实际大力宣扬并推动其全面落实。

应当意识到,面对企业政工的日常工作实践,迫于上级组织之势和讲政治压力,员工队伍中对于政工组织部署安排的工作和思想政治教育等内容,具体落实上的形式主义和言行不一现象不乏存在,严重阻碍了政工工作的有效落实和具体成效。对此,应充分认识员工队伍尤其是基层领导干部诚信观念对于落实组织原则、提高政工执行力的重要性。针对政工实践中任务落实环节存在的实际问题,要有目的有策略地结合树立员工社会主义核心价值观教育引导,搞好对如何对待政工组织、如何落实政工任务、如何更好履职尽责的诚信思想教育。诚信是责任和道义的化身,是"职场"言行一致永恒的原则。要把诚信思想教育隐身于政工实践全过程,务求在员工自我道德升华和"强责"落实中获取更好效果。

(3)细化纪律法规教育。

坚持不懈地开展遵纪守法思想教育,是增强员工规则意识、自主规范员工行为、有效提升员工自我约束力的重要举措。其关键应在细化落实上下功夫,既为维护企业正常管理秩序提供思想保障,又可助推政工任务落实取得更好成效。

认真分析新时期员工队伍纪律法制观念新特点,从实际效果出发,要切实克服思想教育"面面俱到灌输讲"的传统做法,注重针对不同行业、不同岗位特点,以及不同人员思想和工作现状,实施好统一原则要求、分类施教引导和一人一策警示教育相结合的方法措施。同时,要严明政治纪律要求,抓好相关条文内容的教育疏导工作;要重视联系实际以案施教,通过案例教育真正触及员工法纪观念灵魂,以利增强遵纪守法的自觉性;要注重对《员工守则》内容的日常宣传教育和实际运用,避免制订《员工守则》草率成文,成文之后一发了之的工作不实现象发生。

(4)优化思想作风培养。

针对部分单位政工工作的执行力匮乏问题,善于通过观察思考政工管理及其具体工作落实的现状,深层次分析相关人员思想作风问题产生的原因,并及时强化优化相应改进对策,全方位突出做好树立"令行禁止、雷厉风行"作风的教育引导工作,以此逆向促进员工队伍相关规则意识的强化。

实际优化思想作风培养上,一般而言,可通过强化政治意识、大局意识思想教育,以及严肃政治纪律、组织纪律,加强政工督查问责等方法,予以具体落实。

2. 塑造敬畏之心

一般来讲,标准低下,工作应付,满不在乎,缺乏敬畏,是工作平淡落后,缺乏执行力和创新力的重要原因。其中,敬畏是提升员工自我约束力,激发员工高标准工作原动力的重要因素。对于缺乏敬畏之心的群体或个人,必然会失去向心力,影响凝聚力。作为抓班子、带队伍,从事员工思想政治工作的政工者而言,是否应当"以身启敬""以责立畏""以为聚力",进而赢得干部员工令行禁止、踔厉奋发的敬畏之心?答案是肯定的。对此,所有政工人员都应具有清醒的认识。

多年来的政工实践告诉我们,员工的敬畏感既来自员工自身,与员工的综合素养相关,更来自敬畏对象的工作状态和处事能力。只有值得敬畏的人和事,才能引发相关人员的敬畏感。对于不值得敬畏的人员及其工作而言,何来员工的敬畏感？正如某些单位员工在如何对待政工人员方面一度传说的那样:"平常你讲什么属于你,爱听不听任我意";"有了问题就找你,解决不好就骂你"。当然,这是一种思想偏颇现象。但假如允许或默认类似这种现象的情况存在,政工工作的号召力与引领力何以落实？

在企业政工职能被赋予新的定位的新形势下,政工人员应以强烈的宗旨意识时刻牢记自己的使命担当,建立起严肃的敬畏概念。对于员工思想教育在联系实际经常性渗入敬畏思想引导的同时,以素质强、作风好和倾情服务、勇于负责的良好表现,赢得干部员工的敬佩支持;以乘势而上、顺势而为、敢抓善管的工作状态赢得干部员工的敬畏之心。应当明确,由于搞好政工的宗旨在于服务企业健康发展、强化党的执政之基,在实施政工工作中树立敬畏观念的真正目的并不在于政工自身。

对于如何具体塑造敬畏之心,根据实际需要,可建立以下3项法则:

(1)严管敬畏法则。

如前所述,作为新时期的企业政工,按照有关制度规定,对骨干员工的具体管理赋予了重要职责。这为政工工作更大力度搞好对员工群众的思想引导和管理约束,以及管人管事管思想的统一协调运作创造了有利条件。

人的管理是企业管理的根本所在。日常工作中,虽然管理工作是对事不对人,但最终总是要落实到人头上;经常性的宣传教育引导虽然主要属于宏观概念范畴,但其效果最终也是要体现在具体人头上。政工工作要适应新时期易于直截了当做工作的新特点,自觉祛除含蓄隐晦做工作的思想方法,善于利用制度规定的"尚方宝剑",高调做好对各类员工厚爱严管相结合的"大文章"。对于原则问题和关键事项,要坚持发扬甲鱼精神——咬住不放,树立蟒蛇作风——缠住不松,敢于撕破脸皮抓管理,一抓到底不放松,以严格要求、严肃态度、严明纪律的实际行动,增强员工对落实政工要求的敬畏感。

诚然,要把严管工作做好,还要善于感受对方的感受。在落实严管事宜的过程中,注意调控员工心态,给出希望所在。除极端情况之外,既让当事者始终充满积极向上的希望,也能促使其他员工提升高标准践行政工要求的动力。对于那种经常只顾严格管控而不关爱员工,不考虑员工长远进步发展的做法,应当引以为戒。

(2)督查敬畏法则。

"为政之要,重在落实。"为把政工工作落到实处,在实施封闭式管理的过程中,要切实强化督查环节工作,力求通过真督实查,对政工任务落实主体人员的工作执行形成强烈的制约促进作用,为后续相关工作的扎实有效开展注入强大动力,由此形成由督查传递压力,把压力化为敬畏,因敬畏增添动力,进而更加自觉主动地做好政工任务落实执行事宜的良性循环。

分析督查工作的现实情况,并非只要做此工作就能产生敬畏效果,只有真抓实做,在务实求效上下硬功夫,才能真正引发敬畏感。认真总结多年来的经验教训,深感一是在督查思路上,要想新招,重实际,关注重点抓难点。针对不同工作任务和被督查单位实际给予灵活安排,做到重点关注与全面督查相结合。对于重要督查安排,坚决克服以工作繁忙为由施行"走马观花"式督查甚至弃用督查的做法。根据实际需要,时而给予"出其不意",不失为一种有效方法。二是在督查过程中,要出实招,求实效,查明实情强帮促。具体要克服形式主义和主观主义,在深查深分析的基础上,既重视经验总结,更注重问题整改,坚决制止弄虚作假和做表面文章。三是在督查发现问题的处置上,要动真格,真查究,追根求源抓根本。对于形成问题的原因,应区分不同性质,给予区别对待。对因主观因素造成工作落实不力者,紧抓不放,大胆督查,跟踪问效,直至落实。

(3)人格敬畏法则。

"公生明,廉生威。"对于主要从事人的工作的政工而言,其工作人员如果失去自身的人格,也就等同于自我放弃了做好他人工作的资本。相反,如果具备了高尚的人格,则对做好相关工作起着无可替代的敬畏作用。

作为政工人员,要言行如一,身正辟邪,处事公正,以身示范,言之有理,严之有据。在宣传贯彻党的方针政策和本单位决策部署上,精准周密,铿锵有力,注重实效;在强化管理、服务员工群众上,善于为下级担当,敢于为群众说话,真心为群众做事,自觉做好职权向职责的正向转化;在对待个人利益上,要深刻理解"欲高反下、欲取反与"的深刻道理,时刻提醒自己"利欲炽燃即是火坑,贪爱沉溺便为苦海",自觉以自律之心在实践中经受淬炼。只有这样,政工对象对待政工才可在心灵上心甘情愿,心领神会,内心服气;工作上言听计从,紧随不殆,倾力尽责。

实际工作中,除了一些基本的人格匮乏表现外,有的政工人员在政策不利时畏缩不前,自寻逍遥,政策有利时,又盛气凌人,弄权耍威;有的对人夸夸其谈,严不离口,对己则随波逐流,得过且过;有的公开宣传教育头头是道,艳阳高照,私下处理涉及自我利益事宜,则刁钻自私,阴霾不断。这些都应引起政工人员的高度警戒。如果现实工作中存有这些现象,何来员工敬畏之言?

3. 注重高效激励

运用激励方法激发员工的正确行为动机,推动工作向更高水平扎实深入开展,是政工工作的一项传统优势。对于如何做好新时期企业政工激励工作,关键应针对新时期政工实际,在务实高效上多下功夫。

分析不同国度、不同地域的企业激励方法,各有自己不同的激励理念和做法。美国心理学家赫兹伯格所创立的"双因素"激励理论,对如何做好企业激励工作产生了重要影响。美国企业为调动员工的积极性、主动性和创造性,除了基本工资和福利外,另外采取的激励办法多种多样,其中包括实行工作轮换制,让员工产生新鲜感,克服厌倦感;工作充实制,对工作只提最终要求,具体工作方法和步调由员工个人或小组自由改进;工作自治制,让员工自觉管理自己,让"作业组"自己负责工作日程的安排和工作分配;在人才使用上,实行人才选拔"快车道"的用人激励,使有能力的员工更好发挥自己的聪明才智。

日本企业多数采用终身雇佣制、年功序列制。其激励员工的方法主要包括鼓励入股、提倡发明、设标贺喜、领导带头、同玩同乐,等等。

德国有句谚语:"不骂你就已经是夸你了。"虽然德国企业批评多表扬少,但却造就了德国工业的高质量快速发展。德国企业比较关怀尊重员工,在激励方法上,突出以技术为导向的绩效考核和激励制度,实行全社会法制化的职业教育和培训,并且针对新入职员工个人特点,往往按照其发展方向进行相应的培训,按照企业战略要求使得员工进行相应的提高。

就我们国家的企业激励而言,一般认为其激励产生的动机行为是动态变化的,激励的作用是有限度的,激励的方法则因人而异。其具体方式包括物质激励、精神激励、情感激励、职位激励、股权激励等。同时,由于我国地域辽阔,员工队伍的传统文化思想和现代思想观念等存在一定差异性。因此,在不同区域,特别是南北方的企业在激励理念上存在不小差异。南方企业处于改革开放前沿,在经营管理上敢为人先,开拓创新工作成效显著,员工队伍经济观念相对较强,自我思想比较浓郁,在激励理念上具有明显的"直接、个体和捆绑式"等特征,具体做法上就整体而言处于创新领跑地位;北方企业在管理上相对保守,务实守正工作成效突出,时代创新有待加强,员工队伍受儒家传统思想影响深厚,相互攀比思想较浓,物质与精神需求并重特点明显,在激励理念上"传统、综合、即时"等特征明显,具体做法上不少企业存在跟随完善进取现象。

政工工作激励有别于日常生产经营管理,具有自己鲜明的特征。面对新时代企业管理体制所处的大政工时代,对于政工管理激励机制的建立,既要注重传承自身过往的经验做法,也可学习借鉴国外一些适合我国国情的工作思路,更应立足本企业实际,适应政工职能变化需要,以有力推动政工落实为目的,通过灵活、实用、适当的方法措施,把激励事宜做实做好。

关于政工激励措施的制订落实,除了做好相关加强党、工、团组织建设的"规定动作"外,对于"自选动作"多种多样,难以具体表述。为把"自选动作"做好,综合多年来的经验体会和当今思想认识,深感应注意做到以下几点:

(1)正确对待正负激励。

实践证明,正负激励对于做好政工工作具有同等重要的作用。关于如何搞好政工激励,首要的就是正负激励如何运用的问题。在企业变革发展的历史进程中,曾一度存在物质文明"物质奖"、精神文明"精神奖"的客观现象,这对做好新时期政工激励工作,可以说是一种较为严重的思想扭曲现象,应该给予彻底改正。

面对新时代的企业"大政工"实践,要在全面准确理解正负激励各自不同本质特性的基础上,根据不同情况,适时运用有利时机和不同方法,发挥好正负激励对抓好政工落实的推动促进作用。

具体正负激励可谓是表扬与批评、奖励与惩罚、升职与降职、重用与贬用、关爱与冷漠等。实际工作中,要注重克服仅凭工作人员,尤其是主要负责人个人工作习惯而单向施行正激励或负激励的做法,而应从激励效果出发,依据政策法规和企业规章,做到宜"正"则"正",宜"负"则"负",客观公正,务求实效。

(2)用活用好任务激励。

对于工作任务激励,是大家一直在做但又往往把其排斥在激励描述之外的一项重要工作。这是政工领导干部做好日常组织协调工作不可或缺的一项重要方法。

要把工作任务激励做好,前提是要提高对任务激励重要性的认识,充分认识任务激励对于激发政工人员工作动力,激活日常工作运行机制的重要性,进而增强把其事项做好的主动性,并使其常态化。重点是要明确建立"职能划分对组织相对固定、任务安排对个人动态优化"的工作机制,通过针对既有任务安排落实情况是否得到组织认可、群众认同,以及业绩表现如何等,适时给予任务安排的增减优化,促使"能者多劳、多劳多受益;庸者少劳、少劳受刺激"原则落地见效,从而较好激发广大政工人员干好本职的责任感和自觉性。

当然,要把工作任务激励事宜真正做好,需要清晰的工作思路和对工作状态的明晰把握,以及勇于负责和善于通过及时灵活安排给予补偿提升的组织协调管控能力。否则,就会对正常工作运行造成严重不利影响。

(3)强化关键人员激励。

随着政工管理工作的逐步完善提升,对于实施政工管理、落实政工任务的关键岗位人员队伍建设,也越来越受到了高度重视。综合分析近年来的政工管理状况,在各级党政工团组织主要负责人等各类骨干人员的具体激励措施上尚需进一步完善加强。一要完善以业绩讲能力、以贡献论英雄的思想方法,在落实政工任务实践中切实强化对发挥关键作用人员的正激励,避免因激励不当在企业管理大局中造成不利影响。二要重视对落实政工任务中执行不力、效果不好关键人员的负激励,并遵照实事求是原则,对由于历史原因形成的能力不够、素养欠缺人员,按遗留问题尽快采取相应措施稳妥解决。三要强化对落实政工任务过程中先模人员的认定褒奖工作。政工人员不仅是生产经营、技术进步等工作过程中先进典型的培养者、表彰者、宣传者,也应是政工自身工作落实中各类相关骨干人员先模典型的受奖者和广为宣传者。这对增强政工工作的执行力和实效性具有特别意义。

同时,要充分认识以儆效尤工作的重要性和必要性,切实重视对影响甚至阻碍落实政工任务完成的人员,特别是棱角对抗、自满骄横、迂腐不化等类型人员,及时采取负面激励措施,为确保政工任务顺利落实提供基本保障;要提高对加强企业政治建设重要性的认识,切实加大对优秀青年政工干部的培养激励力度,为持续加强企业政工工作积聚好后备力量。

另外,在日常政工管理中实施分层管理、分类施教和分别奖惩挂钩办法,亦可对提升关键人员激励效果具有重要作用。譬如,有的单位在政工实践中所采用的"721"量化管理工作法就值得研讨参考。其具体做法为:员工思想分层管理"721",即把员工的70%认定为一般,20%为优秀,10%为落后;员工教育引导分类落实"721",即对70%的员工实施普遍性教育,对20%的进行示范作用重点引导,对10%的给予激励性特别关注;员工奖惩挂钩"721",即在奖惩程度划分上,对奖励(惩罚)事项的直接贡献(责任)者奖励(惩罚)70%,对所在单位、有关部门领导奖励(惩罚)20%,对企业高层分管领导奖励(惩罚)10%。

(4) 把握激励"火候"很重要。

传说有这样一个故事：有一次，法国的拿破仑骑马穿越一片树林，忽然听到一阵紧急的呼救声。于是他扬鞭策马，朝着发出呼救声的湖边跑去。这时只见一个不会游泳的士兵落到水里，正往深水区漂移，距离岸边已有大约 30 米。岸上几个士兵慌作一团，无可奈何地呼喊着，他们当中谁也不会游泳。

拿破仑赶来问道："他会水吗？"

一个士兵回答说："他只能划几下，现在不行了，漂到深水里，刚才喊救命哩。"

拿破仑"哦"了一声，随即从侍卫手里取过一支手枪，并大声朝落水的人喊道："你还往当中爬什么，赶快游回来。再往前去，我就开枪毙了你！"

说完，果然朝那人的前方开了两枪。

落水的人，也许是听到了岸上威胁的话语，也许是听到了子弹入水的响声，猛然地回转身来，拼力地"扑通扑通"往回划，居然很快就向岸边靠拢了。

通过以上故事可给大家带来重要启示：凡是做人的工作都应考虑人的本性使然，把握好人的心理活动规律。对于激励事宜而言，就应针对具体情况把握好"度"。如果没有对"度"的良好把握，有许多激励事项就会难以获取应有的效果。激励程度轻了，不起作用，达不到"燃烧"情志、激发潜能的目的；重了，就有可能对其他相关事宜造成不利影响，而且有时还会对激励对象产生难以承受的压力。这就如同炊事人员在鏊子上烙饼一样，火小不熟，火大则焦，适当掌握"火候"很重要。

由此，对于一些重要激励规则，应改变多年一贯制的习惯做法，善于结合实际及时给予动态调整完善。在具体办法内容上，对特殊情况可给予适度增减激励力度，留有适当的变化空间，以避免对正确把握激励"火候"形成制度上的不当制约。

(5) 勿忌"量体裁衣"激励。

关于如何提高激励效果，做到奖罚有效，可因人而异，因事而异，做到奖有想往,罚有畏惧。除非针对涉及明文规定具有原则性的激励事项外,对于有效做好"量体裁衣"式的激励是不可忽视的。

实际工作中,对于有些看似不那么标志洒脱的激励做法,却可以收到较好效果。譬如,在处罚上,联想集团在成立之初,为解决高层领导开会迟到的问题,制定了开会迟到罚站一分钟的规定,并立说立行,当晚高管开会就对迟到的一位老领导实施了罚站处罚,从而较好解决了经常有人开会迟到的问题。在奖励上,20世纪80年代,曾有一位企业领导为了调动某宣传工作者的积极性,针对其对古书的阅读炽爱,运用借阅自己所珍藏的稀有古书作奖励,明确只要达到一定的企业宣传目标即可借阅某种书籍,极大地激发了其做好宣传工作的内动力,经常不遗余力地主动加班加点做工作,收到了异常好的效果。

就日常工作经常遇到的表扬而言,着眼于深入推进相关工作的开展,一般要善于运用表扬接受者喜欢的方式进行表扬,而非单从表扬者的行为习惯来进行;应就观察到的具体行为现象提出表扬,而非简单定性引申来进行;对于人人都有机会把工作做好,而因特殊良好表现取得的成绩,则应公开进行表扬。就批评来讲,可从激发受批评者良好的自身潜能出发,对于影响工作大局的不良现象,应及时果断公开提出批评教育;对于影响工作落实表现较差的员工,可适当利用政工权威对其进行一些震慑性的批评教育;对于工作执行和落实自觉性强的员工,时而也会有满足、停滞、消沉的时候,每当这时,也应适当给予批评提醒,以帮助他们认清自我,重新激发工作活力。

陈惠湘在《联想为什么》一书中曾描述过这样一个故事:有一位性情暴躁的将军,他最讨厌的事情是吃肉。因此当他的部下出现错误的时候,他的惩罚手段是罚你吃肉,于是故意出错的人就越来越多。这当然是一个非常荒诞的故事,实际生活中或许根本不存在。但通过这个故事也确实能说明一个道理,无论激励与惩罚,都要懂得换位思考,都应弄清激励对象的好恶,必须懂得怎样才能更加有效,而不能仅凭激励者个人好恶与主观想象行事。

(6)慎用"胡萝卜加大棒"激励。

"胡萝卜加大棒"是通俗所讲激励方式中的一种。其来源于一则西方古老的故事:为了使主人骑的毛驴前进,就要在它的前面放上胡萝卜,或者在后面用大棒打它的屁股。一般来说,这种奖励与惩罚并用的激励方式,比较适用于可量化的特殊工作任务。

针对企业政工特点,多以"政治思想引领政治思想工作"的方式推动工作落实,以政治措施激发创优工作的内在动力,对于"胡萝卜加大棒"的激励方式应予慎用,特别对于一些职责范围内的常规性工作更是如此。其原因在于一旦使这种激励方式常态化,既会对做好经常性政工工作的内生动力产生极大的抑制作用,还会对政工对于企业全局工作的辐射力产生无形的负面影响作用。

当然,对于某些应急任务落实,或特殊情况下急需某些特殊群体给予协助进行工作落实的情况,亦可考虑运用"胡萝卜加大棒"的激励方式,以促进把其工作及时高效做好。

4. 严抓正风肃纪

正风肃纪是持续加强党风廉政建设的关键环节。毛泽东同志所创建的"预防为先,防患未然""严格纪律,防微杜渐""惩前毖后,治病救人""率先垂范,不令而行"等措施办法,一直为纯洁党的作风,推动中国革命胜利前进发挥着极其重要的作用。这为新时期深入推进正风肃纪、反腐倡廉工作提供了重要法宝。

习近平总书记在党的二十大报告中对坚持以严的基调强化正风肃纪工作提出了明确要求,强调:"坚持党性党风党纪一起抓,从思想上固本培元,提高党性觉悟,增强拒腐防变能力,涵养富贵不能淫、贫贱不能移、威武不能屈的浩然正气。"这为做好新时期正风肃纪、反腐倡廉工作提供了根本遵循。

作风建设永远在路上。正风肃纪对日常纪律作风建设提出了更高要求。对于如何把严抓正风肃纪工作做好,要充分认识其对于夯实党的执政之基、保障企业持续长远健康发展的重要性,针对不同行业不同单位特点,在继承好传统、适应新要求、强化有效措施抓落实上做出不懈努力,务求纪律作风建设取得更大成效。

针对信息技术快速发展对思想政治教育产生的重要影响,以及新时期党风廉政建设工作新特点,在具体方法措施上要转变思路,打破常规,高擎敬畏利剑,注重以案明纪、以案施教,动真玩实,综合施策,着力以正确的世界观、人生观、价值观,引领树立正确的权力观、地位观和利益观,以严抓细管、真抓实做作风,筑牢正风肃纪新常态。

(1)铸造诚实守信作风。

常言道,人生在世,诚信为本。诚实守信是中华民族的传统美德,本应成为人们为人处世的基本操守,但从多年来所披露的腐败案件当事者情况看,无一不是口是心非、表里不一,背弃职责使命。相较于已经发生的违法乱纪事实,他们过去那些对组织曾经表示遵纪守法的种种诺言和振振有词的华丽辞藻都已成了虚假之言。分析存在这种现象产生的原因,表面看是言行不一、口是心非,本质上则是利欲熏心、"三观"不正、肆意妄为。这对强化诚实意识,铸造诚实守信作风提出了客观要求。联想企业党风廉政建设相关事宜,这不禁让人们陷入深深思考,且应唤醒党员干部,特别是各级领导干部对诚实品格与诚实守信作风的崇敬向往。

试想,在当今时代如此强大的反腐倡廉力度之下,为什么仍有人员还在口是心非,阳奉阴违,步入违法乱纪歧途?进一步从根本上讲就是道德失衡与利益驱使相互交织的恶果。这正说明践行诚实守信作风,对于助力正风肃纪、反腐倡廉工作取得更大成效的极其重要性和复杂性。

为把诚实守信落到实处,首先,要抓根本。要充分认识利益、享乐对人们极大诱惑的客观性,着力通过教育引导提升干部员工"不畏浮云遮望眼"的思想境界,以强化干部员工自律和他律意识来矫正其个人享乐观的培养形成,严防因道德扭曲而造成诚信缺失的不良后果。具体可注重从道德层面教育引导党员干部和掌管人、财、物的关键岗位人员,当好知行统一、言行一致的践行者;通过党内民主生活会,深入不断地强化培养党员队伍自觉践行初心使命意识;通过单位、部门日常工作例会,建立实行诚实守信承诺、亮诺、践诺、评诺推进落实办法。

第十一章　刚柔并用　软硬兼施

其次,要强刺激。"天下不治,在于人心不治,人心不治,在于欲念横溢。"只有解决好对不当欲念的类似"围追堵截"和"斩草除根"问题,才能真正把诚实守信作风发扬光大;只有真正刺痛产生失德贪利邪念的肌体,才会促使诚实守信作风落到实处。对此,要细化"牵引"自我教育有效策略,注重用制度约束、法律规范,切实抓好用身边事教育身边人、用同类型人员之事教育同类人的案例教育,让诚实、诚信之风在自我警示、自我约束、自我鞭策中感召聚力;要深化"钳制"矫正歪心邪念措施,注重以激发内心积极向上情感与实施常态化监督制约相结合方式,促进诚实守信循规中矩;要强化"固牢"党性观念的策略探究,着力以差别化的心灵塑造方法,提升不同人员践行诚实守信作风的自我纠偏能力,依靠坚定的党性增强其自觉性。

最后,要铸灵魂。要重视发挥文化建设的铸魂引领作用,让信守承诺、诚信自强落地生根,促使诚实守信作风实现从思想自觉到行为自觉有效转化。某石化企业在其会议室设有廉政文化警示教育墙,上书"廉洁勤业有责,以身作则看我"醒目大字,并让全体中层以上干部签名遵守。经深入了解,该做法既可促使大家每参加一次会议就会自我进行一次心灵洗礼,也以一种无形监督方式强化了大家有诺必践、言行一致的相互监督制约,实际收到了良好效果。这为如何落实诚实守信作风提供了一种有益思路。

(2)警惕不良思想变异。

各类人员出现违法乱纪问题,往往都是从思想上出问题开始的。思想的堤坝筑牢了,才能真正做到防患于未然,确保正风肃纪成效落到实处。面对反腐败斗争必须永远吹冲锋号的新态势,正风肃纪工作力度越是强化,一些遵纪守法意志薄弱者的不良思想异化程度就会越高,其复杂性和隐蔽性也就会越强。这对搞好新时期正风肃纪工作提出了新的挑战。

因此,要从根源管控上高度警惕不良思想变异现象发生。一方面,加强自律、他律和惩处三者统一相关工作,严防经常性思想问题及其行为发生,为遏制不良思想变异奠定基础;另一方面,坚持防微杜渐,做好祛除自我放纵思想的教育引导工作,及时消除各种不良思想变异的隐性萌芽、潜在因素和苗头性问题,筑牢拒腐防变的思想道德防线,严防不良思想变异现象发生。

要从诱惑处置上高度警惕不良思想变异现象发生。由于人们对于金钱等各种利益的诱惑是巨大的,客观上形成的思想变异也就会多种多样。分析存在此类现象的原因,对于发自内心的不良思想观念,是把正当行为引入歧途的关键因素。解决这一问题的重要途径,关键在于自我认知,自我管控,在于引导相关人员树立正确的思想观念和思维方式,切实做到触发灵魂感应,加强跟踪督查落实,从内心深处真正解决好思想观念问题。否则,所做工作将难以收到好的效果。

要从辐射影响上高度警惕不良思想变异现象发生。实践表明,贪腐自私之心对于日常工作生活的影响无处不在。对此,必须给予持续不断预防和认真对待。有时仅凭隔席观色、隔岸观火、隔墙闻声和坊间传言所给出的联想判断并不一定准确,往往会因此造成误判误导误做。这是值得警惕的一个重要事项。

另外,现实工作中的许多案例反复表明,作为各级领导班子成员,尤其是企业各级主要负责人,一定要切忌心生杂念。一旦形成心存杂念想法,就会离"心无旁骛"而去,把单位带到邪路上去。领导干部不能把要求他人祛除私心、艰苦创业等挂在嘴上,而自己为了逃避正常的监督制约,却借用各种名目制造谎言,假公济私,在暗处绞尽脑汁地去算计筹划自己的事情,或寻求各种理由追求个人享乐。假如真是如此,无论自己平常说得多么天花乱坠,终究会被员工群众所识破,暴露于光天化日之下。到头来,既害了单位,同样也害了自己。历史是最好的见证者。谎言就是谎言,谎言终究会被真实戳破。这对过往是一沉痛教训,对现实是一重要警示。

(3)严防职务犯罪行为。

企业所具有的经济性、营利性和独立性,决定了其严防职务犯罪工作的重要性。由此,预防职务犯罪成为企业党风廉政建设的一项重要任务,亦是正风肃纪工作的一项重要内容,必须予以高度重视。

职务犯罪是在各级领导干部,特别是权位较重的主要负责人,以及具有特别管理权限的其他管理人员履职过程中可能发生的现象。其行为事关企业健康发展,与员工群众切身利益密切相关。日常工作中,员工群众对贪污受贿、失职渎职等职务犯罪深恶痛绝。他们希望企业管理有序、健康发展;希望单位领导管理有方、率先垂范;希望管理干部在管理上用镜子照别人的时候,能够先照一下自己。

适应新时期企业改革发展新特点,开展预防职务犯罪工作应从党组织一班人自身建设抓起,从政工领导干部自身做起,针对关键事项,抓住"关键少数",把相关工作落实做好。

具体做法上,可教育引导各级领导干部和关键管理岗位人员勤奋做事,清白做人,知行合一,做到深刻理解"人不能把金钱带进坟墓,但金钱却能把人送进坟墓"的道理,牢固树立"不可以义气代替纪律,不可以感情代替政策,不可以交情代替原则,不可以个性代替党性"的公务管理观,时刻牢记"利欲炽燃即是火坑,贪恋沉溺便为苦海",自觉增强"挡不住今天的诱惑,将失去明天的幸福"的自律警示观。对于各管理层级主要负责人,大力倡导并忠实践行"从我做起、对我监督、向我看齐"的廉洁勤政观,切实做到正确对待组织,正确对待职务,正确对待权力,正确对待群众,正确对待自己。

实际工作中,明确把严防职务犯罪放入党政工作重要位置,一要做到开头抓,抓开头。对于涉及物资采购、资金运作的管理项目,从一开始就通过建章立制抓好规范运作,结合实际搞好廉政教育。在新任领导干部的任职谈话中,不应以任何理由舍弃廉政谈话内容。二要头头抓,抓头头。头头抓,就是摆正严防职务犯罪的责任,建立责任体系,各级党政主要负责人和纪检书记、监察室主任带头抓。抓头头,就是理顺抓预防职务犯罪相关各方的关系,建立一级抓一级的程序,明确各级主要负责人抓预防、保落实的责任。在查究问题上实行首先从头头上查原因,整改的时候要头头带头。三要两手抓,抓两头。两手抓,就是一手抓创新创效,一手抓廉政建设;一手抓健康发展,一手抓正风肃纪。抓两头,就是一头抓机关部门,一头抓经济相对独立的基层单位,重点在抓监督、堵漏洞、强责任上下功夫。

作为领导干部,最难的是管住自己,最容易的是毁掉自己。要强化对各级领导干部预防职务犯罪的警示教育,引导他们时刻注意检点自己的行为,自觉敬畏法纪、敬畏组织,自觉接受员工群众的监督;要求他们干工作要坚持原则,善于用制度约束自己,不能把亲疏好恶放到工作中;警示他们对待利益要固守底线思维,对于不义之财莫伸手,只要伸手就是事,只是早晚的事。领导干部要时刻提醒自己,当干部不能冒违法违纪的风险,不能过提心吊胆的日子。

(4)提升正风肃纪实效。

适应新时期坚定不移深入推进全面从严治党的部署要求,纪检监察工作要始终坚定政治方向,全面履职尽责。要以持续深化强化正风肃纪反腐的高度自觉,不断完善方法措施,构建长效机制,直面问题解决,扎实推进党风廉政建设深入开展。具体可建立以"宏观把握五思路"、"措施落实五原则"和"务求提升五自问"为内容的"三五法则",拟以良好思路引导正风肃纪,以可靠原则强化措施落实,以经常性的反思自问促使具体工作不断改进提高。

"宏观把握五思路"即:针对新时期企业纪检监察工作所被赋予的神圣职责,在突出正风肃纪反腐抓落实上一要做到"三严":严格教育、严明责任、严肃纪律;二要"四抓":抓源头预防,抓监督制约,抓自警自励,抓执纪问责;三要"三有":有执纪办案的勇气,有严密过硬的措施,有切实可行的监督制约机制;四要"四突出":突出廉政制度建设,突出重点部位防范,突出信访问题处置,突出从严执纪落地;五要"两注重":注重实际效果,注重持续改进。

"措施落实五原则"即:一是坚持预防为主、分层施教的原则。在普遍突出进行世界观、人生观、价值观教育,突出开展使受教育者能够触及灵魂深处的权力观、地位观、利益观等教育的同时,针对领导干部、管理人员和普通党员等不同层次教育对象,选择不同的教育内容,运用灵活多样的方法因人施教。二是不断完善落实有效监督制约机制的原则。加大对领导干部"下管一级"的监督管理力度,深入探讨实施对班子成员的有效监督方法,大力营造反腐倡廉保效益的良好氛围。三是施行服务企业健康发展与坚持正风肃纪反腐相统一的原则。在积极保护干部员工干事创业积极性的同时,坚决克服"严格纪律管理有碍企业发展"的模糊认识,坚决制止有令不行、有禁不止和借改革探索之名,行假公济私之事行为的发生,坚决反对淡化干部政治思想素质,实行"一好遮百丑"式的干部评价方法。四是强化问题预防与执纪办案相结合的原则。认真落实执纪办案工作,依纪依规严格查处各种违纪违规人员,绝不能对严重违纪违规问题姑息迁就,搞"大事化小""小事化了",甚至"视而不见"。五是着力倡导领导干部廉洁勤政、率先垂范的原则。积极引导他们合理定位自己,克服盲目攀比和追求享乐思想,正确对待权利、金钱和地位,正确处理个人与组织、奉献与索取的关系,严格要求,克己奉公,自塑形象。

"务求提升5自问"即:严抓正风肃纪工作要紧密结合自身实际,经常思考教育是否扎实有效?监督是否严格到位?制度是否落实见效?惩处是否严明有力?自身建设是否与形势发展要求相适应?

对于自问内容所存在的薄弱环节,特别应注重强化党风廉政建设责任体系的健全落实工作,以此推动正风肃纪整体工作更加扎实有效开展。在各级领导干部的责任主体发挥上,要强化对其严于律己、严于负责、严管所辖事项的监督检查。在加强责任体系的日常管理上,要告诫所有相关人员,缺乏敬畏、放弃责任,就意味着放任自我;无视规矩、自我膨胀,终会受到规矩惩罚。

第十二章 内外兼修 自强不息

在人生事业发展的进程中,不但德不配位是组织建设中人才使用的大忌,对于能不配位、智不达位同样是影响个人进步的关键因素。这些人员一旦因某些原因上位,不仅实现不了个人理想,还有可能影响企业工作正常运行,且毁了自己,害了同事,甚至会严重伤害自己的家庭。由此,政工人员对自身建设必须给予高度重视。特别是随着时代的进步发展,新时期的企业政工一直担负着重要责任和繁重任务,只有不断完善提高自我,才能在惊涛骇浪的大海中乘风破浪前行。

分析新时期企业政工面临的形势任务,政工人员必须清楚,对于自己所肩负的职责,既是企业高效健康发展的引领者、推动者和促进者,也是党的思想政治建设和经济发展事业的忠实捍卫者和践行者。要使自己真正成为政工岗位上的合格一员乃至优秀分子,成为堪当重任的政工骨干人才,就必须从把握大势、过好"三关"做起,从忠诚于党的事业、献身于企业发展做起,从建立良好心智模式、立足本职本岗奋发进取做起,紧跟时代前进步伐,全面提升综合素养与实际工作能力,切实把握好"政工干部是怎样炼成的"这一重要命题。

应当明确,一个不符合政治思想素质要求的人员,就是一名不合格的政工人员;一个不具备现实政工岗位实际工作能力的人员,也不可能成为一名合格的政工人员。在对党忠诚、政治合格的前提下,具备较强实际工作能力、诚实守信的道德操守和务实有效的工作方法,是政工人员履职尽责的内在要求。

新形势新要求新挑战,政工人员务必内外兼修、自强不息,自觉做到勤学多思,用心感悟,自我激励,自我超越,以实际行动踔厉奋发,笃行不息,持续不断地把强化自身建设落到实处。

1. 善于自省自明

《论语》曰:"吾日三省吾身";王阳明认为:"自省方能自明"。在古希腊一座智慧神庙的大门上,写着这样一句箴言:"认识自己"。古希腊人把它奉为神谕,是最高智慧的象征。这里的自省是一个过程,更是一种境界;自明则寓意自然明白,可谓是自省的预期结果。善于自省自明对于写好人生篇章具有重要意义,亦对于政工人员搞好自身建设具有重要作用。

分析企业现状,对于政工人员的职责划分及其目标要求都是明确的。要把其实际工作做好,前提在于是否真正能够做到自省自明,并针对自身素质状况、性格特点、能力水平等,采取相应工作策略和具体措施,以利于能够高标准履职尽责,及时圆满完成组织领导赋予的各项任务。

20世纪末由陈惠湘所著的《中国企业批判》,对改革开放前20年中国企业在竞争发展中的种种不尽如人意的表现,以审视的眼光进行了冷静分析和深刻思考。对于该书的出版发行,曾一度在企业界引起了不小轰动。在当时我国企业发展状况下,对创新企业发展观念,促进一些企业持续健康发展产生了积极影响。联系多年来企业政工队伍建设的经验教训重温该书内容,对当前政工人员自身建设中如何做到自省自明,有了更加深刻的理解。

实事求是地讲,在多年来的企业改革过程中,企业政工和政工人员一直是被议论的重要方面,大家对政工工作地位和作用的认识随着企业领导体制的变化而变化,且对于政工队伍的评价也褒贬不一。如前所述,在充分肯定广大政工人员对企业改革发展发挥重要作用的同时,不乏存在批评责备之言。譬如有的说:搞政工的就是玩虚的,就会唱高调,企业是创效益的地方,不能光唱高调;也有的说:政工干部也就是耍嘴皮子行,要是让他们搞生产经营,可能就玩完了;还有的说得隐晦了些,把直接的不满意变成了一种期望,他们说:政工干部应心贴实际、身贴群众,多解决一些热点难点问题,

第十二章　内外兼修　自强不息

少一些形式主义,应克服"两手"空中抓、"两脚"不着地、沙滩流水不到头的毛病,等等。

对于以上这些批评和期望,作为政工人员,特别是领导同志,一定要在深入思考分析的基础上,给予高度警觉,要从他人的现实评价中切实认清自身工作的现实状况,自寻现存差距不足,明确以后努力方向。如果自身确实没有类似问题存在,至少也应作为警示内容引以为戒。同时,要高度警惕新时期部分政工人员依然可能存在的那种"做思想政治工作是虚头巴脑没意思、不踏实"的思想认识,以及"没有地位不作为,有了地位乱作为"等不良现象的发生,充分认识新形势下政工工作的重要性,更加自觉地提升素质,改进不足,扎实工作,忠实履行好新时代赋予企业政工人员的职责与使命。这对如何认识与落实政工人员的自省自明大有益处。

针对新时期持续深化改革和员工思想复杂多变的新形势,要把自省自明事宜做好,就需要政工人员具备较强综合素养与应变能力。这就需要既要充分认识自省自明对于搞好政工人员自身建设的重要性和必要性,更要根据现实需要自觉克服单纯生产经营观点,坚定政治思想信念,建立交叉思维模式,通过强化自省自明落实,更加明确政工人员搞好自身建设应当注重的具体内容和方法途径。

在如何提升自身综合素养与应变能力上,深入研学古今中外相关箴言慧语,对真正做到自省自明大有裨益。譬如,中国近代著名商人胡雪岩有不少智慧之言令人深思。其中包括:"做人要先学会听话,然后再去讲话";"懂得换位思考,才能有为有位";"有困难是常态,一切顺利是反常";"满脑子都是钱的人,一辈子也赚不到钱";"想干大事必须懂得跟人分享,而不是一味的只顾着自己赚了多少"。再如,作为当代人员,有的认为:"能看到别人的错误,是清;能看到自己的错误,是醒;能够承认自己的错误,是坦;能够改正自己的错误,是诚。能够发现自己的优点,是聪;能够发现别人的优点,是明;能够学习别人的优点,是智;能够利用别人的优点,是慧。清醒坦诚是做人之必需,聪明智慧是做事之必需。"经仔细琢磨,感觉这些思想观念的确有道理。结合实际深入研学这些智慧之言,对于做好为人处世方面的自省自明具有重要启示作用。

针对新时期政工队伍建设现状,对于具体如何做到自省自明,应注重把握以下三点:

首先,正确认识自己。

老子认为,"知人者智,自知者明"。众所周知,有一次汉高祖刘邦曾与韩信分别就自己能带多少兵马打仗做过讨论。韩信说刘邦只能带十万兵打仗,而韩信则是多多益善,刘邦虽然口头上不大服气,但对自己能带多少兵士是心知肚明的,实际上也默认了。刘邦很少直接领兵打仗,大部分时间都是坐镇后方,算是"自知者明"的杰出代表。

对于政工人员正确认识自己,主要是能准确认清自己的优势、劣势与成绩、问题,且关键在于正确认识自己的缺点错误和差距不足。实际情况是不少同志谈自己优点与成绩易,认清缺点和接受批评难。究其原因,就是对自己缺乏正确的认识。如用辩证唯物主义观点分析,任何人都是客观存在的,其一切言行都是在社会实践中进行的,根本不可能是百分之百正确。因此,其缺点、问题和优点、成绩一样,都是客观存在的。现实工作中,如果谁能坦然承认自己的问题和不足,谁就更能从容地看待别人对自己的批评,谁就会更加自觉地改进自我,更有可能实现工作创优和职位提升。

在正确认识自己的方法途径上,人们往往以"经常把镜子转向自己"来描述。实际上,这种描述表明的只是一种态度或方式,作为方法而言是远远不够的。作为照镜子,看到的只是"表象"。现代医学表明,要较为清晰地查明自己身体的综合健康状况,需要在进行一般性检查评估的基础上,进一步采用CT、核磁、内窥镜等方法对各脏器进行检查判断,而且这种判断对于是否存在问题或问题的严重程度,需要依据医学专家团队所制定的公认的统一标准来进行。由此,政工人员要真正做到正确认识自己,不仅要经常观察分析自己,更要严于解剖分析自己,并且还要根据企业认可的是非标准来进行优点、成绩或缺点、问题的结果判断,而不是单凭个人想法和自己的好恶标准来断定如何。实践表明,在正确认识自己的"解剖分析"上,往往是解剖别人易,解剖自己难。这也正是强调正确认识自己的重要性和必要性所在。

其次，树立良好心态。

对于人生旅途中的波折现象，有许多看似不正常，其实早已成为正常之事，关键在于以什么样的心态去直面应对。就像人们初次乘坐飞机经过云层颠簸区或遇到气流一样，心态好则会从容面对，反之则会担心害怕；像农民所种庄稼遭遇冰雹天气一样，对不可抗力现象怨天尤人无济于事，只能客观积极面对，以及时采取补救措施为好；像如何对待当前数字经济的加速发展超出人们前期预想预判一样，各相关组织、单位应适时采取动态应对措施加速自身发展，如固守已见思路不变则必定落后被动。

事实证明，良好心态是在复杂多变不利条件下持续保持工作进取心的重要因素。政工人员在对待个人工作、生活中出现的各种非正常现象时，应尊重客观，注重大势，目标坚毅，以良好心态迅速做到灵活应对，以及时有效方法做好应对政工职业生涯中可能遇到的一些"黑天鹅"事件，从而避免单纯因个人原因造成"滑铁卢事件"发生。

在企业党建一度虚化、弱化、边缘化时期，有些政工人员常在焦虑中度过，正所谓"理想很丰满，现实很骨感；方向很明确，方法很困惑；原则很清晰，不知怎么做"。新的历史时期，党中央已非常明确地对企业党建和思想政治工作进行了新的时代定位，作为政工人员，应切忌思想扭曲、行为扭曲、道德扭曲，自觉摆正心态，放下具体工作雾霾迷路的思想包袱，努力在自我追求中坚定信心意志，以"不亚于任何人的努力"，去探寻更加务实有效的方法措施。

意念决定心态，心态决定格局，格局决定人生。实际工作中，一旦产生不良想法和念头，必然导致正常心态扭曲，最终影响个人工作前途和事业进步。由于工作性质所致，政工人员对所了解掌握的企业大小事项相对较多，日常工作必须严格遵守组织原则，自觉把高度的工作执行力落到实处。具体只能想方设法按照组织安排和领导意图，以及员工思想状况与工作实际开展工作，切切不可存在因有个人不同想法而影响工作落实进程和标准的现象发生。同时，做政工要忠诚尽责，时刻谨记不能故步自封，不可固执己见,不能头脑僵化。分析过往影响某些政工人员工作进步的原因,正是在于其在一些关键重要事项办理落实中的固执己见和头脑僵化。

常言道:你改变不了环境,但可以改变自己;你改变不了事实,但可以改变态度;你改变不了过去,但可以改变现在;你不能预知明天,但可以把握今天。这是一种积极向上的心态表现,应予充分肯定。值得注意的是,在环境适应与创造上,应坚持策略灵活与目标坚定相统一,严格把握好度;在人生的跌宕起伏中,顺风顺水时不可忘乎所以,人生低谷时不能沉溺迷失,成绩斐然时不能居功自傲,应切实做到情绪自控、行为端正。

居功自傲方面,三国时的许攸,原是袁绍的谋士,投靠曹操时,曹操高兴得赤着脚跑出来迎接他。许攸随之为曹操设下了偷袭袁绍军中屯粮之所的计策,致使袁绍大败于官渡。之后,许攸自恃功高,心态突变,屡次轻慢曹操,不分场合,直呼曹操小名,还说:"卿不得我,不得冀州也。"许攸不仅高估了自己,同时也低估了曹操的狡诈,结果被曹操部下所杀。虽然此历史故事与政工工作不可类比,但其寓意仍可引起政工人员深思。

最后,强化角色意识。

如前所述,角色定位对于领导干部的正常履职尽责具有重要作用。作为政工系统的每一成员,强化角色意识同样重要。

一方面,作为政工系统,相对于行政管理、技术开发和后勤服务等方面,应有一个明确的工作定位。不论企业管理体制如何改变,政工工作的职责权限如何调整变化,总是要根据党和国家的制度法规以及企业实际来定位好自身工作。这是强化政工职能发挥的重要前提。

另一方面,在政工系统内部,每一名成员都应按照不同层级、不同岗位的职责要求,明晰自己的工作重点和应负责任,着力立足本岗实际,为实现政工系统的总体目标发挥各自作用。作为领导要尽统筹管理协调职责,机关部门人员要尽指导、协调、服务和决策执行职责,基层政工人员则要重点抓好政工决策落实和方法创新,从而使整个政工系统能够实现高效协调运转。领导干部不可越俎代庖,机关人员不可袖手旁观,基层干部不可讳疾忌医,非主要领导所有政工人员均不能眼高手低、拈轻怕重、错位失责。

通过观察分析一些成功人士的实际状况启示我们,要始终保持政工人员的积极向上态势,就要持续保持好进取心和位次感,并以强大的内心力量和工作毅力作支撑。面对异常情况,既要有胸怀宽广、政治站位高的大气,又要有和衷共济、闲言碎语不计较的大度。如果一味地存在唯我独能、我行我素和"小肚鸡肠"心态,就不可能取得事业上的进步。对于日常工作,要学会点亮自己,照亮他人,强化使命担当,工作尽力而为,注重按角色行事。要坚信,一个总喜欢对他人吹毛求疵,而自身工作却经常漏洞百出且业绩平平的人员,是不可能得到组织认可、同事认同的。

2. 着力打造自身优势

对于如何才能成为一名优秀的企业政工人员,这是每一名政工从业者都会深入思考的重要问题。回答这个问题既简单又复杂。说简单就是明确方向、勤奋实干,与时俱进、不懈努力。说复杂就是如何做到明确方向、勤奋实干,怎样进行与时俱进、不懈努力。根据现实需要,其根本在于明确方向的同时,应针对不同人员不同岗位不同单位实际,通过在实践中学习进取、提升能力、增长才干,不断打造自身优势,创取优异工作成绩。

2013年6月28日,习近平总书记在全国组织工作会议上的讲话中强调,成长为一个好干部,一靠自身努力,二靠组织培养。干部的党性修养、思想觉悟、道德水平不会随着党龄的积累而自然提高,也不会随着职务的升迁而自然提高,而需要终生努力。周恩来同志于1943年4月22日在中央南方局给干部们所作的《怎样做一个好的领导者》的报告中指出,做好领导工作一是要有坚定的政治信仰;二是要有明确的政治站位;三是要明确自己的工作职责;四是要有领导艺术和领导方法;五是要保持良好的作风。

政工人员是党的干部队伍的重要组成部分。深入学习领会上述内容,对政工人员如何明确前进方向和打造自身优势等将提供极大帮助。特别要深刻认识个人进步与组织培养的关系,高度重视保持良好作风、持续奋发进取、提高工作艺术、注意工作方法的极端重要性。

实际工作中,评价一个人的工作水平如何重点看业绩,能否创取业绩的关键在能力。在企业改革持续深化、员工思想复杂多变、科技发展突飞猛进的新形势下,要把新时期企业政工做好,真正把自己锻炼成为一名优秀分子,紧靠既有的所谓传统工作能力,已远远不能满足现实需求,必须立足现实,着眼未来,着力打造自身新优势,以提升能力壮大工作实力,赢得工作主动,不断创取新业绩。

为此应思考:各位政工人员自身的优势在哪里?怎样打造优势?如何保持优势?

实践使我们体会到,人们的工作优势表现既与其智力因素和工作欲望有关,更与其所具有的相关知识熟知掌握程度和实践经验相关,与其在实际工作中的为人处世水平和关键事项处理能力相关,而且最终将体现在实际工作能力上。

根据西方管理学观点,优势与天赋、知识、经验密切相关。其表达方式为:

优势=天赋+知识+经验

由此,只要天赋与知识和经验结合在一起,就将帮助政工人员在工作中持续获得良好表现。其中,知识靠学习,经验靠积累。天赋亦可理解为智力和欲望。在天赋相对稳定的前提下,要提升优势,就应加强知识学习和经验积累;要保持优势,就要做到持续努力,与时俱进。

同时,因经验与能力可互促共生,能力与知识不可分割,以及能力具有优势内涵中的"终端"体现特征,要打造优势就要对学习进取、经验积累和能力建设等共同给予高度重视。着力打造自身优势,已成为政工人员成长进步的时代强音。

就政工人员优势而言,既有一般管理人员的优势特征,又有其自身独特性。根据多年来政工队伍建设中遇到的实际问题和现实需要,在打造政工人员自身优势上,应注重做到以下几点:

(1)明确工作目标,提升基本素养。

目标是方向,又是动力。明确工作目标是政工人员工作进取、事业进步必须做好的重要事项。在善于高标准制订可行工作目标上,通过审视"给目标一个斜坡"的故事可得到有益启示。据有关资料介绍,在英格兰的巨石镇,一根14米高的石柱顶端,架着一块40吨重的巨石。在没有大型机械设备的远古时代,人们是如何把如此重的巨石搬到石柱上的呢?考古学家经过分析研究,认为当时人们采取的是"土屯法",即在石柱的一侧垒土,使"地面"高至与石柱顶部齐平。并与地面形成一个斜坡,用滚轮和撬棍把巨石推到石柱的顶端。

古人用"土屯法"将巨石推到石柱上的做法,对制订和实现个人工作目标不无启示。对于高远的政工事业目标,当大家感到无法直接实现时,不妨也给目标一个斜坡,给目标一个缓冲的坡度、缓冲的时间、缓冲的距离。在这个缓冲的过程中,不断在脚下"垒土"打牢政工事业的基础,垫高大家的能力和水平,直至抵达预期目标的高度。给目标一个斜坡,看似走了弯路,实则是人们抵达成功的一种智慧而有效捷径。这为高标准树立打造自身优势目标提供了有益参考。

与此同时,要进一步明确政工人员履职尽责应具备的基本素养内容,深入剖析自身能力水平与所订目标需求存在的差距不足,以更高一等、更进一步为方向,着力把不断提高自身综合素养落到实处,从而为实现所订目标创造条件。

根据新时期实际需求,政工人员在基本素养上应具有较高的政治思想修养,具备丰富的生产经营管理知识,能熟练掌握和运用员工思想政治工作基本技能等。具体应做到"三懂四会五有":懂生产、懂经营、懂法律;会学习、会管理、会沟通(会做群众思想工作)、会应用现代办公手段;有思想、有目标、有措施、有行动、有毅力。在此基础上,力求进一步做到"十懂十会十戒"和"十有"(见附录一)。一个缺乏自主思想的人员,很难把工作做出特色,做出优异成绩。对此,每名政工人员都应结合自身实际,在重技能、强弱项、提素养上加强自身建设,为切实打造自身优势创造好基础条件。

(2)强化学习意识,做到善学善用。

知识就是力量。这是千古不变的真理。相对一般管理而言,企业政工具有特殊工作属性。其要求严，责任大，使命性强，政策执行的刚性约束力强，承载着企业健康发展与党和国家方针政策落实的双重任务，必须通过多方面的学习思考，不断提升综合素养，完善知识结构，进而提升工作能力，才能更好把履职尽责落到实处。

学习无处不在，贵在自觉，贵在用心，贵在留意，贵在感悟，贵在求是，贵在反思，贵在联想本职工作实际，贵在养成好的学习习惯。面对新的复杂学习环境，要注重选择性，避免盲目性，增强自控力，做到系统学习与突出重点相结合、知识储备与急用先学相结合、总体工作启发与"碎片"知识学习应用相结合，自觉克服故步自封思想，在学有所思、学有所悟、善学善用中增长才干，在强弱项、补短板、增优势上多下功夫。

具体学习方法上，应因人而异，可在借鉴古人读书良法中益智改进。如：孔子的"学思结合法"："学而不思则罔，思而不学则殆。"朱熹的"三到法"："口到、眼到、心到。"韩愈的"勤勉法"："学业的精进在于勤勉。"徐特立的"古今中外法"："把古今结合、中外结合，变为我用。"谢觉哉的"挤钻法"："没有时间，挤；学不进去，钻。"

学习内容上，可针对自身所需咀嚼消化吸收。如：当代日本管理大师畠山芳雄，在其所著的《这样的干部辞职吧》一书中所述目标指向力、发现良策的能力、组织能力、传达能力，以及赋予积极性的能力、培育部属的能力、自我革新能力等"七种能力"，其阐述方法具体实在，蕴含了许多深刻的企业人文管理思想，体现了东方式的管理智慧，对于包括政工人员在内的各类企业管理人员提升管理素养和业务能力均具有重要启发作用，值得政工人员结合实际研学参考。

学习态度上，要强化自觉克服学习无用思想。哈佛寓言中有这样一个故事：一只山猪在大树旁勤奋地磨獠牙。狐狸看到了，好奇地问它既没有猎人来追赶，也没有任何危险，为什么要这般用心地磨牙。山猪答道："你想想看，一旦危险来临，就没时间磨牙了。现在把牙磨好，等到要用的时候就不会慌张了。"该故事原意为防患于未然的工作是绝对需要的。现寓意为未雨绸缪，善养天机，日后便有真用。其说明书到用时方恨少，平常若不充实学问,临时抱佛脚是来不及的。这就启示大家,平时不要抱怨没有机会,而要加强学习,扎实工作,多创业绩。否则,当升迁或重用机会真的来临时,再叹息自己平时没有积蓄足够的学识与能力去胜任,也只有后悔莫及了。虽然此道理众人皆知,但总有不少人不以为然,确实应在少找理由多学习提高上下功夫。

(3)改善心智模式,强化与时俱进。

某建筑股份有限公司鲁某经过多年的研究思考,对人生结果与主要相关因素的数学关系给予了独到见解:

人生结果=心智模式(-1—1)×勤勉(0—10)×能力(0—10)

由此,个人的心智模式如何,对于人生结果的影响非常重要。

作为政工人员,无论是人生塑造,还是具体开展实际工作,都需要良好的思想观念作牵引,而思想观念又是在一定的心智模式下形成的。因此,不断改善树立良好心智模式,应成为政工人员积极面对的重要课题。

多年的政工实践表明,要树立良好心智模式,就要树立正确的自我批判观。分析政工人员的内心状况,要充分认识"鸡蛋,从外打破是食物,从内打破就是生命"这一生存法则的真谛。面对适应新要求新环境存在的实际问题,注重以"鹰的重生"故事为借鉴,以良好心智模式自觉打破旧有思想束缚,大力践行丢掉旧习惯、增添新动力、创取新业绩,着力在勇于自我批判中提升自我,成就自我。

要自我强化"丛林法则"意识,带头树立"贡献决定价值,没有贡献就没有价值"的新时期干部员工共同价值观。如果政工人员安于现状,拈轻怕重,自我放弃奋发进取,不敢向高难度工作挑战,就是对自己画地为牢,自我设限。存在这种思想的结果,往往是让自己无限的潜能转化为被抛上沙滩的鱼,等待的只能是干涸而死。有的人员长此以往,最初想象的仅仅是工作平平而已,但结果等来的却是后悔晚矣。

要紧跟时代潮流,坚定正确政治立场,树立追求卓越思想,进行经常性的自查自省自励,倍加珍惜自身有限的职业生涯时光。注重做到经常性地对照有关要求进行自我反思,坚定工作意志,真心查找自身存在的问题和失误,及时总结经验教训;经常性地学人之长、补己之短、自谦自强,善于在学习交流中自省自励、健康成长。

(4)借智增智强能,提高日常做人处事能力。

先做人再做事,会做人能做事。这是智者的选择,是众人皆知的人生之道。

对于如何做人做事,曾有人描述为"45度做人,90度做事,180度为人,360度处世",读后深感耐人寻味,令人思绪良多,设想如把此应用到企业政工人员身上,是否会对其大有益处呢?

45度做人:人生在世,做人要谦卑。只有谦卑的人才能走更远的路,俯下身子,正视前方,踏踏实实,一步一个脚印地往前走。既不要因为一时的成功而自大,也不要因为一时的失败而一蹶不振。

90度做事:90度是垂直的,要求做事要公正无私、光明磊落。人活一生要坦诚做事、真诚做人,做一个真正的君子。

180度为人:180度是一条直线,要求要直爽坦率。不要遮遮掩掩,不要虚伪、虚荣,要真诚地对待每一个人。

360度处事:360度是一个圆,代表完美、圆满、成功。处理事情尽可能做到周到、细致,圆满完成每一项任务,努力协调好各种人际关系,尽可能用自己的真诚与自信,赢得他人的理解和信任,最终达到一种圆满结果。

对此内容应当注意的是,人的性格阅历千差万别,任何事情均利弊兼有,不可万事求全。否则,就会失去做人处事的风格特点。

实际在政工人员的职业生涯中,有许多做人做事方法值得提倡践行。比如:在综合意识上,要低调做人,高调做事;要乐观自信,自尊自强;要不卑不亢,忠诚担当。在做事风格上,为更好落实服务职责,可做到"六要":一要像圆规,找准自己的立足点,将肩负的使命圆满完成;二要像高铁,一路勇往直前驶向目的地,没有丝毫的越轨行为;三要像弹簧,外部压力越大,能量激发层级越高,自身潜能在压力变化中就会自主得到有效释放;四要像大地,胸怀宽广,甘愿负重,让高山脱颖而出;五要像尺子,始终公正无私,既用公道公正衡量别人,又用公道公正衡量自己;六要像竹子,挺拔向上不走样,每前进一步都要认真地做一次小结。

认真追踪成功人士的成长进步轨迹,作为政工人员,要提高工作站位,在自觉找准政工自身背负的政治责任与企业价值追求的最佳结合点上发挥作用。深入分析新时期企业政工现状,在综合作用发挥上,政工人员尤其是政工领导岗位人员,总体上应具备以下十种能力:

(a)坚定的政治担当能力,确保工作大局政治方向不走样;

(b)引导教导他人的能力,具有丰富理论素养和较强实践感悟能力,能以良好思想教育引起他人高度信赖;

(c)引领激励他人的能力,重视以身示范作用发挥,能激励他人向更好更高目标努力;

(d)善于倾听的能力,能于在倾听中把握好员工的内心世界;

(e)沟通和推销思想的能力,在思想交流中找准兴奋点,能于把主观愿望变为客观现实;

(f)随机应变能力,脑随事态变,言随环境变,措施办法紧跟情景变,但基本工作原则保持不变;

(g)创新思维能力,适应新形势,祛除旧观念,增强新动力,保持积极向上活力;

(h)制定客观实用目标计划,并坚定不移追求目标和致力于寻求有效途径实现目标计划的能力;

(i)善于克服固执己见思想、敢于承认错误不足并勇于自我改正的能力;

(j)统揽全局的决策运作和统筹协调的高效运行能力。

(5)持续增强处理异常关键问题的能力。

对于处理异常关键问题能力如何,是考察每一位政工人员工作水平高低的重要因素。实际对于如何提升这种能力,关键在于对异常关键问题的认知如何,在于对处理其问题的重视程度,在于日常工作方式方法的升华提升和经验积累。如何对待和处理日常工作中可能发生的异常关键问题,不仅是领导干部经常面对的重要工作,也是每一位普通政工人员必然会遇到的重要事项。

深入总结处理异常关键问题的经验教训,对于如何增强政工人员处理异常关键问题的能力,可建立以下四个法则:

问题认知法则。认知问题是及时解决问题的前提。凡是涉及企业改革发展核心事项和员工个人切身利益,涉及领导特别予以高度关注,以及政府严格管控的重要事项,都应列入异常关键问题范围。具体在对其问题的认知上,要读懂企业、读懂社会、读懂管理、读懂党建、读懂领导和部下,读懂改革及其痛点,读懂员工的内心世界,绝不能浅尝辄止、固执己见,绝不可对事实存在的异常关键事项认识不清、是非不明、满不在乎。

预判分析法则。分析事物应具有政治上的高度敏感性、管理上的系统关联性,联系实际增强对多米诺骨牌效应的认识。善于透过现象看本质,抓住本质深刻分析问题的关键属性,高度重视员工群体呼声、领导异常关注事项,以及政府干预、社会监督、网络效应的重要性。同时,强化动态思维,通过察动向、看趋势等方法,正确把握问题性质,明确努力方向与对策。

果敢处置法则。"天予不取,反受其咎;时至不行,反受其殃。"经预判分析,对于凡已明确需要处理的异常关键事项,应尽一切可能果断采取措施处置解决。具体落实上,要善于打破思维定式,创新工作方法,务求工作实效;要善于攻坚克难,克己奉公,切忌瞻前顾后、畏缩不前;要善于与时间赛跑,在及时、精心、尽责上下功夫。

善后处理法则。在对异常关键问题处理暂时完成告一段落后,应及时进行总结反思,做好问题处理中的工作完善相关事宜。同时,从问题认知、预判分析、果敢处置等诸方面,深入总结经验教训,及时做好提升处理异常关键问题能力的储能备用事宜。

(6)提升语言沟通和公文写作能力。

关于语言沟通和公文写作,作为政工人员的两门基本工作技能,缺一不可,必须在实践中锻炼提高。

单就语言沟通能力来说不可忽视。主持会议、工作讲话、即席发言、座谈交流、个别谈心等,都需要通过语言沟通去完成。

在表达方式上,政工语言要言简意赅。对于冗长的照本宣科讲话容易让人心中生厌,以致产生负面效应。而若讲话围绕主题,切中要害,简明扼要,就会收到事半功倍的效果。

实际工作中,某石化公司党委主要领导,几乎每次会议讲话都以其语言朴实、思想深刻、方法灵活,以及目标方向和工作要求言简意赅的风格吸引大家全神贯注地听会。这对会议精神的深刻领会和贯彻落实自然也就起到了很好的促进作用。

关于公文写作,是一种集智慧和视野等于一体的综合性脑力劳动。它需要写作人员具有深邃的目光眼界、高度的敬业精神、勤奋的实践过程,以及娴熟的写作技巧和创造性的思维能力。

综合总结多年来的工作体会,要提高公文写作能力,首要的是思想上切实重视,能够充分认识公文对于日常管理工作的以文辅政作用。特别作为普通政工人员,应把提高公文写作能力作为一项履职尽责的必修课来认真对待。

就公文写作知识而言,有许多此类书籍介绍。这里仅就针对政工一线工作人员实际,对公文怎么写、如何写好的"633"写作法作一简要介绍。

公文写作6步法:

(a)全面准确领会写作意图,明确公文类别;

(b)分析写作要点,明确突出什么事项、忌讳什么内容;

(c)收集相关素材:上级精神、领导要求、政策依据、写作背景、典型事例、重要数据、对比参考材料,等等;

(d)进行文字结构构思或编写公文写作提纲,明确先写什么、再写什么、后写什么,做到条理清晰、层次分明,深入思考通过什么样的文字表述才能实现"写作意图";

(e)根据文字结构构思或提纲内容进一步收集相关写作素材(胸有成竹者可省略);

(f)进行公文内容的具体撰写。

如何写好公文的审查处理3方法:

(a) 上下左右处理有高度;

(b) 公文内容叙述有深度;

(c) 把握写作意图有分寸。

经综合分析可知,高度、深度、分寸与公文写作的成败既都直接相关,但又有所区别。其写作成功关联方程式为:

公文写作成功=高度×分寸(深度+……)

当高度和分寸分别为零时:

$0 = 0 \times \infty (\infty + \cdots\cdots)$ $0 = \infty \times 0 (\infty + \cdots\cdots)$

如何写好公文的加工提炼3办法:

(a) 对照原"写作意图",从公文类别和文字表述上检查思考是否达到预定要求。如有偏差,则给予纠偏及其相应调整完善;

(b) 进行"精练、充实、润色、规范、统稿"修改;

(c) 根据需要可进行他人再修改。

在锻炼提高写作能力的具体实践中,可把悟、积、练、改作为学习提升"四要素"正确把握,自觉做到公文写作持续提升"三强化":强化当好公文写作有心人,常看勤思多练多对比;强化公文写作基本功,全面了解掌握公文写作规范;强化熟悉业务、学用结合、持之以恒等相关事宜。同时,应注重自我培养提升"五种能力":自觉养成经常性分析思考问题的习惯,做到日常工作分析思考问题深刻清晰,准确到位,着力提升综合分析能力、归纳提炼能力、政策把握能力、灵活多变能力和系统思考能力。

(7) 坚持强化政治思想观念不放松。

政治修养是现实的,也是与时俱进的。始终保持坚定的政治立场、观点,以习近平新时代中国特色社会主义思想武装头脑、指导行动,是政工人员必备的政治素养,也是其开展企业工作的优势所在。为此,政工人员必须在不断学习丰富党的基本理论素养和马克思主义辩证唯物思想的同时,紧密联系自身工作实际,经常性地做好党的方针政策和时事政治内容的学习,不断吸吮政治营养,夯实政治根基,为牢固树立正确的政治思想观念提供保障。

具体应注意克服"两种思想",强化"三种意识":

克服"两种思想",即克服政治自满和不思进取两种思想。其表现一是认为干企业政工不需要多么高的政治思想水平,学校上学时所学的政治内容再加上政工岗位培训内容就已经够用了,稍微了解一下现实要求就行了,表现在政治思想工作中漂浮现象严重,自认为自己的思想观点一贯正确;二是对如何保持"做政治上的明白人"缺乏深刻理解,以干政工自居,吃老本现象突出,对日常政治理论学习应付了事,对如何结合实际把握正确思想观念、辨别政治是非模糊不清。

强化"三种意识",即强化政治自省、思想修身和学习进取三种意识。针对上述两种不良思想,应自觉强化政治自省意识,经常性地对照党组织要求进行自省自鉴,自找差距,明确方向;强化思想修身意识,以清醒"做政治上的明白人"为基本要求,思想上、政治上紧跟时代前进步伐,加强政治思想自我教育约束,持续搞好"三观"自我教育实践不放松;强化学习进取意识,关注时事政治,关爱自身思想健康,紧密联系岗位工作实际加强政治理论学习实践,始终保有清醒的政治思想头脑。

3. 当好事业进取"有心人"

深入研究政工人员的成长轨迹,在自强不息、追求卓越的过程中如何成就自我,不断获取工作和事业上的进步,虽然没有多少灵丹妙方,但在不少方面也有一些做法值得深思。总体而言,自省自明是前提,打造优势是基础。与此同时,遵从个人成长进步的基本规律,当好事业进取的有心人异常重要。

常言道,工作干得好不好,关键就看心思用多少。这话说得虽然用词不够精准,但是否用心工作的确是能否把工作干好的重要因素。如果把此断言移入整个政工事业之中,坚持当好事业进取的有心人就应成为每一名政工人员的必然要求。实际工作中,针对政工人员职业特点和现实状况,其主要表现可谓思想上的自我思考、态度上的专注极致,以及具体工作上的方法改进等。

(1)让思考形成一种习惯。

干管理、当领导的首要工作是思考。同样,作为以脑力劳动为主的政工人员,要把自身工作做好,任何一个岗位工作者都需要把思考事宜首先做好。这对大家来说似乎都已形成共识,但在实际行动上未必都能真正做好做到位。究其原因,很重要的方面在于对思考什么、如何思考不够清晰,在于未能真正让思考形成一种习惯,应在实际工作中给予彻底改变。

日常工作中,不但对于自己的目标计划、措施打算和既有成果等进行思考,更要对自己的未成事宜、差距潜力和错误失误等进行思考,切实找到存在问题差距的症结和根源;不但透过现象按照本人的思维方式进行思考,更要透过现象看本质,以与领导、同事和下属,以及员工群众换位思考的思维方式进行思考,力求把对工作实践中的启发醒悟变为综合分析式的理性思考,以利于更好指导自己明确下步努力方向。

思考要突出重点,兼顾八方,着力增强自身工作活力,为持续奋发向上创业绩拓展新思路、增添新动力。具体可紧紧围绕更好履职尽责,放大工作格局,经常性地做好带有方向性、根本性问题的思考,力求把重点问题搞明白、组织期望搞清晰、群众期盼弄清楚,把下步工作的着力点考虑得更加周密细致,立足本职本岗,牢牢把握员工思想主导权。

思考要强化针对性,保持经常性,着力增强解决处理实际问题的应急储备能力。俗话讲"三思而后行",但在许多情况下,由于解决处理问题的迫切性,根本就不具备"三思"的时间。抓住时机解决问题是有效工作的重要方法,贻误战机处理问题是造成工作被动的重要因素。当遇有实际问题急需解决处理时,只有经常性地提前做好问题预判分析思考,才能及时得到有效处理。

思考要注重实践性,提升内驱力,善于在宁静致远中涵养智慧,善作善成。智慧不是自然的恩赐,而是经验积累的结果。但经验是智慧的源泉,却不是万能的妙方。如若对经验不进行深度分析思考和加工提炼,经验只能是过往工作的经验。在变化无常的工作环境中,如果机械地运用自己或他人经验,必然不会收到好的效果。

实践证明,许多"老政工"正是由于形成了良好思考习惯,才致使对许多棘手问题处理得如鱼得水,对走好政工之路发挥了重要作用。譬如:自2008年6月作者所在单位实行国企改制后,本人作为党委书记,针对改制后企业自身实际和党群工作新情况,经缜密思考适时提出了以"一个坚持、两个加强、四个注重、三个不放松"("一个坚持"即:坚持牢固树立围绕中心、服务大局思想,持续深入做好结合、融合工作,党政同心协力,共同推动和促进企业平稳健康发展。"两个加强"即:对员工群众释疑解惑的思想引导要加强;对维护员工思想与队伍稳定的工作要加强。"四个注重"即:注重对员工思想动态的分析综合,注重引领新旧体制转化过程中新旧思想观念的接轨适应,注重企业良好风气的培养形成,注重引导艰苦创业精神发扬光大。"三个不放松"即:对员工队伍的宣传思想工作不放松,对党员队伍的教育管理和作用发挥,特别是党员干部的思想作风建设不放松,对工会、共青团组织的关键性工作指导督察不放松。)为主要内容的党群工作思路与原则,及时找准位置,改进方法,完善措施,为改制后企业党委工作持续有效开展,促进改制企业健康有序发展,并赢得所在地区改制企业政工评比连年获取优异成绩提供了重要保障。

(2)自觉践行专注极致。

专注极致是政工人员追求卓越思想落地见效必须达到的一种工作状态,是实现其自身理想目标应当具有的一种精神需求。这里所说的"专注",是指政工人员对各自承担的任务应全神贯注地去完成;极致则是指在这种完成任务过程中所付出的最大努力和所要达到的最高标准、最高境界、最佳效果。对于大力践行专注极致,应当成为每一名奋发进取者的自觉行动。

就专注而言,涓滴之水终可磨损大石,不是由于它力量有多么强大,而是由于昼夜不舍的滴坠。而心理学上的"滴水效应"也告诉我们,只要目标专一,而不三心二意,持之以恒而不半途而废,就一定能够实现政工人生的理想目标。

作为日本管理大师稻盛和夫的"六项精进"内容,如"付出不亚于任何人的努力""谦虚戒骄""天天反省""不要有感性的烦恼"等,充分体现了全力以赴、全神贯注、竭尽全力投入工作的深刻内涵。这对政工人员如何践行专注精神可给予重要启发。

实际工作中,践行专注精神应达到忘我状态。按照西方心理学大师米哈里·齐克森米哈里的观点,任何一个人,无论是艺术家、棋手,还是攀岩者,都可以在某一活动中达到忘我状态。作为政工人员干工作根据需要就应如此。譬如:对于深入了解掌握员工群众真实思想动态、研究处理解决各种疑难问题的措施办法,临场应急处置急难险重事项,以及对各类人才的培养、使用和管理等,都应以"忘我、无我"的全身心状态集中精力去做好。

对于极致来说,能否在工作中落地见效,关键在于对待工作的态度如何。持续付出不亚于任何人的努力,既是工作专注的表现形式,也是极致过程的必然结果。如果你把所从事的政工工作当作一种无奈,就会对做其具体工作视为痛苦,对于极致就无缘相联;如果你把其当作"有份工作就行"的谋生方式,就会产生应付了事的想法,也就不可能存在极致表现;如果你把其作为一种事业追求,就会做到竭尽全力,以自己最佳表现的极致精神做到持续付出不亚于任何人的努力。

以极致精神达到极致工作状态,追求极致工作成效,是每一位奋发向上政工人员的必然选择,应在实际行动上予以落实。

具体落实上,极致目标具有差异化。由于人的能力有大小,不能把大众认为的所谓事业巅峰目标作为每一位政工人员极致工作的极致目标去追求,而应根据每位个体人员的性格特点和工作能力等,以自己极致的工作状态,去追求获取适合自己的极致目标。

专注成就事业,极致造就人才。对此,深入思考著名物理学家爱因斯坦问路的故事,可给人一种特别耐人寻味的感觉。

"丁零……"

美国普林斯顿高级研究所主任——阿尔伯特·爱因斯坦的办公室里的电话响个不停。

第十二章 内外兼修 自强不息

已经下班好一会儿了,是谁还来电话呢?办公室秘书不屑地拿起了电话筒。

"请问,我能跟主任谈话吗?"耳机里传来温和而又熟悉的声音。但秘书没有细辨是谁,顺口回答道:"主任不在。"

电话里的声音带着恳求的语调继续说:"那么,你能否告诉我,爱因斯坦博士住在哪儿?"秘书回答道:"不能奉告,因为爱因斯坦博士不愿意他的住所受到打搅。"

说到这里,电话的声音突然变小了,"请你不要告诉任何人,我就是爱因斯坦博士,我正要回家,可是,我忘记了自己住在哪里"。

原来,这天爱因斯坦回家时,边走边思索着科研中的问题,走着走着,竟不知不觉地走到了一个陌生的地方。当他发现自己迷了路,想找人问路时,自己家的住址又想不起来了。在没有办法的情况下,只好给自己办公室打电话询问自己家庭的住址。

(3)注重方法改进提高。

不断改进方法,提升能力,是助力政工人员工作进步、事业进取的根本途径。新形势下,应适应时代发展需要,针对不同行业特点,紧密结合各自企业管理和员工队伍思想实际,从实际效果出发抓好具体落实。

要自觉克服惯性思维,尽力斩除"低老坏"行为。说到"低老坏",往往大都是指基层管理。实际上,"低老坏"行为无处不在,只是行为各异,程度不同而已。对于政工人员自身存在的"低老坏"要敢于承认,客观对待,真查实改。特别是在面对新时期政工职能转变和要求提高的新情况下,每位政工人员都应切实"把镜子转向自己",在自觉克服过去工作体制下不适于新形势新要求的传统做法的同时,深刻剖析并彻查彻改自身思想上的低标准、工作上的老毛病、行为上的坏习惯。否则,就可能造成工作失职、人员失信和组织掉队现象。譬如:对于部分人员存在的重布置、轻检查,重汇报、轻调研,重说教、轻示范,以及得过且过、应付凑合,只提问题、不想答案等"低老坏"现象,应予彻底扭转。

要讲求工作艺术,善于通过巧妙施策创造性地抓好重要工作落实。讲求工作艺术是解决疑难问题的金钥匙。对于各类重要工作,开展活动要把握目标,兼顾环境,讲究天时地利人和;抓工作深化要典型引路,突出重点,精准施策;现场处置问题要灵活机动,注重细节,以变应变;观察分析问题要选视角,抓要害,强化深度综合判断;发言讲话要有的放矢,选好切入点,严禁以所强调内容否定既有可行内容。对于日常工作如何讲求工作艺术,不乏存有明星之人的智言慧语。作为企业管理新秀,华为公司轮值董事长孟晚舟所提出的"3零5带7抓"(3零:零借口、零拖延、零返工;5带:凡是工作必带目标、凡是目标必带计划、凡是计划必带方案、凡是方案必带检查、凡是检查必带结果;7抓:抓观念、抓用人、抓沟通、抓激励、抓考核、抓培训、抓执行)管理理念,充分体现了她高超的管理艺术,一度得到业内人士的高度评价,值得政工人员结合实际研学深思。

要注重精细作风落实,自觉养成良好工作习惯。现代企业政工实践中,要强化知行统一,尊重客观,追求卓越,坚持一切从实际出发做工作。对于如何把这一重要原则落到实处,尚需精细作风做支撑。黑格尔曾说过:"想要成就卓越,必须做到精细。事事在望,终将一无所获。"针对政工自身特点,自觉养成精细工作的良好习惯,践行精细踏实的良好作风,是扎实推动工作落实的重要方法。

深入总结多年来的工作实践,着眼方法改进提高对工作成效造成的影响,可建立如下企业政工成效方程式:

工作效果＝素养×能力×方法×灵活度

由此,当工作人员素养和能力相对不变时,采用什么方法和工作过程的适当灵活度,将是决定工作成效的重要因素。

实际工作中,要把具体工作抓实做好,作为政工一线工作人员,可自我明确"3项要求"、采用"7种方法"、践行"3种理念"。

"3项要求":处事的能手;文字的高手;鼓舞员工士气的行家里手。

"7种方法":积极主动的思维方法;系统思考的工作思路;凡事筹划的工作步骤;"封闭管理"的工作流程;精心处事的工作作风;自我加压的工作态度;追求创优的进取精神。

"3种理念"：工作有激情；服务有热情；同事之间有友情。

4. 提高战胜挫折能力

在执着追求航海目标的大海航行中，难免遇到一些风浪波折，而且可能会时而波涛粼粼，时而波涛汹涌。这是航海之行的一种正常现象。作为政工人员来说，一切工作顺利是愿望，也是期盼，但实际遇有些许挫折之事，遭遇某些思想之痛，同样实属人生旅途中的正常现象。为此，既要尽力避免或减少挫折发生，更要从做好战胜挫折事宜出发，着力提升应对和战胜各种挫折的能力，以确保个人工作进步和事业发展免受影响。

梅花香自苦寒来，宝剑锋从磨砺出。要充分认识挫折对于磨炼工作意志、淬炼成功人生的特殊意义。一般来说，只要把所遇到的挫折问题处理好，不但不会影响政工人员的事业发展，还会更加坚定其工作进取意志，增强其战胜各种困难的必胜信心。面对实际工作中可能或已经出现的挫折现象，对于如何提升政工人员自我应对和战胜挫折的能力，可在正确认识"政工职场"的同时，正确对待所遇挫折，强化扬长避短意识，有重点有针对性地把相关事宜落到实处。

（1）正确认识职场。

关于职场认知话题，可谓是众说纷纭，站在不同的角度有不同看法，怀有不同目的有不同表述。作为政工人员，切切不可人云亦云，盲目认同，应以积极向上的心态，在职场认知上明辨是非，坚定意志，正确把握好自我。实际工作中，针对不同企业环境加深对职场理解的正确认知，对如何应对和战胜挫折大有益处。

综合多年来政工经历的观察思考情况，政工人员要始终保持奋发有为的进取意识，就应牢固树立正确的职场认知观，就要善于从树立正确的世界观、人生观和价值观中窥视自我，善于从观察分析现实的干部员工思想观念中正确认识对职场理解的多样性和复杂性，善于从政工事业的长远发展需要出发排除各种不良思想干扰，善于依据自己的职业特点把握正确的职场行为方式及处事方法,切实做到热情工作,精心处事,担当尽责,主动作为。

实践证明,不同的职场认知将导致不同的思想意识,进而对个体人员的思想方法和行为方式产生重要影响。从应对和战胜挫折的现实需要出发,作为职场人,政工人员可重点建立以下职场认知法则:

第一,要以平常心态应对工作环境复杂多变现象。人们思想的复杂性是客观的,也是现实的。对于政工人员所处职场发生的各种现象,是企业全体干部员工思想观念,以及社会意识相互作用的综合反映。对其工作中所遇各种复杂问题、异常现象和不良干扰,不可大惊小怪,均应视为正常出现的非正常状况。

第二,只有自己想站起来,才能真正会站起来。当工作中因遭遇挫折或出现波折而被暂时"跌倒"时,首要的是自我解决好必须"跌倒爬起来"的思想认识问题。对于外部人员的帮扶,可谓是真假同在,力量各异。如果自己不想站起来,组织的力量再强大,最终也会无济于事。

第三,逆向思维是解决信任问题的金钥匙。对于经常抱怨领导与下属互不信任、同事之间互不认同者,最好的办法是认清自己是谁,建立逆向思维,在所问为什么的答案和换位思考中寻求改进措施,重塑良好形象。

第四,信心、信念与自强、毅力是陪伴工作进步的良师益友。强者恒强,优胜劣汰。面对持续深化改革大环境,只有自我坚定工作信心和理想信念,在执着追求中自强不息,务实进取,才能不被现实所淘汰。同时,随着时代变化和科技发展,政工工作的方式方法和内容也在不断更新变化。只有不断提升自己的工作能力,才能在职场上保持持久的竞争力。

第五,不要不把自己当回事,也不要太把自己当回事。不把自己当回事是过于自谦,太把自己当回事是过于自傲。一旦自己都不把自己当回事,他人也很难把自己当回事;如果太把自己当回事,实际是盲目自大,自己孤立自己,因逆反心理他人未必会把自己真心当回事。身处职场,面子很重要,但是站在长远自我进步发展的角度上,不应把暂时受点委屈看得过重。

(2)正确对待挫折。

如前所述,工作中遇到挫折、受到委屈,属于正常之事。每当这时,要使良好工作状态少受甚至不受影响,关键在于如何正确对待,在于能否以遇有挫折不退缩、受到委屈不叫屈、面对困难不怕难的积极向上心态,及时应对和战胜挫折带来的挑战。

具体做法上,针对所遇挫折现象,要自我端正心态,保持冷静理智,坦然客观面对。要做到善于在挫折中自我教育,自我解脱。任何时候都不应因为一时受挫而在思想上伤心泄气,甚至情绪失控,或在工作上一蹶不振,止步不前。

要深入分析挫折背后实际存在的问题及其原因在哪里。如是主观原因造成的,则要在严格审视自我中,敢于自我否定,善于迷途知返,切实抓好自我改进提高;如若客观因素造成的,则可视具体情况查清根由,在更加高标准做好本职工作的同时,尽力采取措施规避不利影响,让聪明在"糊涂"中成长。

要尊重客观现实,提高思想境界,善于把挫折当修炼,让政工事业在思想磨砺中成长进步。作为政工人员,特别是年轻同志,要想获得事业上的成功,就应把不惧干扰、永不放弃当作人生的一种信念,无论遇到什么困难、什么挫折,都将它们当作人生修炼的平凡事项,以及时战胜困难和挫折的实际行动奋力奔向事业成功的彼岸。

要树立正确的苦乐观,把干好本职视为最大快乐,把战胜困难作为迎接挑战。对于面对挫折放不下身驾、受不了苦难,甚至日常工作只想进步上位、不愿吃苦受累的现象应谨防发生。同时,要充分认识个体人员认知能力的局限性,遇有特殊需要可适当寻求帮助提升,但在借智增智、借智提能中应谨防被思想道德绑架。

曾有这样一个故事,可给人以原谅他人,其实就是在升华自己的启示:野猪和马一起吃草,野猪时常使坏,不是践踏青草,就是把水搅浑。马十分恼怒,一心想要报复,便去请猎人帮忙。猎人说除非马被套上辔头让他骑才行。马报复心切,答应了猎人的要求。猎人骑上马打败了野猪,随后又把马牵回去,拴在马槽边,从此马失去了原先的自由。

(3)善于发挥优势。

实际工作中,要提升战胜挫折的能力,最终还是要体现在工作实力上。

只要在履职尽责中尽其所能,在创优争先中创出骄人业绩,就可让挫折自然消退,进而转变不利局面,改善精神状态,用具体行动闯出一片新天地。

虽人无完人,但也各有所长。试想一下,自己提升能力、战胜挫折的潜力在哪里?扬长避短、发挥优势可谓一条重要途径。工作实践中,要高度重视如何将其落到实处。

为此,首先对自身优势有一个科学客观清醒的认识。人的工作优势是相对的,应按工作需要进行评判确立,而且有时针对不同工作内容,优势和劣势可相互转化;个体优势不在于多么"宏大",关键在于在特定范围、特定环境下因具备某特长因素能发挥更好作用。

其次,对待扬长避短,重在扬长利用,以长杨优,把发挥优势做到恰到好处。具体发挥优势过程要注重搞好度的把握,有优势不发挥等于没有优势,但发挥过度又有可能引发不良情绪抵制,未能获取真正发挥优势的应有效果。

最后,在经受挫折背景下,根据需要适时主动展示出自己的优势所在,且振奋精神,勇往直前。这样,既可增强自我战胜挫折的信心,又能加速改变因挫折问题对个人成长进步所造成的不利影响。

5. 用奋斗捍卫职业"美誉"

在表述理想和誓言的汉语词汇里,"奋斗"一词一直在激励人们执着追求,勇往直前。新形势下,从事企业政工是一项神圣而艰辛的工作,一定要不遗余力地用奋斗全力捍卫自己的职业"美誉",书写出自己美好的政工履历篇章。

为此,要坚持筑牢政治忠诚,弘扬与时俱进精神,保持良好思想作风和工作锐气,自觉在践行"内外兼修、自强不息"中奋力前行。新时代新要求,新作为新形象。在坚定政工自信,踔厉奋发创优的同时,尤其应突出强化明确志向、修身养性、平台思维和自我超越等方面的自身建设。

人有恒心万事成,人无恒心万事崩。针对广大政工人员工作进步与事

第十二章 内外兼修 自强不息

业发展的现实需要,应结合自身实际牢固树立良好工作志向,自觉以高站位拉宽大视野,以严要求笃定大格局,以高标准争创好业绩。针对企业不断改革发展实际,要深刻认识政工价值所在,坚守初心使命,锚定既定目标,聚焦务实创优,筑牢责任担当,立足本岗,坚毅奋进,决不能因暂时受挫而灰心丧气,决不可因一时业绩平平而失去进取之心,切实做到矢志不渝地按照既定目标把各项工作做实做好。

在加强思想修养上,要做到修身养性,自律从严,切勿玩物丧志。面对各种不当诱惑和失败教训,要保持一颗淡然之心,越是焦虑悲观,越要保持冷静理智,越要强化逻辑思维,决不能因一时的个人私欲迷失自己原本的道路,决不可因暂时工作受挫就丧失自我进取之心。对此,要特别注重在党的一百多年历史学习中找到升华个人心态和品质的钥匙,把崇德修身和厚植党性修养更进一步,促使心智渐高、眼界更宽、胸襟更广,让自己跟上时代节拍,始终保持良好风貌。同时,要注意通过汲取当今社会营养和中华文明历史经验的人生智慧,自觉提升抵御各种不良思想侵蚀的能力,不断增强处理各种复杂疑难问题的本领。社会知识如浩瀚大海,取之不尽,用之不竭,可结合自身实际用心品味,不懈汲取。

在持续奋发进取上,要强化平台思维和台阶意识,切勿目光短浅、患得患失、急功近利。自觉践行宗旨意识,把立足岗位履职尽责作为服务企业、展示能力和自塑形象的平台,以实际行动攻坚克难,提升业绩,经受住员工期待和组织考验,持续争做一名更好的自己。通常情况下,工作难度越大,担子越重,岗位重要程度就越强,所受重视程度也就越高。对此,要服从安排,勇于担当,越是困难越向前;面对岗位变动或职责调整,要勤奋实干,步步为营。

在不懈自我追求上,要善于挑战自我,负重前行,让自强不息、自我超越成为常态。勇于挑战自我是个人进步的阶梯。作为政工人员,要以成功在握、奋斗有我的心态点燃自我超越激情,能于在自我超越中挑战自我,善于在挑战自我中实现自我超越。对于如何把握好自我超越途径,关键在于如何以奋斗心态认知自我、提升自我。其重点应对自己做出正确的客观评价,尤其对于自身优势与劣势要有充分的认识。同时,在明确工作目标上,能做到阶段目标与长远目标相结合,个人目标与企业发展前景相融合;在优化措施落实上,建立良好心智模式,正确把握企业发展大势,能于在困难或疑惑面前控制情绪,及时变消极被动为主动作为,持续让自我超越落地生根;对于日常工作政治嗅觉灵敏,能于针对自身岗位特点,自我培养工作的主动性和创造性,善于在新旧思想观念碰撞中坚定事业进取意志。

著名物理学家爱因斯坦曾说:"对一切来说,只有热爱才是最好的老师,它永远超过责任感。"作为政工战线上的每一位同志,不论职位高低、年龄大小,都应把本职岗位作为事业追求的平台立志干好,着力以热爱激发责任,用忠诚书写敬业,锲而不舍,持之以恒,不负韶华,只争朝夕,以实际行动去展现自我价值的人生精彩!

坐而言,不如起而行!行动创造结果。实践证明,只要付出就有收获,只要肯干就能成长。从事政工因人员性格各异,特点不同,自我价值创造自然也就存有差别。在事业进取的人生篇章里,有的因追求综合能力提升而不断升迁,有的因聚焦专项特长发挥而德艺双馨,有的因倾力管理方法创新而成功探索新知,有的因醉心于服务一线员工而大为员工群众所宠。有人一直认为,他们的强大目标是可以挑战绝大多数人,而另有人却一直认为,为了共同的理想和事业,自己的强大目标是可以达到与绝大多数人合作共赢,共创辉煌。

有视角就有思路,有高度必有视野;有攀登就有高度,有追求才有攀登。作为孜孜追求、奋发进取的企业政工工作者,可以坚信,只要按照自己预定的目标纵情奋进,倾力而为,多思善做,坚毅攀登,就一定能够实现自我价值,创出骄人业绩。相对而言,"比别人多一点努力,你就会多一份成绩;比别人多一点志气,你就会多一份出息;比别人多一点坚持,你就会多一份希望;比别人多一点执着,你就会创造奇迹!"

附 录

（一）企业政工寄语

1. 政工基本原则

忠诚务实,开拓奋进。

2. 政工基本方略

敬业勤勉,机动灵活,智谋善作,携手共进。

3. 政工管理思想

忠诚、敬业、尽责、严谨、创优；

落实、反思、创新、超越、高效。

4. 政工价值追求

为企业持续保持高质量健康发展提供不竭动力。

5. 政工育人哲学

素质强人,实干救人,落后害人,进取帮人,敬业立人。

6. 政工方法之要

忠诚担当,党建引领,结合融合,与时俱进。

7. 政工态度之要

忠诚于企业,忠诚于员工,忠诚于自己,忠诚于党的事业。

8. 政工作风之要

艰难困苦不气馁,功高受宠不膨胀；

政治坚定不动摇,持续奋进不停歇。

9. 政工能力之要

有政治担当,善攻坚克难;

能随机应变,善自省自强。

10. 政工人员成功观

工作上下认可,事业蓬勃向上,业绩受人羡慕,自我目标实现。

11. 政工人员服务观

情系员工,聚力图强,担当尽责,竭诚服务。

12. 政工人员心力观

坚毅赋能心力,优秀提升心力;心力助涨能力,心力铸就事业。

13. 政工人员义利观

事业专注,妄念自除;利欲难舍,以义取利。

14. 政工人员诚实观

当官一张纸,做人一辈子;

务实干工作,做事诚为本。

15. 政工人员自律观

贪欲蚕食幸福,奉献快乐人生,

自律塑造美德,勤廉成就事业;

保持清廉就是珍爱生活,

失去清廉就是放弃自由。

16. 政工人员进取观

学思悟行,自我超越;

踔厉奋发,勇毅前行。

17. 政工人员业绩提升观

敬业是在为自己的业绩提升铺路;

负责是在为自己的业绩提升奠基;

学习是在为自己的业绩提升加油;

进取是在为自己的业绩提升提速;

沮丧是在为自己的业绩提升设障;

智慧是在为自己的业绩提升定格。

18. 政工人员"十懂十会十戒"

(1) 懂政治,会领悟,戒信念动摇;

(2) 懂经营,会管理,戒杂乱无序;

(3) 懂业务,会融合,戒脱离实际;

(4) 懂人性,会做人,戒故步自封;

(5) 懂变易,会智取,戒生搬硬套;

(6) 懂格局,会统筹,戒思想狭隘;

(7) 懂权衡,会用人,戒良莠不辨;

(8) 懂规矩,会自律,戒口是心非;

(9) 懂沟通,会说写,戒故作风雅;

(10) 懂自谦,会自强,戒不求进取。

19. 政工人员力力相拥"十有"

(1) 有学习力与创新力;

(2) 有执行力与能动力;

(3) 有洞察力与沟通力;

(4) 有引发力与推动力;

(5) 有融合力与判断力;

(6) 有攻坚力与自控力;

(7) 有耐压力与拼搏力;

(8) 有亲和力与凝聚力;

(9) 有平衡力与扼制力;

(10) 有敏锐力与思辨力。

（二）基层干部员工做人 36 忌

1. 忌做日常工作的"懒散人"
2. 忌做政治思想的"糊涂人"

3. 忌做实干在线的"弃逃人"
4. 忌做创优创效的"无缘人"
5. 忌做踔厉奋发的"局外人"
6. 忌做攻坚克难的"退缩人"
7. 忌做忠诚尽责的"异常人"
8. 忌做学以致用的"冷漠人"
9. 忌做心胸狭隘的"鸡肠人"
10. 忌做表里不一的"阴阳人"
11. 忌做心无敬畏的"大胆人"
12. 忌做盲目干事的"草率人"
13. 忌做满不在乎的"自由人"
14. 忌做投机取巧的"大能人"
15. 忌做发飙撒野的"情绪人"
16. 忌做畏难不前的"忧愁人"
17. 忌做造谣惑众的"祸害人"
18. 忌做固执己见的"怪僻人"
19. 忌做消极怠工的"落后人"
20. 忌做爱占便宜的"自私人"
21. 忌做惹是生非的"刺头人"
22. 忌做不自量力的"换岗人"
23. 忌做光说不练的"文化人"
24. 忌做明哲保身的"老好人"
25. 忌做自卑自衰的"无能人"
26. 忌做自吹自擂的"优秀人"
27. 忌做耍赖不断的"纠缠人"
28. 忌做孤傲自赏的"成功人"
29. 忌做社会责任的"漠视人"
30. 忌做鼠目寸光的"聪明人"

31. 忌做法制道德的"色盲人"

32. 忌做不学无术的"同框人"

33. 忌做情感天地的"无情人"

34. 忌做花花世界的"大忙人"

35. 忌做企业发展的"设障人"

36. 忌做奋发图强的"混沌人"

（三）上级反感下属的 16 种表现

1. 在工作中得过且过

日常工作熬天混日，不求上进；处理事情敷衍了事，不负责任；接受任务拖拉疲沓，不讲效率与效果。

2. 在利益面前斤斤计较

对各种利益一丝一毫也要计较，一分一钱也不放过；在各种荣誉面前，稍有沾边就要争为已有，一不如愿就牢骚满腹。

3. 在感情上伤害上级

对上级组织或领导背后拨弄是非、说三道四，甚至无中生有传说领导的闲言碎语，或当众顶撞、公开冒犯上级领导，恶语伤人，不计后果。

4. 在处理事情时总自以为是

工作中总认为自己是正确的，不去领会并按照上级意图做事，不接受别人的意见建议，也听不进上级领导的意见要求。

5. 在困难任务面前躲躲闪闪

日常工作应付凑合，喊冤叫屈，遇有分内特殊困难任务推说不前，寻找各种理由拒绝承担；特殊时期大局观念淡薄，关键时候"掉链子"。

6. 在受到批评时闻过则怒

当上级批评自己、指出错误缺点时，当即怒气反驳，态度不端，对自己缺乏正确认识，"老虎屁股摸不得"。

7. 在同事之间拉拉扯扯

在同事中搞团团伙伙,拉帮结派,以"群众领袖"自居,以敢于在领导面前起哄为荣;遇有个人心情不爽就给领导暗设圈套,让领导中计受困,甚至煽动同事消极怠工,蓄意给领导正常管理制造障碍。

8. 在领导面前夸夸其谈

对领导表态说大话侃侃而谈,"云来雾去";干工作言行不一,有"唱功"而无"做功",业绩不大,"空谈"突出。

9. 在汇报工作时弄虚作假

给上级汇报工作浮夸虚假、掩盖问题、不切实际,喜欢让领导听着高兴,但事后容易对领导产生误导误判,造成领导决策失误。

10. 在言行自律上自我放纵

日常言行随意妄为,管不住自己的嘴和手,出了问题后把"擦屁股"的事甩给领导。嘴爱"乱放炮",说话不负责任;手伸得长,爱贪小便宜。

11. 在反映情况时无策以对

给上级反映情况只给领导出题目,不给领导献计策。只讲问题,没有措施;只有建议,没有办法。

12. 在处理问题时越权施令

工作不讲定位,无视职责权限,随意越权发号施令、自作主张,造成不良后果。

13. 在处事风格上清高自傲

工作自我膨胀,处事清高自傲,个人表现欲强。潜意识里存在自己一贯正确,自我意识浓郁,实际在处理急难险重等问题时工作智慧匮乏,效果欠佳。

14. 在履职尽责上消极对待

对有关制度规定心存不满,意气用事,以至滋生敌对情绪,长期思想僵化,萎靡不振,工作消极。

15. 在为人处世上缺乏信用

说话不算数,办事不认真,工作靠不住,让人不放心、信不过,诚信观念明显缺失。

16. 在自我评价上盲目自大

自我感觉良好,对评优、晋级、升迁等不能正确对待,言行失度,总认为领导埋没了自己的成绩。

(四) 哈佛大学图书馆里的 20 条训言

1. 此刻打盹,你将做梦;而此刻学习,你将圆梦。
2. 我荒废的今日,正是昨日殉身之人祈求的明日。
3. 觉得为时已晚的时候,恰恰是最早的时候。
4. 勿将今日之事拖到明天。
5. 学习时的苦痛是暂时的,未学到的痛苦是终生的。
6. 学习这件事,不是缺乏时间,而是缺乏努力。
7. 幸福或许不排名次,但成功必排名次。
8. 学习并不是人生的全部。但既然连人生的一部分——学习也无法征服,还能做什么呢?
9. 请享受无法回避的痛苦。
10. 只有比别人更早更勤奋地努力,才能尝到成功的滋味。
11. 谁也不能随随便便成功,它来自彻底的自我管理和毅力。
12. 时间在流逝。
13. 现在流的口水,将成为明天的眼泪。
14. 狗一样地学,绅士一样地玩。
15. 今天不走,明天要跑。
16. 投资未来的人,是忠于现实的人。
17. 受教育程度代表收入。
18. 一天过完,不会再来。
19. 即使现在,对手也在不停地翻动书页。
20. 没有艰辛,便无所获。

(引自韦秀英编著《哈佛凌晨四点半》)

后　　记

　　本书作为作者多年企业政工实践探索的反思醒悟与策略构建之作，对所写文稿的框架结构和基本内容曾多次进行斟酌修改，旨在增加其针对性、实用性和可读性，力求以在反思中升华、在学习中醒悟之策略观点，为企业政工及相关人员更好履职尽责铸魂明道，写成一本既符合现实工作需要，又具有长期参考应用价值，经得起历史检验的企业政工应用简明读物。

　　书中所指企业性质，除特别标明者外，一律为国有企业；附录所列内容，可供有关人员日常工作参阅思考。

　　在本书成稿过程中，曾得到中国企业文化研究会理事长孟凡驰教授的精心指导，汲取了部分相关领导与同事的工作智慧，在此一并衷心感谢！

　　特别感谢中国企业文化研究会理事长孟凡驰教授和中机维协副理事长、石油石化建安检维修分会会长曾跃林先生在百忙之中为本书作序；特别感谢人民出版社刘志宏等有关同志为本书的正式出版所给予的精心帮助。

作　者

2024 年 5 月

图书在版编目（CIP）数据

企业政工十二策 / 丁养东著. -- 北京：东方出版社，2025.6. -- ISBN 978-7-5207-4495-9

Ⅰ.D412.62

中国国家版本馆 CIP 数据核字第 2025HC0561 号

企业政工十二策
（QIYE ZHENGGONG SHIER CE）

作　　者：丁养东
责任编辑：刘志宏
封面设计：汪　阳
版式设计：王　婷
出　　版：东方出版社
发　　行：人民东方出版传媒有限公司
地　　址：北京市东城区朝阳门内大街 166 号
邮政编码：100010
印　　刷：北京中科印刷有限公司
版　　次：2025 年 6 月第 1 版
印　　次：2025 年 6 月北京第 1 次印刷
开　　本：710 毫米 ×1000 毫米　1/16
印　　张：17.75
字　　数：269 千字
书　　号：ISBN 978-7-5207-4495-9
定　　价：75.00 元
发行电话：(010) 85924663　85924644　85924641

版权所有，违者必究
如有印装质量问题，我社负责调换，请拨打电话：(010) 85924725